HANYU XIANDAI YINYUNXUE

汉语现代音韵学

杨剑桥 ◎ 著

复旦大学出版社

本书曾荣获上海市哲学社会科学（1996-1997）优秀成果三等奖、教育部"普通高等学校第二届人文社会科学研究成果"三等奖。

修 订 本 序

1996年12月,拙著《汉语现代音韵学》在复旦大学出版社的支持下得以出版,出人意料的是,这样专业的作品,第一版两千册竟然在三个月中销售一空,出版社乃于1998年增印三千册,以应需求。与此同时,1998年6月本书荣获上海市哲学社会科学(1996—1997)优秀成果三等奖,12月荣获国家教育部"普通高等学校第二届人文社会科学研究成果"三等奖,师友和学生对本书也多有好评,社会和学术界对本书的肯定于此可见一斑。

从那以后,一眨眼十五六年又过去了。其间,汉语音韵学又出现了许多新的研究课题和研究成果,趁着这次重印,修订本也在有关章节中酌情增添了这方面的内容。作者本人近年来撰写的几篇论文,由于属于现代音韵学范畴,与本书内容有关,所以附录于书后,供读者参阅。其中附录六,论述不敢说完全正确,但自以为有一点儿当今学术界利用音韵学探寻古汉语语法屈折形态的样子,放在这里,乃是抛砖引玉之意。

汉语现代音韵学从诞生至今约有一百年的历史,本书所介绍和阐述的内容,现在有的仍为当代学术界所热衷讨论,有的则成为新的研究的基础和出发点,所以仍不失时代感。这也是本书作者颇感欣慰和自豪的地方,并因此而敢于把本书再一次奉献给读者诸君。

杨剑桥
2012年5月

第一版自序

汉语音韵学可以分为传统的和现代的两大阶段,传统的阶段是从魏晋南北朝开始,到清代乾嘉学派和章炳麟、黄侃为止,现代的阶段是从高本汉、马伯乐开始,一直到当代的国际国内诸多大师为止,而实事求是地说,现代阶段的内容比起传统阶段来,显得更为科学,更为重要,也更为精彩。当然,这里两大阶段的划分,是根据整个音韵学科的发展趋势来确定的,并不是说,凡是高本汉、马伯乐以后的研究和著述都属于"现代的"范畴。因为直到今天,只信从传统的学问的仍然大有人在,他们的研究和著述跟现代音韵学的理论和方法常常是格格不入的。

本书的总论部分可以看作是一部现代音韵学史。先师张世禄先生于1936年出版的《中国音韵学史》为一代名著,至今仍为世人广为引用,但是由于时代的局限,先师只叙述到高本汉、马伯乐等出现为止。本书的叙述则是从高本汉、马伯乐等开始,而止于当代,因此本书是对先师《中国音韵学史》的继承和发展。本书的分论部分是对现代音韵学上重大专题的深入探讨和研究,其内容全部取自笔者十数年来的科研成果,其中有些内容曾在国际国内学术会议和学术刊物上宣读、发表过,并获得学界的广泛注意和讨论。

本书叙述的许多内容,曾作为"音韵学研究"课程为复旦大学中文系硕士研究生和汉语专业本科生讲授过三次,反映普遍良好。笔者因此深受鼓舞,决定将这些内容汇成一书,乃于1989年9月草成全书,而于今夏删削修订一过。因受印刷条件所限,书中国际音标多有删除或改用,许多汉字的谐声关系也未用繁体字来表明,造成了某些阅读上的不便,尚祈读者谅解;文中如有谬误之处,敬请海内方家教正。

杨剑桥

1993年9月

Contents

目　录

修订本序 …………………………………………………………（ 1 ）
第一版自序 ………………………………………………………（ 1 ）

一、总　论

第一章　汉语现代音韵学的诞生 ……………………………（ 3 ）
　第一节　西方语言学理论和方法的传入 ……………………（ 3 ）
　第二节　汉语现代音韵学的诞生 ……………………………（ 5 ）

第二章　《切韵》音系的研究 ………………………………（ 9 ）
　第一节　高本汉关于中古音系的构拟 ………………………（ 9 ）
　第二节　《切韵》音系诸问题的讨论 ………………………（13）
　　　一、j化声母 / 14　　　　　二、重纽 / 16
　　　三、介音 / 17　　　　　　四、唇音字 / 18
　　　五、重韵 / 20　　　　　　六、元音的数量 / 21
　　　七、纯四等韵有无 i 介音？/ 22　　八、《切韵》的性质 / 23
　　　九、其他 / 25

第三章　上古音的研究 ………………………………………（28）
　第一节　高本汉关于上古音系的构拟 ………………………（28）
　第二节　上古音系诸问题的讨论 ……………………………（32）
　　　一、谐声原则 / 33　　　　二、庄、章两组声母的来源 / 34
　　　三、群、匣母和喻三的关系 / 35　　四、清鼻音声母 / 36

　　　　　五、韵部分合 / 37　　　　　　　六、主要元音的音值 / 39
　　　　　七、阴声韵的辅音韵尾 / 41　　　　八、其他 / 44
　　第三节　汉藏系语言的比较研究……………………………………（45）
　　　　　一、复辅音声母 / 47　　　　　　二、前缀 / 49
　　　　　三、介音 / 50　　　　　　　　　四、主要元音 / 52
　　　　　五、韵尾 / 53　　　　　　　　　六、声调 / 53

第四章　近代音的研究……………………………………………………（56）
　　第一节　罗常培等关于近代音系的构拟……………………………（56）
　　第二节　近代音系诸问题的讨论……………………………………（63）
　　　　　一、中古知、照系声母的分合及其音值 / 63
　　　　　二、见系声母是一套还是两套? / 64
　　　　　三、"影"、"幺"、"鱼"、"喻"四母的分合和音值 / 66
　　　　　四、二等字 i 介音的产生 / 67　　五、ɿ、ʅ 韵母的产生 / 69
　　　　　六、y 韵母的形成 / 70　　　　　七、ɚ 音的形成 / 71
　　　　　八、《中原音韵》有无入声? / 72
　　　　　九、《中原音韵》的音系基础及其性质 / 76
　　　　　十、其他 / 79

二、分　　论

第五章　《切韵》的性质及其音系基础………………………………（85）
　　第一节　历史上的讨论………………………………………………（85）
　　第二节　《切韵》是 6 世纪文学语言的语音系统……………………（87）

第六章　中古汉语的重纽问题…………………………………………（93）
　　第一节　重纽的发现和讨论…………………………………………（93）
　　第二节　重纽是中古汉语的客观存在………………………………（97）
　　第三节　再论重纽的音值……………………………………………（104）

第七章　中古汉语的唇音字问题………………………………………（107）
　　第一节　钱大昕的功绩及其缺陷……………………………………（107）

第二节　轻、重唇音在上古的音类和音值 ……………………(108)
　　第三节　轻、重唇音的分化时代和条件 …………………(112)
　　第四节　轻、重唇音分化的过程 …………………………(115)

第八章　上古汉语的复辅音声母 ………………………………(118)
　　第一节　上古汉语有复辅音声母 …………………………(118)
　　第二节　带 r 复辅音声母的组合类型 ……………………(124)
　　第三节　带 r 复辅音声母的演变规律 ……………………(128)

第九章　中古舌齿音声母的上古来源 ……………………………(135)
　　第一节　问题的提出 ………………………………………(135)
　　第二节　跟舌根音谐声的舌齿音声母 ……………………(138)
　　第三节　跟唇音、鼻音谐声的舌齿音声母及其他 ………(143)

第十章　上古韵部的分合问题 ……………………………………(148)
　　第一节　古韵分部的怀疑 …………………………………(148)
　　第二节　历史的回顾 ………………………………………(149)
　　第三节　从方法论看古韵部的分合 ………………………(150)

第十一章　上古汉语的声调 ………………………………………(160)
　　第一节　前人研究的回顾 …………………………………(160)
　　第二节　上古声调的分布特征 ……………………………(161)
　　第三节　韵文和谐声系统中的声调 ………………………(163)
　　第四节　上古去声的来源 …………………………………(167)

第十二章　近代汉语的唇音合口问题 ……………………………(172)
　　第一节　《中原音韵》唇音字的开合口 …………………(172)
　　第二节　近代汉语唇音合口的来源 ………………………(176)
　　第三节　近代汉语唇音合口的消失及其他 ………………(179)

参考文献 ……………………………………………………………(182)

附录一　《切韵》的性质和古音研究 …………………………………（191）
附录二　《切韵》重纽 A、B 两类的归字问题 ………………………（202）
附录三　闽方言来母 S 声字补论 ………………………………………（215）
附录四　"一声之转"与同源词研究 ……………………………………（232）
附录五　再论近代汉语唇音字的 u 介音 ………………………………（245）
附录六　从成语"箪食壶浆"的读音说起 ………………………………（255）

一、总　　论

第一章
汉语现代音韵学的诞生

第二章
《切韵》音系的研究

第三章
上古音的研究

第四章
近代音的研究

第一章

汉语现代音韵学的诞生

第一节 西方语言学理论和方法的传入

汉语音韵学已经走过了一千好几百年的历程,这一漫长的历程可以分为两个阶段,即"传统的"和"现代的"。传统的汉语音韵学是从东汉末年、魏晋南北朝的双声叠韵和反切的发明开始,历经隋唐韵书、宋元字母等韵之学和明清的古音学,一直到朴学大师章炳麟、黄侃为止;现代的汉语音韵学是从汪荣宝发表《歌戈鱼虞模古读考》一文开始,历经第一代学者高本汉、马伯乐、西门华德,第二代学者赵元任、罗常培、李方桂、王力、陆志韦、董同龢等,一直发展到现在。这两个阶段虽然内容和性质有着巨大的差别,但却都是在西学东渐的影响下发生发展的。第一阶段是因印度佛教输入中国,梵文拼音原理随之输入而形成的,第二阶段则是因西洋传教士来到中国,西方语言学理论和方法随之传入而形成的。

远在明朝成化年间,西方天主教耶稣会就开始派会士东来,试叩中国大门。只是因为当时明朝实行闭关锁国政策,海禁严厉,耶稣会士不得其门而入。到了明朝万历八年(1580),意大利人罗明坚(Michael Ruggieri)随葡萄牙商人到广州贸易,向两广总督贿赂,才得以在肇庆建立了一所教堂。三年后,罗氏又把利玛窦(Matteo Ricci)带来中国。利氏精通数学、汉语,畅晓中国六经子史,因此能结交名士,跻身儒林。他又买通宦官马堂,于万历二十九年(1601)到北京朝拜神宗皇帝,以自鸣钟、万国图志、西琴、天主图像、珍珠十字架、三棱玻璃柱等上贡,甚得神宗欢心,在北京获得立足之地,建立教堂。从此,天主教在中国取得了合法地位,耶稣会士纷纷来中国传教布道。

推原耶稣会到中国传教布道的目的,一是为了寻找新地盘,争取新教徒,以恢复中世纪天主教的隆盛地位,二是作为欧洲各殖民帝国的先遣队,在中国进行西方文化和宗教的宣传。但是耶稣会士们要取得传教布道的方便,就要博取中国皇帝的青睐、中国人民的信任,于是他们积极参与朝廷修订历法、制造火炮、测绘地理等工作,并翻译出版了天文学、数学、物理学、采矿冶金学、人体解剖生理学、地理学等等大量科学著作。同时,耶稣会士中不乏热爱中国、一心传教的正义之士。这样,跟耶稣会的本意相反,耶稣会士竟成了传播西方现代文明的使者。

耶稣会士为了在中国各地传教布道,调查中国各地的方言和学习中国的语言文字就成为他们的一项首要的工作。当时记载中国各地方音的著作如雨后春笋,其主要有玛的尔(Mateer)的《官话类编》(*Mandarin Lessons*)、卫三畏(S. W. Wiliams)的《中国音典》(*Syllabic Dictionary*)、美国长老会的《官音罗马字母标准拼音》(*The Standard System of Mandarin Romanization*)、爱特尔(E. J. Eitel)的《广东方音字典》(*A Chinese Dictionary in the Cantonese Dialect*, 1877)、雷氏(Ch. Rey)的《客家话中法字典》(*Dictionaire Chinois-Francais dialecte Hac-ka*, 1901)、麦考莱(R. S. Maclay)和鲍尔温(C. C. Baldwin)的《福州话拼音字典》(*An Alphabetie Dictionary of the Chinese Language in the Foochow Dialect*, 1870)、道格拉斯(C. Douglas)的《厦门俗语中英字典》(*Chinese-English Dictionary of the Vernacular of Amoy*, 1873)、戴维斯(D. H. Davis)和西尔斯拜(J. Silsby)的《上海俗话中英字典》(*Shanghai Vernacular Chinese-English Dictionary*, 1900)、赫墨林(K. Hemeling)的《南京官话》(*The Nanking Kuanhua*, 1907)、蒙哥马利(P. H. S. Montgomery)的《温州方言导论》(*Introduction to the Wenchow Dialect*, 1893)等等。这些记载中国方音的字典对于汉语音韵学的发展实在具有重大意义,这是因为:一、方音字典大多采用罗马字来注音,使得中国语文的研究获得了能够精密分析音素的记音工具,较之其他拼音文字如梵文、藏文、满文等更为简明而细密;二、现代各地方音的调查和记录,使得中国古音的研究有了一个坚实的立足点,而对于古音音值的拟测尤其是珍贵的参照系数。

在耶稣会士中,对于中国音韵研究影响较为巨大的是利玛窦、郭居静(Lazane Cattaneo)和金尼阁(Nicolas Triganlt)。利玛窦著有《大西字母》,此书已佚,原貌不可得知,而他在《程氏墨苑》中有四篇用罗马字注音的文章[①],其中所用的声、韵、调方案与后来的《西儒耳目资》相似,由此可见两者的传承关系。郭

---

① 这四篇文章是:《信而步海疑而即沈》、《二徒闻实即舍空虚》、《媱色秽气自速天火》、《述文赠幼博程子》。

居静著有《西字奇迹》，亦佚，内容可能与利氏之书相似。金尼阁作《西儒耳目资》(A Help to Western Scholars, 1625)，这是一部帮助西洋人学习汉语、汉字的罗马字注音字汇。全书分为三编，第一编"译引首谱"是总论，第二编"列音韵谱"是从罗马字拼音查汉字，第三编"列边正谱"是从汉字查罗马字拼音。金尼阁的罗马字注音方案一共只用了二十五个字母（其中五个元音字母，二十个辅音字母，另加五个声调符号），就可以拼出当时官话的全部音节，这种比反切容易得多的方法引起了当时的中国音韵学家的极大兴趣和注意。王徵评价《西儒耳目资》的万国音韵活图和中原音韵活图说，用这两张图来拼切，可以"不期反而反，不期切而切。……第举二十五字，才一因重摩汤，而中国文字之源，西学记载之派，毕尽于此"（《西儒耳目资·序》）。方以智说："字之纷也，即缘通与借耳。若事属一字，字各一义，如远西因事乃合音，因音而成字，不重不共，不尤愈乎？"（《通雅》卷一）另一个音韵学家杨选杞，看到旧韵书的反切又难又拗，并且所用的反切上下字也没有一定，于是立意改革。当他看到《西儒耳目资》以后，"顿悟切字有一定之理，因可为一定之法"（《同然集纪事》），于是有《声韵同然集》之作。可以说，此后在中国大地上出现的轰轰烈烈的注音字母运动、国语罗马字运动、拉丁化新文字运动，以及高本汉、马伯乐等和广大中国学者对于汉语历史语音的大量讨论辩难，都是西方语言学理论和方法东传之后的产物。在此基础上，注重科学理论和方法的汉语现代音韵学的诞生也就是十分自然的丰硕果实了。

第二节　汉语现代音韵学的诞生

清代著名古音学家段玉裁在其晚年曾写信给江有诰云："足下能确知所以支、脂、之分为三之本源乎？……仆老耄，倘得闻而死，岂非大幸也？"（《答江晋三论韵书》）这段话反映了传统音韵学在完成古音音类的归纳之后，已经自然而然地提出了拟测古音音值的要求，这是汉语音韵学自身发展的必然趋势。最早系统描写古音音值的大概是戴震，他的古音九类二十五部全部用零声母字标目，可见其用心。后来章炳麟也力图描写古音音值，在《二十三部音准》中对古音各部都列举了数十个汉字，作为古音音值的标准。但是戴、章两氏均以汉字标音，这样一不能显示构成汉语音节的音素，二不能使各方言区对于标音的汉字具有统一的读音，因此拟测工作实际上是失败了。

1923年，北京大学研究所国学门导师、俄国人钢和泰（A. Von Staël-Holstein）在《国学季刊》第一卷上发表了《音译梵书与中国古音》一文（胡适译）。

文章说:"研究各个时代的汉字如何读法,有三个重要的材料来源:第一,中国各种方言里与日本、安南、朝鲜文里汉字读音的比较研究。第二,古字典(如《唐韵》之类)里反切表示汉字的读法,古韵表可以考见韵母的分类。第三,中国字在外国文里的译音,与外国字在中国文里的译音。"钢氏强调,最应该注意的是梵文的密咒(mantras)一类。密咒译音使那些不懂印度文的人也可以用汉字念诵,因此只要寻找出梵文原文,再把它和音译的咒语对照,便可以知道这些汉字在那时的实际读音。此文可说是用新材料、新方法研究汉语音韵的思想准备。同年,汪荣宝发表了著名的论文《歌戈鱼虞模古读考》,指出:"近世学者据谐声偏旁及经典中有韵之文以考古韵,所得甚多;然偏旁及韵文之功用,至考见古今韵分部之异同而止。若古某部之当读某音,其与今读之差别如何,则虽遍稽旧籍,无由得确实之证明。……夫古之声音既不可得而闻,而文字又不足以相印证,则欲解此疑问者,惟有从他国之记音文字中求其与中国古语有关者而取为旁证而已。其法有二:一则就外国古来传述之中国语而观其切音之如何,一则就中国古来音译之外国语而反求原语之发音是也。"其研究的结论是:"唐宋以上,凡歌戈韵之字皆读 a 音,不读 o 音;魏晋以上,凡鱼虞模韵之字亦皆读 a 音,不读 u 音或 ü 音也。"汪氏此文在材料上突破了汉字的束缚,在方法上摆脱了单纯的考证,在成果上推翻了顾炎武以来"古无麻韵"的旧说①,为拟测古音音值开辟了新的大道。由于高本汉、马伯乐等人的研究在当时汉语音韵学界还没有发生重大影响,故汪氏此文实在成为汉语现代音韵学诞生的重要标志。

汪文发表以后,很快就遭到以章炳麟为代表的传统派的激烈反对,由此引起了关于古音研究的第一次大辩论。1924 年章氏在《与汪旭初论阿字长短音书》②中云:"内典译音,自隋以上,皆略取相似,不求谐切。玄奘、窥基、义净之书,译音渐密,然亦尚有疏者,如宋明人书译金元音不能正确,盖不足为典要矣";日译吴音、汉音,则"展转侏离,尽失古读,……或欲据此倒证中土唐音,甚谬"。徐震也撰写《歌戈鱼虞模古读考质疑》一文,认为语音随方域而转变,一字有本读,亦有转音,固不能整齐划一,以之迻译梵文,难以密合无间。对于传统派的错误观点,以汪荣宝、林语堂、唐钺为代表的现代派进行了有力的反驳。汪氏《论阿字长短

---

① 顾炎武《唐韵正》认为麻韵上古当一分为二,一部入鱼虞模,一部入歌戈;而其读音当为 u、y。汉魏以降,西域音乐、佛典等传入,多用"迦、伽、沙、邪、咤"等麻韵字,并读如 a,故以为麻韵 a 音来自西域。

② 汪荣宝《歌戈鱼虞模古读考》一文未明确谈及 a 音的长短,但汪氏曾向其弟汪旭初(汪东宝)谈及歌、戈、鱼、虞、模诸韵均当为 a 长音,因为梵文的长 a 是用上述诸韵之字对译的,汪旭初将此意见转述于章氏,章氏因作此文。

音答太炎》(1925)云："当时名僧,大都兼精华梵,译音细事,岂有全体疏讹,毫无准率之理。其间或歧异,皆由古今音不同,吾人正可据以考见历代声韵流变之迹。"而其中尤以林氏为切中要害。林氏云："倘是日译、高译、梵译及安南音,歌韵俱读 a,证据相符,我们总不能不承认 a 音为歌韵正读,非出于传讹的了。"(《再论歌戈鱼虞模古读》)这次古音学上的大辩论最后以现代派的胜利告终,从此,汉语音韵的研究在观点、材料、方法和目的上都发生了根本的变化,汉语音韵学终于以崭新的面貌走上了历史语言学的轨道。

当然,汪氏的文章也存在一些缺点,主要是：一、所依据的材料与所考证的古音的时代不合。汉译梵文、日译吴音当在魏晋六朝时,日译汉音当在隋唐时,据此不得确认先秦两汉古音的音值。二、对于译音材料的可靠性片面地绝对肯定。不同的语言有不同的语音系统,音译往往是近似的;而且隋唐以前"汉文里的印度文借字都不是直接从梵文译过来的,而是经过中亚古代语言,特别是吐火罗语的媒介"(季羡林《吐火罗语的发现与考释及其在中印文化交流中的作用》)。故即使承认歌戈两韵汪氏之说较确,但鱼虞模韵在魏晋以上与歌戈韵截然有别,实不能混为一谈。

汪荣宝文章的发表,表明汉语音韵学的研究从此获得了新观点、新材料和新方法,并进而完成了传统音韵学向现代音韵学的转变。这里所谓的新观点,是指传统音韵学作为经学的附庸,其主要目的在于解释古代经典文字的形音义,主要工作是考订、解释和评注各种经学文献,故实质上属于语文学的范畴;而现代音韵学则把语言看成是一个完整的体系,其主要目的在于从历时和共时两个方面研究汉语的内部结构和发展规律,从而把各种历史事实联成一个自然发展的演变过程,这一观点是全新的,实质上属于历史语言学范畴。这里所谓的新材料,是指传统音韵学所使用的材料局限于韵书、韵图、反切、韵文、谐声、异文、声训等等,其主要作用在于指示每一个汉字在一定历史时期的语音系统中的音韵地位,即指明古音的音类;而现代音韵学所使用的材料除上述种种以外,又增添了现代汉语方言、中外译音、汉藏系诸语言等等,其主要作用不仅在于指示古音的音类,而且在于表明每一个汉字在一定历史时期的具体读音,即表明古音的音值。这些新材料,使汉语音韵学有可能完成历史比较语言学所规定的任务——重建"母语"。这里所谓的新方法,是指传统音韵学主要注重材料的考订和归纳,例如《诗经》韵部的归纳,《切韵》反切上下字的系联等等,这种方法只能求得古音的音类,并且知其然而不知其所以然;而现代音韵学则除了传统的方法以外,更注重生理解释、数理统计、历史比较和语言类型等方法,这些方法能够科学地解释各种语音现象,并替古音音类构拟具体的读音。音韵学的研究对象是语言,就此而言,音韵学属于社会科学的范畴;但是从语言本身的结构特点,特别是语音构造看,音韵学又必须采用许多自然科学的研究手段。近百年来汉语音韵学能够在小学各部门的研究中遥遥领先,其方法之先进不能不说是一个重要的原因。

第二章

《切韵》音系的研究

第一节　高本汉关于中古音系的构拟

西方学者研究汉语音韵,早在 19 世纪初就已经开始了。1809 年,英人马士曼(Marshman)在印度塞伦普尔发表了《中国语的文字和声音》(Dissertation on the Characters and Sounds of the Chinese Language)一文,指出梵文字母和宋人三十六字母的关系,又发现暹罗、缅甸、藏语和汉语在语音上的相近之处。只可惜他所假定的汉字古读,乃是根据《康熙字典》卷首的《字母切韵要法》猜测得来的,并不能算作古音的构拟。以后英籍牧师艾约瑟(Joseph Edkins)在上海先后出版了《中国上海土话文法》(A Grammar of Colloquial Chinese as Exhibited in the Shanghai Dialect, 1853)、《中国官话文法》(A Grammar of Chinese Colloquial Language, Commonly Called Mandarin Dialect, 1857),证明汉语中古音有浊的塞音声母 b、d、g 等,跟清的塞音声母 p、t、k、pʻ、tʻ、kʻ 相对立,又有清的塞音韵尾 p、t、k,跟鼻音韵尾 m、n、ŋ 相对立。意大利人武尔披齐利(Z. Volpicelli)在上海出版《中国音韵学》(Chinese Phonology, 1896),根据广州、客家、温州、福州、宁波、北京、汉口、扬州、四川九种方言,和高丽、日本、安南译音,参照梵文定出中古三十六字母的音值,又根据中古各摄各等在现代方言中的种种读法,运用少数服从多数的统计办法,定出中古的元音。但武氏所取的方言材料很不可靠,笔误也不少,故结论难以令人置信。1900年,沙昂克(S. H. Schaank)在国际语言学杂志《通报》发表了《古代汉语语音学》一文(Ancient Chinese Phonetics),虽然仍然根据《康熙字典》卷首的《等韵切音指南》来拟测中国古音,但他很注意韵图上的注解和各种实的、半实的、空的圆圈记号,因而提出了一些有价值的论点,如认为古双唇音在三等合口韵前面变成唇齿音,等韵的一、二等没有i介音,三、四等有i介音等。他提出中古声母有所谓"j化"(也写作"喻化",即声母的腭化)作用的观点一直影响到高本汉等人。不过他认为中古每一摄的一、二、三、四等都有相同的元音,又把开合口当作是声母的作用,这些显然是大谬而不然的。这一时期研究汉语中古音的西方学者还有一些,例如瞿乃德(Franz Kühnet)曾写有《中国古音值考》一文(Zur Kenntniss der altern Lautwerte des Chinesischen),但总的来说,由于当时西洋语音学理论和方法尚未完全成熟,所以这些西方学者研究汉语音韵还有很大局限。他们虽然能够利用现代汉语方言和高丽、日本、安南等域外译音,来推测中古汉语的音值,但是这种推测还缺乏科学的程序和严格的论证;他们虽然注意到了代表中古汉语的某些韵书韵图,但是对于中国学者以往关于这些韵书韵图的研究成果却还知之甚少,因而对这些韵书韵图隔膜甚多。

1912年,法国学者马伯乐(H. Maspero)在越南河内远东法文学校学报发表了《安南语音史研究》一文,他以拟定的汉语隋唐音系统为出发点,用谨严的方法来研究越南语当中的汉字音(即"汉越语"),他对于《切韵》系统的构拟虽然大部分依据沙昂克之书,但也有许多重要的修订。1920年,马氏又在该学报发表《唐代长安方音》一文,此文分为两个部分,一是讨论《切韵》的音值,二是讨论唐代汉语语音的历史变迁。关于《切韵》系统的构拟,马氏此文较之《安南语音史研究》时又有较大修改,例如他确定的《切韵》声母系统中,娘母原来拟作 ṇ,但考虑到汉越语读娘母字为 n,读日母字为 ŋ,藏汉对音用 n 对娘母字,用 ṇ 对日母字,日语汉音中泥母和娘母都读 d,而日母读 z,因此将娘母合并到泥母之中,拟为 nj。而关于唐代汉语语音的变迁,马氏根据7世纪时汉语全浊声母字对译梵文全浊送气音时,往往要加注一个"重"字,如译 dharani 为"陀(重)啰尼",说明当时汉语全浊声母不送气,到了8世纪不空和尚的《瑜伽金刚顶经释字母品》,汉语全浊声母字则专门对译梵文全浊送气音,而用鼻音声母字专门对译梵文全浊不送气音,这说明当时汉语全浊声母已变成送气。马氏的证据还有藏汉对音和日语汉音,并认为这是古代浊声母依照平仄声调的不同而演变为现代汉语的送气清声母和不送气清声母的原因。由此可见,马氏已经大量运用西方现代语言学的理论和方法,他的研究对于汉语中古音系的构拟实在具有重大的价值。

在西方学者当中,全面运用历史语言学的观点、方法来研究汉语音韵并获得巨大成功的,当首推瑞典汉学家高本汉(B. Karlgren)。从1915年到1919年,高氏先后完成了《古代汉语》、《现代方言描写语音学》、《历史上的研究》三部著作，1926年又完成《方言字汇》，这四部著作一起合成了巨著《中国音韵学研究》。本书的目的在于用现代汉语方言、日语吴音、日语汉音、高丽译音和安南译音来拟测汉语中古音。为了达到这一目的，高氏首先利用古代的韵书、韵图，利用清儒的研究成果，整理了中古时代《切韵》的音类系统。虽然高氏的材料不够准确，他没有见到《切韵》的各种残卷，没有引用《集韵》、《韵镜》等重要资料，而仅仅依据音类已大为简化的《切韵指掌图》，所引用的《广韵》反切也是从错误百出的《康熙字典》中抄录而来，但是他所归纳的音类系统大致上是可以成立的。然后，高氏运用现代语音学的方法对三十三种汉语方言（其中包括日语吴音、日语汉音、高丽译音和安南译音）作了精细深入的研究。除零星记录、偶尔引证的以外，仅从第四卷"方言字汇"看，高氏正式用3 125字的调查表来记音的方言有33种，其中他亲自调查的有24种，总计字音有10万多个，因而，虽然高氏所依据的方言材料偏多于北方，但对于中古音的研究仍然具有重要价值。最后，高氏根据各方言的读音构拟中古声母的音值，并从发音部位、发音方法上追溯各声母从中古到现代各方言的演变历史。拟测中古韵母的音值虽然更为复杂，但总的过程与此类似。《中国音韵学研究》获得了巨大的成功，从方法论来说，由于古代中国有大量的韵书、韵图和其他音韵材料传世，中古音系的音类是可以大致确定的，因此高本汉的拟测实际上是替每一个音类挑选一个合适的音值；反过来，拟测的音值不仅要能解释后代各方言的演变，而且要经受古代音韵材料的检验，因此，高本汉所做的中古汉语的拟测虽然也是一种历史比较法，但却比印欧语研究中单纯依靠现代方言拟测原始母语的做法要可信得多。从实际效果看，他根据沙昂克发现的中古声母的比例式"t(端)：知＝ts(精)：照"，推断"知：照＝t：ts"，认为ts既然是t加一个同部位的摩擦，那么照也就是知加一个同部位的摩擦，从而确认中古知母为ȶ，照母(照₃)为tɕ；又根据东韵中，一等韵母和三等韵母同在一个韵部，认定i介音并不是韵部分合的决定因素，韵图上一、二、三、四等韵分合的决定因素是主要元音的洪细；他根据中古日母字在现代汉语中有念z(如太原)、念ʐ(如北京)，也有念ȵ(如上海)、念n(如厦门)的现象，确认中古日母的音值为ȵʑ，以后太原、北京是掉ȵ留ʑ，上海、厦门是掉ʑ留ȵ；又根据现代方言、日语汉音、高丽译音等，拟山、咸、效、蟹四摄的一等主元音为ɑ，二等主元音为a，三等主元音为ɛ，四等主元音为e等等，这些都是久经学者推敲论辩而确定不移的结论，对于中古《切韵》音系的建立作出了不可磨灭的功勋。兹将高本汉此书构拟的《切韵》音系简要列表如下：

声　母

帮 p / pj	滂 pʻ / pʻj	並 bʻ / bʻj	明 m / mj			
端 t	透 tʻ	定 dʻ	泥 n			来 l / lj
知 ṭ	彻 ṭʻ	澄 ḍʻ	娘 ṇj			
精 ts	清 tsʻ	从 dzʻ		心 s	邪 z	
庄 tṣ	初 tṣʻ	崇 dẓʻ		生 ṣ		
章 tɕ	昌 tɕʻ	船 dʑʻ	日 nʑ	书 ɕ	禅 ʑ	
见 k / kj	溪 kʻ / kʻj	群 gʻj	疑 ŋ / ŋj	晓 x / xj	匣 ɣ	以 ∅
			影 ʔj			云 j

韵　母

	摄名	一等	二等	三α	三β	四γ
开口	止			支 jie 脂 ji　之 ji	微 jei	
	蟹	泰 ɑi　咍 ɑi	夬 ai　佳 ai 皆 ai	祭 i̯ɛi	废 i̯ɐi	齐 iei
	臻	痕 ən		真 i̯en　臻 i̯æn	欣 i̯ən	
	山	寒 ɑn	删 an　山 an	仙 i̯ɛn	元 i̯ɐn	先 ien
	果	歌 ɑ				
	假		麻 a	麻 ia		

续表

	摄名	一等	二等	三α	三β	四γ
开口	宕	唐 ɑŋ		阳 iɑŋ		
	曾	登 əŋ		蒸 i̯əŋ		
	梗		庚 ɐŋ 耕 æŋ	清 i̯ɛŋ	庚 i̯ɐŋ	青 ieŋ
	江		江 ɔŋ			
	效	豪 ɑu	肴 au	宵 i̯ɛu		萧 ieu
	流	侯 əu		尤 i̯ə̯u 幽 iə̯u		
	深			侵 i̯əm		
	咸	谈 ɑm 覃 ɒm	衔 am 咸 ɐm	盐 i̯ɛm	严 i̯ɐm	添 iem
合口	止			支 jwie 脂 jwi̯	微 jwei	
	蟹	泰 uɑi 灰 uɒi	夬 wai 佳 wai 皆 wai̯	祭 i̯wɛi	废 i̯wɐi	齐 iwei
	臻		魂 uən	谆 i̯uen 真 i̯wĕn	文 i̯uən	
	山	桓 uɑn	删 wan 山 wan̯	仙 i̯wɛn	元 i̯wɐn	先 iwen
	果	戈 uɑ		戈 i̯wa		
	假		麻 wa			
	宕	唐 wɑŋ		阳 i̯waŋ		
	曾	登 wəŋ		职 i̯wək		
	梗		庚 wɐŋ 耕 wæŋ	清 i̯wɛŋ	庚 i̯wɐŋ	青 iweŋ
	通	东 uŋ 冬 uoŋ		东 i̯uŋ 锺 i̯woŋ		
	遇	模 uo		鱼 iwo 虞 i̯u		
	咸			凡 i̯wɐm		

（音标下加"."的为短音。表中少数构拟据《中国音韵学研究》中译本改动，中译本反映了高氏后来的修订意见。）

第二节 《切韵》音系诸问题的讨论

高本汉的《中国音韵学研究》虽然在整体上是可以成立的,但是在具体细节上可议之处尚多。1920年马伯乐的《唐代长安方音》一文就曾批评高氏关于二等字有寄生性i介音的说法，指出现代汉语二等字"家"等的i介音是唐代的声母腭化所致；又批评高氏替三等韵和四等韵的α、β、γ三类分别构拟i、j、i三种介音的做法，指出元、庚、严、凡、废、欣、文诸韵跟仙、清、盐、祭、真、谆诸韵之间的区别在于主元音，而不在于介音为j和i。此外，马氏对于高氏替真韵等的拟音也提出了批评。对于马伯乐的批评，高本汉于1922年发表《答马斯贝罗论切韵之音》，接受马氏关于二等字没有i介音的意见，同时把他原来构拟的四种介音（包括二等字的寄生性i介音）减少为二种，例如：

等	韵	例 字	旧 拟	新 拟
二	删	奸，古颜切	kⁱan	kan
三α	仙	甄，居延切	kjien	kjiɛn
三β	元	建，居万切	kjen	kjiɐn
四γ	先	坚，古贤切	kien	kien

而对于元、真等三等韵、先等四等韵的主元音也有所修订，使《切韵》分韵的标准不在介音i，而在于主要元音。这是《切韵》音系构拟上的一个很大的进步。高氏并且在此基础上，修订了《中国音韵学研究》。

20年代后期，高本汉的学说开始在中国音韵学界发生影响，于是许多中国学者也开始参加关于《切韵》音系的研究和讨论。他们研究和讨论的重点是：j化声母、重纽、介音、唇音字、重韵、元音的数量、《切韵》的性质等问题。

一、j化声母

高本汉在整理《切韵》反切上字时，发现三等字的反切上字和一、二、四等字的反切上字不同，因而把它们分成两类，认为三等字的声母是j化（也写作"喻化"）的，一、二、四等字的声母是纯粹的。这样，他把见、溪、疑、晓、影、喻、来、帮、滂、並、明等11个声母各分为纯声母和j化声母两套，另外加上只有三等反切上字的娘、群2个j化声母，共构拟了13个j化声母[①]。

---

① 此外，高氏还认为知、彻、澄是端、透、定的j化，章、昌、船、书是庄、初、崇、生的j化，不过这种j化已经造成声母音值的很大变化，因而形成了另一种声母。后代学者也普遍认为它们分别是两组不同的声母，所以这里不作为j化声母看待。

1939年，陆志韦发表《三四等及所谓"喻化"》一文，首先对高本汉发起批评。他说："隋唐音喉牙化腭，事非无稽，然非所以言三四等之分别也。"神珙《四声五音九弄反纽图》中，"更、硬"等字与"刚、我"等字分列，前者显为后者之腭化，但这是一二等的关系。至于唇音字，虽然三等与四等反切上字界限分明，但唇音本无所谓腭音与非腭音的分别。"约言而之，三四等之分别断不在乎辅音之真正化为腭音与否。"此前，陆氏在《证广韵五十一声类》中已经运用数理统计的方法，得出《广韵》有51声类的结论，即高氏不分单纯与j化的精、清、从、心四母也应分为两组。

1941年赵元任作《中古汉语的语音区别》，指出：一、二、四等有用三等做反切上字的，三等也有用一、二、四等做反切上字的，其间无严格的区别。高氏分单纯跟j化的声母，其反切上字固然有分组现象，但高氏不分单纯跟j化的精、清、从、心，其反切上字也有分组现象。所谓单纯跟j化的声母出现的机会是互补的，其区别不是辨字的。这种现象可用介音和谐说来解释，即反切下字与反切上字的介音有求同的趋势，只是各声类的求同程度不同而已。在喻母，因为云母和以母可以跟相同的韵母组合，似乎形成对立，例如"尤，羽求切"，jiəu，"由，以周切"，iəu，所以j化似乎是辨字的。但是根据《切韵》残卷"云，户分切"、"越，户伐切"和葛毅卿《论喻母字的辅音音值》一文(1932)的证明，云母的音值为ɣ，当归入匣母，所以实际上并不与以母对立，不能认为是以母的j化。

1956年，李荣《切韵音系》也指出，j化说在方言里没有依据。以见母字为例，广州音一律念k，无论j化与否，北京音在i、y之前一律念tɕ，其余一律念k，也跟j化无关，见母字是否腭化，是以后面的元音为条件的。

例字	等	高本汉说	广州音	北京音
高	一	纯声母	kou	kau
交	二	纯声母	kau	tɕiau
骄	三	j化声母	kiu	tɕiau
浇	四	纯声母	kiu	tɕiau

这样，经过许多学者的讨论，虽然高本汉直到1954年仍然坚持旧说(参高氏《中上古汉语音韵纲要》)，认为kia的k跟kuŋ的k有细微的差异，但是从音位学理论看，这两种k不过是同一个音位的不同的条件变体而已，因此取消j化说是势在必行的。

二、重纽

所谓重纽,是指支、脂、祭、真、仙、宵、侵、盐八个三等韵,其喉牙唇音字除开合口的区别外,还各有两套反切下字,形成对立。最早发现重纽的是清代学者陈澧(见陈氏《切韵考》一书),但是他的发现未能引起人们的重视,以后高本汉的《中国音韵学研究》对此也未加注意,他所构拟的《切韵》音系,以上八个重纽三等韵除了开合口的区别外,再无别的区别。

1939年,陆志韦《三四等与所谓"喻化"》一文重新提出重纽问题,由于韵图把重纽各韵形成对立的喉牙唇音字分别置于三等和四等的格子,因此陆氏称重纽的韵为"三四等合韵",并且认为重纽的两类应该是主要元音的不同。1948年,王静如发表《论古汉语之腭介音》一文,根据安南译音中唇音字逢重纽B类(即重纽三等)仍为唇音声母,逢重纽A类(即重纽四等)则变为舌齿音声母,如"皮"为重纽B类,读作bi,"脾"为重纽A类,读ti,认为在安南译音中重纽A类的唇音声母必定是"被一个很强而窄腭介音所同化,渐渐的才能变成舌或齿音",重纽B类的腭介音当较A类为弱、为宽,所以其唇音声母仍能保持原状,可见重纽的两类当是强的介音i和弱的介音ĭ的区别。此前陆志韦的《古音说略》(1947)也基本同此看法,可见陆氏已经改变初衷,而持介音不同说。

与此相反,董同龢、周法高则持元音不同说。1948年,董氏发表《广韵重纽试释》,指出在《韵镜》和《七音略》中,支、脂、祭、真诸韵的唇牙喉音确实受到两种处置:第一类排在四等,第二类排在三等,而从高丽译音、《慧琳一切经音义》和《古今韵会举要》看,第一类的音值接近于纯四等韵,第二类的音值接近于高本汉 β 类三等韵(微、元、凡等);又以已有的上古音知识看,两类重纽是从上古不同的韵部来的,因此它们之间当为主要元音的区别。同年周法高作《广韵重纽的研究》,指出对于《玄应一切经音义》的反切系联的结果表明,在此书中同样存在重纽的分别,并且是主要元音的分别。周氏另有《三等韵重唇音反切上字研究》(1952)一文,指出除《广韵》以外,《切韵》、《经典释文》、《玄应音义》、《慧琳音义》等书中的唇音反切上字也有重纽的区别。

此外,也有人认为《切韵》并不存在重纽,如王力《西学东渐时期西欧汉学家对中国语言学的影响》(1980)云:"高氏在三四等里不认为有重韵,而中国某些音韵学家却也认为支脂祭真仙宵侵盐诸韵也有重韵。这样越分越细,所构拟的音主观成分很重,变成了纸上谈兵。"但是,既然《玉篇》、《玄应一切经音义》的反切和《韵镜》、《七音略》等都有重纽的分别,而且分类情况与《切韵》相合,既然高丽译音、日语吴音、厦门、福州、温州、汕头等地的方言中也都在实际语音上保持重纽的对立，并与《切韵》相符，此外颜之推《颜氏家训·音辞篇》也说过"岐山当音为奇，江南皆呼为神祇之祇。江陵陷没，此音被于关中"这样的话，明确指出"奇"（渠羁切）和"祇"（巨支切）为重纽之别，那么重纽的存在也就是完全确定无疑的事实。至于重纽A、B两类究竟是主要元音之别，抑或介音之别，尚可继续讨论。

重纽另有舌齿音的归属问题，即有重纽的韵中，喉牙唇音字有两套，互相对立，但舌齿音字则只有一套，没有对立，那么舌齿音字究竟跟本韵哪一类喉牙唇音字同为一类呢？对此，董同龢《广韵重纽试释》认为舌齿音跟A类喉牙唇音字为一类，B类喉牙唇音字单独另为一类；陆志韦《古音说略》认为舌齿音中的庄组、知组和来母字跟B类喉牙唇音字为一类，其余各母字跟A类喉牙唇音字为一类；邵荣芬《切韵研究》(1982)则认为舌齿音跟B类喉牙唇音字为一类，A类喉牙唇音字单独另为一类。这一问题目前音韵学界尚无统一的认识，还须继续研究①。

三、介音

《韵镜》等中古韵图把《广韵》二百零六韵分别列在一、二、三、四等的格子中，以蟹、山、效、咸四摄的介音和主元音为例，高本汉认为四等的区别是：一等ɑ，二等 a，三等 iɛ，四等 ie。同时对于韵图同图同等而《广韵》不同韵的韵，如真和欣、谆和文、仙和元、清和庚₃、盐和严、祭和废等，高氏认为也是介音的强弱不同，因而替欣、文、元、庚₃、严、废构拟了弱的介音 j。这样，高氏共有四种前腭介音。经马伯乐批评以后，高氏把四种前腭介音减为两种，认为三等韵中有弱的辅音性的介音 i̯，四等韵中有强的元音性的介音 i，这样就变成一等 ɑ，二等 a，三等 i̯ɛ 或 i̯ɐi（以区别仙和元、盐和严等），四等 ie。三等韵和四等韵介音分强弱的根据，主要是高丽译音中山、咸两摄见组字三等没有 i 介音，四等有 i 介音。

合口介音，高氏也有两种，即强的元音性的介音 u 和弱的辅音性的介音 w，理由是：(1)《广韵》开口合口有分在两韵的，如寒韵和桓韵，也有合在一韵的，如唐韵。开合口分韵，当有 u 介音；开合口同韵，当有 w 介音。(2)广州话桓韵"官"读 kun(<中古 kuɑn)，强的合口介音吞没了原来的主元音，删韵"关"读 kuan(<

---

① 这一问题较新的研究有日本学者辻本春彦的"类相关"学说，此说与陆志韦说较接近而更为详密，具体内容可参本书附录《〈切韵〉重纽A、B两类的归字问题》一文中有关部分。

中古 kwan），弱的合口介音不能吞没原来的主元音。

1941年，赵元任发表《中古汉语的语音区别》指出，高本汉除了区分有重要意义的 j 以外，还区分了以下几种 i：(1)非主元音的辅音性的 i，如三等尤韵 i̯əu；(2)非主元音的元音性的 i，如四等先韵 ien；(3)作为主元音的元音性的 i，如三等脂韵 i、支韵 ie。但是脂韵、支韵、之韵的 i 完全可以跟其他三等韵作相同的处理而不影响构拟，这样就可以说"所有三等韵的开头都有个高或闭的 i，所有四等韵的开头都有个低或开的 i"，也就是说，"开 i 总是出现在 e 的前面，闭 i 总是单独或在不做主元音的 e 或在其他元音的前面出现，因此，实际上只存在一个 i 音位"。1956年李荣《切韵音系》也指出，高丽译音山、咸两摄影母、以母和云母的三等字有许多具有 i 介音，因此高丽译音不能确定三等和四等的介音性质。他进一步指出，从反切上字一、二、四等跟三等分组的情况，以及梵汉对音看，四等韵不存在 i 介音。因此中古前腭介音实际上只有一个，就是 i。赵、李两氏的意见甚有道理，不过高氏关于中古有两种前腭介音的说法仍然可以接受，那就是重纽两类所具有的不同的前腭介音。

关于合口介音，赵元任上引文指出："根据《广韵》分韵和现代方言，高氏区分了元音性的 u 和辅音性的 w。……但是分韵和方言两个理由都有困难。在《切韵》残卷中，分韵和同韵的区别不一定存在。《广韵》戈韵 uɑ 的字《切韵》残卷并入歌韵 ɑ。同样的，桓韵 uɑn 并入寒韵 ɑn，谆韵 i̯uen 并入真韵 i̯en。……至于方言，近代有种种演变，又证明得太多。在广州话中，'仙'si̯en 和'宣'si̯wen 变成 sin 和 syn，正和'干'kɑn 和'官'kuɑn 变成 kɔn 和 kun 一样。""就像 i 介音的情况一样，我们在这里也必须观察合口成分的出现模式。……只有一个 u 音位，它是元音性介音还是辅音性介音，是主要元音还是韵尾，则取决于它的语音环境。"赵氏此文严格地运用了音位学的观点和方法来研究汉语音韵，以后李荣《切韵音系》继续采用这种观点和方法，指出韵图中开合韵（有开口和合口对立的韵）的开合口是对立的，介音 u 有辨字的作用，而独韵（没有开口和合口对立的韵）没有开合对立，它们的合口介音不能辨字，因此通、遇两摄各韵中的"u（或 w）介音可以取消"。李氏并且说，这种处理的最大好处在于解释《切韵》音系的声韵配合关系，因为独韵跟声母的配合没有限制，而开合韵的合口部分跟声母的配合有限制。

四、唇音字

关于《切韵》唇音字，首先要讨论的是唇音字的开合口问题。从反切来看，唇音字有时可充当开口字的反切下字，有时可充当合口字的反切下字，如"杀"，开口,所八切,"滑",合口,户八切。而同一个唇音字有时用合口字做它的反切下字,有时用开口字做它的反切下字,如"傍",平声步光切,去声蒲浪切。对此,高本汉认为中古汉语的唇音声母是撮唇的,发音时两唇同时向前伸出,这种撮唇的唇音声母可写作 pʷ 等,这样,像开口的 pʷai 与合口的 pʷuai 两个字虽然实际有别,但听起来却很相似,故唇音字能同时充当开口字或合口字的反切下字。

其实说这种音听起来很相似,只能发生在不操这种母语的人身上,而对于操这种母语的人来说,再小的语音差别也能清晰地区分出来,只要这种语音差别是不同音位之间的差别。同时正如赵元任《中古汉语的语音区别》一文所说:"从我们辨字的区别的观点看,真正的合口唇音字如 pʷuat 和可谓假合口的唇音字如 pʷat 这样的对立,是不是有过? 翻遍全部唇音字的反切,就会发现,开口与合口唇音字最小对立的对子少得惊人。"李荣《切韵音系》也说:"开合韵开合的对立限于非唇音声母,对于唇音声母讲,开合韵也是独韵,即唇音字没有开合的对立。"由此可见,高本汉替唇音字构拟的 w 和 u 都是不必要的。

其次的问题是重唇音变轻唇音的条件。最早武尔披齐利把重唇变轻唇的原因归于合口的作用,后来沙昂克更明确认为条件是合口三等。高本汉肯定了这一观点,许多中国学者也同意这一观点。但是赵元任、李荣等已经证明唇音字不分开合,那么高本汉、沙昂克关于重唇变轻唇的条件就变成跛足。

1941 年赵元任曾在《中古汉语的语音区别》一文中设想:"如果唇音字有一个高 i,后接一个央元音或后元音,它总是伴随着牙床位置的后移,于是就有下唇接触上齿的趋向,这就产生了唇齿音。"但是这个设想最终在庚韵上却行不通,庚韵的主元音为 ɐ,其三等唇音字"兵"等却未变成轻唇音。

1943 年,那盖尔(Paul Nagel)在《通报》上发表了《论陈澧〈切韵考〉所见〈切韵〉字音的构拟》表达了与赵元任相似的意见,认为"中古腭化唇塞音 pj、pʻj、bʻj、mj 在后和央元音(ə、ɐ、ɑ、o、u)前,变成现代的唇齿擦音(起初是 f、fʻ、v、ɱ,然后是 f、f、f、w)。但中古 m 在东₃、屋₃和尤韵前,仍然是 m"。例外的情况是"在庚₃、陌₃前保留了 p 音,解释它要经过一个演变:'兵',中古 piwɐŋ>piwěŋ>现代 ping"。周法高在《古音中的三等韵兼论古音的写法》一文(1948)中对此十分赞赏,并进而运用声韵出现的模式和安南译音证明庚₃韵的主要元音当为 ɛ,又据《玄应一切经音义》的反切证明尤韵明母字可能是侯韵字误入尤韵,东₃、屋₃韵的明母字中古又有一等读法,从而解释了那盖尔论证中的全部例外。至此,中古汉语重唇音变轻唇音的条件已渐趋清楚。

五、重韵

所谓重韵,是指在摄、等、开合都相同的情形下,存在着两个或三个韵类。重韵通常指一、二等韵。按《广韵》韵目说,一、二等重韵有下列12组:

咍(灰) 泰	覃 谈	合 盍	皆 佳夬	咸 衔	洽 狎	山 删	黠 鎋	耕 庚	麦 陌	东 冬	屋 沃

高本汉认为东和冬、庚和耕是元音音质的不同,其余都是长短元音的区别,证据是高丽译音中咍、皆诸韵的主元音是短 a,泰、佳诸韵的主元音是长 a,例如:

咍韵:开 kai̯   台 tai̯   海 hai̯   哀 ai̯   来 nai̯
泰韵:盖 kai   泰 tʻai   害 hai   艾 ai   奈 nai

同时,高氏又列举了一些方言佐证,例如南京官话"皆"读 tɕiai,"佳"读 tɕia,短 a 的"皆"韵尾 i 保存着,长 a 的"佳"韵尾 i 失落了。

1928 年,苏联龙果夫(A. Dragunov)发表了《对于中国古音重订的贡献》,指出高本汉把灰韵构拟为 uɑi,并不足以解释现代官话灰韵字和泰韵合口字跟微、脂、支、祭、废、齐等韵合口字相混的现象。从《切韵指掌图》灰韵的地位、安南译音和高丽译音的比较研究,龙氏认为灰韵的主要元音是听感上与 ɑ 有关系的 ə,与此相似,重韵咍(灰)、皆、覃、咸、山、耕和泰、佳、谈、衔、删、庚是音质的不同,前者的主要元音是 ə 类,后者的主要元音是 ɑ 类。而在上古的谐声系统中,也是前者跟主元音为 ə 的字相谐较多,如"亥"(咍韵的去声):"刻"kʻək,"谙"(覃韵):"音"iəm,"艰"(山韵):"艮"kən。1932 年,李方桂作《切韵 ɑ 的来源》,在重韵问题上,观点与龙氏相合。1945 年,董同龢的《上古音韵表稿》一文也指出,"译音实在比不得方言的流变,高丽译音的元音长短不见得在原先的汉语也是元音的长短"。从现代方言中区分泰、咍两韵字的广州话、苏州话来看,元音没有丝毫分长短的痕迹。1982 年,邵荣芬更进一步指出,高丽译音中咍、皆等韵的主元音用谚文字母"·"拼切,泰、佳等韵的主元音用谚文字母"ㅣ·"拼写,据朝鲜郑麟趾《训民正音解例》(1446)所说,前字母与后字母"同而口张",显然两字母的区别是音色的不同,而不是长短的不同(《切韵研究》)。

六、元音的数量

高本汉的中古音元音系统十分复杂，共有 14 个元音，如果连介音 j、i、w 一起计算，则共有 18 个符号（韵尾尚未计算在内）。这样构拟有两个问题，第一，在自然语言中究竟是否可能有这样仔细的区别？正如陆志韦在《古音说略》中所说："例如高本汉的《切韵》音，原先有长短不同的三种介音 i、i̯、j。我读了他的书，第一倒不问历史上有没有那么一回事，先就疑惑陆法言的说话要真是这样讲究的，颜之推怎么会听得懂？"第二，只要看到语音有别，就设立一个音标，音标不够，再加圈儿、点儿，这样的构拟既不符合音位归纳的原则，又很不经济。因此，以后许多学者都设法在高氏的基础上加以修正，例如董同龢、陆志韦减为 15 个音标，王力也是 15 个音标，但未区分重纽，李荣减为 12 个元音，加上 i、u 两个介音和区分重纽的 j，则为 15 个符号。

赵元任的《中古汉语的语音区别》首先采用音位学的方法，考虑元音的数量问题。他认为在高本汉的构拟中，"ɐ 和 ə 的分布是互补的，ɐ 在外转而 ə 在相应的内转，韵尾收 ng 时不发生唇齿化，这一点两者也是一致的。马伯乐实际上把所有外转有关的元音都当作长 ə"，因此 ɐ 与 ə 可以看作同一个音位的内外转变体，不过外转元音开而长，内转元音闭而短罢了。这样，如果内转臻摄的文、欣、魂、痕韵是 jwən、iən、uən、ən，那么外转山摄的元韵可以构拟为 iɐn，这就使得元韵在《广韵》中的地位看起来合理一些，也多少减轻一点人们对元韵的责难①。1953 年，美国学者马丁（Samuel Matin）作《古汉语的音位》一文，此文在赵元任文的基础上，继续从内部结构上修订高本汉的构拟。马丁指出，高氏的元音系统太复杂，而且整个系统中各个部分的配合关系十分不平衡。例如高氏的 u 元音只出现在舌根鼻音和零韵尾之前，即东韵 ung 和虞韵 iu 之中，而跟舌尖鼻音和双唇鼻音韵尾等没有配合关系。于是马丁把《切韵》的元音系统简化为 *、ə、ɑ、ɛ、a、e 六个主要元音和 i、u 两个介音。

马丁的这一做法当然很有参考价值，不过在进行音位归并的同时，应该努力反映《切韵》所有的音类区别，马丁在这一方面仍有缺陷。周法高 1954 年的《论古代汉语的音位》和 1968 年《论切韵音》就指出，马丁的缺点是，一未能区分重纽，二未能照顾到后来轻唇音的演变。例如遇摄的鱼、虞、模韵跟 e 类元音的韵

---

① 《广韵》规定元韵与魂、痕韵同用，但是在后代的口语中，元韵与魂、痕韵的读音距离甚远，士子参加科举考试时屡有失误，因此民间有"该死十三元"之说。

可以互相对补,因为前者没有韵尾而后者有元音韵尾或辅音韵尾,因此鱼、虞、模自然可以拟为 ie、iue、ue,但是虞韵的唇音字后来变成轻唇音,所以元音必须为央后元音,不能是前高元音 e。在这一思想的指导下,周氏最后确认《切韵》音系为 10 个元音:ɑ、a、æ、ɛ、ə、e、i、I、u、o,其中 i、u 兼作介音,并且指出:"我虽然比马丁多添了两个符号,可是对于重纽问题和轻唇音演变问题都解决了。"

不过,对于马丁的做法嗤之以鼻的也大有人在。据周法高《论古代汉语的音位》的后记所说,董同龢就曾经表示对于这种"拿音标变戏法"的办法不感兴趣,并且准备撰文加以评论。1954 年高本汉在《中上古汉语音韵纲要》中也尖锐地批评说:"现代语言学家有这样一种倾向,他们盲目地重弹这一老调,以求在这种智力游戏中省些气力——用尽可能少而简单的字母来写下一门特定的语言。……语言学的这一现代趋向过分简化了所研究的语言的真正特性,从而歪曲了它。"平心而论,这种批评是有一定道理的。过分地使用音位归并方法,使得人们必须熟记许多音位学书写单位,必须熟记许多补充的读音规则,这样反而不如多用几个符号来得直观,来得简便。例如马丁的系统中有一个高元音 *,这个星号到底代表什么呢?马丁注解说:"当后跟舌根音韵尾 ng 或不跟韵尾时是后(或者圆唇)元音,当前面又有 u 时就稍低一点;当后跟其他不是舌根音韵尾时是前元音,当后跟 i 时可能比较高。"这样描写实在令读者摸不着头脑,真不如直接写上 u、o 等等。

七、纯四等韵有无 i 介音?

所谓纯四等韵,是指齐、先、青、萧、添五韵。高本汉认为纯四等韵有前腭介音 i,赵元任也说:"所有三等韵的开头都有一个高或闭的 i,所有四等韵的开头都有一个低或开的 i。"(《中古汉语的语音区别》)与此相反,马伯乐的《唐代长安方音》则认为纯四等韵没有 i 介音。他说,中古汉语的声母分为腭化声母和非腭化声母两种,腭化声母是由上古已经带 i 介音的字变来的,非腭化声母是从上古不带 i 介音的字变来的;腭化声母不限于舌根音,唇音、流音、鼻音都有,而四等字的非腭化声母只是到现代,才由于它的新产生的 i 介音的影响而变为腭化,而且仅限于舌根音。陆志韦的《古音说略》也认为纯四等韵没有 i 介音,因为纯四等韵的反切上字跟一、二等韵同类,并不跟三等韵同类。

在以后的讨论中,上述两种意见仍然相持不下。1948 年周法高的《古音中的三等韵兼论古音的写法》根据《诗经》押韵和谐声系统中三等韵和四等韵相近的现象,提出:"在上古音里,我们需要假定三、四等韵都有介音,在《切韵》稍后的时代,以及现代方言里,四等韵也和三等韵一样的有 i 介音。假使在《切韵》音里否定了 i 介音的存在,而在《切韵》前后都是有 i 介音的,在音变的解释上未免说不过去。"而 1956 年李荣的《切韵音系》则指出,不仅反切上字的分组趋势对于四等韵有 i 介音的说法不利,而且从声韵配合的情形看,四等韵的声韵配合关系也不同于三等而同于一等,所以四等韵绝没有 i 介音。1982 年,邵荣芬的《切韵研究》也以佛教密宗的陀罗尼经的对音,证明四等字不对译 i,差不多只用来对译 e,因此四等韵显然没有 i 介音在内。

李方桂的《上古音研究》(1971)似乎想调和以上两种意见,他说:"四等字的声母完全跟一等字一样,显然高本汉所拟的四等的 i 介音是个元音,他对于声母不发生任何影响。……近来研究《切韵》音系的人也有采取四等韵里根本没有介音 i 的说法。这也许在《切韵》音系不发生太大的困难,但是从上古音的眼光看来至少上古音里应当有个 i 元音在四等韵里,可以免去许多元音的复杂问题。"而在此之前,马学良等也另辟蹊径,提出纯四等韵的主要元音是长 i,以后长 i 所带的过渡音逐渐扩张,终于形成现代各地方言中四等字的纷歧读法(《〈切韵〉纯四等韵的主要元音》)。不过这两种处理把 i 移作元音,不能不遭遇到巨大的困难,即在梵汉对音中,四等韵很少 i 元音在内的表现。其实,周法高在 1954 年《论古代汉语的音位》中就已经修正了自己的意见,认为从音位学的观点出发,纯四等韵不妨取消 i 介音,这样不但可以取消 i 和 i 的区别,只用 i 代表三等韵的介音,而且纯四等韵写作 e,跟内转诸摄的重纽 A 类 ie 正好互相补足。这样看来,虽然纯四等韵和内转诸摄重纽 A 类的主元音如何写法,尚可讨论,但是纯四等韵无 i 介音的说法已逐渐成为学界的共识①。至于纯四等韵在上古音和《切韵》以后的矛盾,则可另谋途径解决。例如上古音的矛盾,郑张尚芳《上古韵母系统和四等、介音、声调的发源问题》(1987)认为三等韵在上古也没有 i 介音,其 i 介音是由作为主元音的短元音滋生出来的。而《切韵》以后的矛盾,陆志韦早就设想纯四等韵 i 介音的产生,是由于三等韵和四等韵主要元音混同化以后发生模仿作用的缘故(《古音说略》),王静如则认为 i 介音的产生,是由于元音的分裂,即纯四等元音 ε>eε>iε(《论古汉语之腭介音》)。

八、《切韵》的性质

《切韵》在汉语语音史的研究中具有承上启下的作用,《切韵》与上古音和近

---

① 不过周法高在 1969 年《论上古音》和 1970 年《论上古音和切韵音》中又回到原来的立场,认为中古纯四等韵有 i 介音存在。

代、现代各方言之间的关系如何,即《切韵》的性质如何,就成为一个重要的问题。高本汉认为《切韵》代表当时的长安方言,是他所引用的33种现代方言的原始母语(《中国音韵学研究》)。在《论汉语》(1949)一文中他更明确地指出:"《切韵》忠实地描写了一个同质的语言,华北的语言,即首都长安话。它在七至十世纪时成了真正的共同语,其证据就是几乎所有现代分歧巨大的方言都能一个个合理而系统地从《切韵》导出。"高氏的这一观点得到周法高的支持,他在《广韵重纽的研究》中,根据唐代《玄应一切经音义》中的反切系联结果,认为《切韵》代表长安方言"至少有十之八九的准确性"。他说:"在《广韵》有重纽切语下字也分做两类的几韵(支、真、仙),在玄应的书里,也有同样的分别。玄应这书是替藏经作音义的,并不是一部韵书,书中的切语也和《广韵》大异,但是居然得到同样的结果,更是值得注意了。"高、周两氏的意见可称为单一音系说。

但是高本汉此说遭到了许多中国学者的修正甚至反对。例如陈寅恪《从史实论切韵》(1949)一文指出:陆法言和刘臻等都不是世居关中之人,《切韵序》提到的吕静《韵集》等五本韵书也都不是关中人的著作,《切韵序》列举了各地方言的缺点,但就是未提及中原,可见刘臻等认为中原即洛阳及其附近的语音是正音。因此,"自史实言之,《切韵》所悬之标准音,乃东晋南渡以前,洛阳京畿旧音之系统,而非杨隋开皇仁寿之世长安都城行用之方言也",而洛阳京畿的旧音系统,又综合了诸家师授和各地方音。又如罗常培《〈切韵〉鱼虞的音值及其所据方音考》(1931)一文参照南北朝诗人的籍贯和用韵情况,具体考证了鱼虞两韵在中古的地域分布,认为除太湖附近的几个地方分用外,其余都混而不分,因而指出:"《切韵》的分韵是采取所谓'最小公倍数的分类法'的。就是说,无论哪一种声韵,只要是在当时的某一地方有分别,或是在从前的某一时代有分别,纵然所能分别的范围很狭,它也因其或异而分,不因其或同而合。"又如邵荣芬《〈晋书音义〉反切的语音系统》(1981)一文,根据洛阳人何超于公元747年所做的《晋书音义》一书的反切系统,与《切韵》加以比较,发现《切韵》音系跟《晋书音义》的音系"简直吻合到了惊人的程度",因而认为《切韵》反映了一种活语言音系,即洛阳音系,但同时吸收了其他方言,主要是金陵话的特点。以上这些意见可以称为综合音系说。

在综合音系说之中,值得重视的是王力和周祖谟的意见。1936年王力的《南北朝诗人用韵考》指出:依南北朝的韵文观察,"《切韵》每韵所包括的字,适与南北朝韵文所表现的系统相当。可见《切韵》大致仍以南北朝的实际语音为标准"。1957年王力在《汉语史稿》上册中进一步明确指出:"《切韵》的系统并不能代表当时(隋代)的首都(长安)的实际语音,它只代表一种被认为文学语言的语音系统。"王氏的这一观点在1966年周祖谟的《〈切韵〉的性质和它的音系基础》中得到更为详密的论证。周文利用王仁昫《刊谬补缺切韵》四声韵目小注中所保存的《切韵》前吕静等五家韵书的分韵情况,认为《切韵》不同于诸家的特点有二:(1)审音精密,重分不重合;(2)分韵辨音,折衷南北,不单纯采用北方音。文章又比较了南北朝诗人用韵情况,以及《万象名义》中的《玉篇》反切系统,认为"《切韵》分韵不仅与齐、梁、陈之间诗文押韵的情况基本一致,而且与梁代吴郡顾野王《玉篇》的韵类几乎全部相同"。他的结论是:"《切韵》音系的基础,应当是公元六世纪南北士人通用的雅言","这个音系可以说就是六世纪文学语言的语音系统"。周氏关于《玉篇》韵类的研究,可能不无瑕疵(参邵荣芬《切韵研究》),但关于《切韵》是6世纪文学语言的语音系统的看法,则逐渐为大多数学者所接受。事实上,即使高本汉后来也发现自己的观点与方言事实有抵触,因而在《论汉语》中修正说:"只有少数南部沿海的方言,如厦门话、汕头话,具有不能从《切韵》得到解释的特点,而提示《切韵》以前的语言情形。"而周法高则在1968年《论切韵音》和1984年《读切韵研究》中已经承认"长安方音说"是有毛病的,认为《切韵》确实"大体上代表当时士大夫阶级的读书音"。

关于《切韵》的性质及其与现代方言的关系,20世纪60年代以后又有美国"普林斯顿学派"提出的"普林斯顿假说"。这是参加美国普林斯顿大学"中国语言学计划"研究的几个学者提出的。他们不同意高本汉关于汉语方言有单一来源的说法,认为应该先在各大方言区内部进行历史比较,拟测原始吴语、原始粤语、原始闽语、原始湘语和原始北方话等,然后与《切韵》比较,这样才可以确定《切韵》的性质。在此基础上,还可以进而拟测原始汉语。这一假说从理论上说是完全正确的,但是实施起来颇不容易,我们不知道构拟出来的原始方言,究竟相当于历史上哪一个时代,同时由于汉语各方言之间的交融影响,我们难于在现代方言中区分出不同的语音历史层次。正如李方桂《上古音研究》所说:"根据现代的方言材料,构拟原始闽方言是有可能的,但由于早期的文献根据的缺乏,构拟会不着边际。"

九、其他

中古《切韵》音系的研究,除上述八大问题以外,另有许多议题。例如关于中古全浊声母是否送气的问题,高本汉替《切韵》的並、定、澄、群、从、崇、船母都构拟了送气音,并在他的上古音系里另立一套不送气全浊声母,以示对立。其根据一是现代吴语中全浊声母仍为送气,二是並、定、澄等在现代北京话中有变成送气清音的,如果拟为不送气,在音理上不易解释。但是陆志韦《古音说略》、李荣《切韵音系》等根据佛经译音、广西瑶歌和龙州壮语中借词的读音等,提倡全浊声母不送气说;赵元任《现代吴语的研究》(1928)则提出吴语全浊声母的读法乃是清音浊流,并不是送气浊音。又如关于娘母是否独立的问题,高本汉和中国多数学者认为现代方言中泥娘二母没有分立的痕迹,守温三十字母有泥无娘,娘母是宋代等韵学家为凑足舌上音的次浊空缺而人为设立的,但是邵荣芬《切韵研究》根据颜师古《汉书》注的反切、慧苑《新译大方广佛花严经音义》的反切中泥娘完全分立,和汉藏对音中泥娘译法不同等现象,认为娘母应该独立为一个声母。又如关于船、禅两母是否互易的问题,陆志韦《古音说略》、邵荣芬《切韵研究》根据现代汉语方言、《颜氏家训·音辞篇》和梵汉对音等,认为事实可能跟中古韵图船为塞擦音、禅为擦音的安排相反,船应是擦音、禅应是塞擦音,两者正相互易。但是李方桂《上古音研究》、李新魁《论〈切韵〉系统中床禅的分合》(1979)则认为从古到今,船、禅二母实际上没有对立,守温三十字母只有禅而没有船,《经典释文》、原本《玉篇》等船、禅又多相混,因此船禅本为一母,不必分立和互易。又如关于知、彻、澄的音值问题,高本汉拟为ṭ、ṭʻ、ḍ,罗常培《知彻澄娘音值考》(1931)根据梵汉对音,认为知、彻、澄从公元 592 年起就已经读成舌尖后音ṭ、ṭʻ、ḍ。但是陆志韦《古音说略》指出,知、彻、澄广州话读 tɕ,北京话读 tʂ,知等首先须 t>tɕ,然后 tɕ>tʂ,如果 t 先已变成ṭ,然后再回到舌面音 tɕ,然后再到舌尖后音 tʂ,这是不可能的,事实上,知等在明代《西儒耳目资》的时候仍然是 tɕ,因而主张维持高本汉的构拟。又如关于《切韵》严和凡、臻和真韵的关系问题,陆志韦《古音说略》早就有所怀疑,不过他认为这是方言的分歧。1956 年李荣《切韵音系》根据臻和真 A 互补,把臻并入真,根据严和凡大体互补,仅上入两声溪母有对立,认为严是开口,凡是合口。而邵荣芬《切韵研究》认为严凡对立是由增加字造成的,从而把凡也并入了严。邵氏这种处理有一个很大的好处,即作为独韵的通、江、遇、效、流、深、咸七摄从此完全没有开合口的对立,真正符合于"独韵"的称号了。又如关于《切韵》鱼、虞、模三韵的音值问题,高本汉根据日译汉音拟模为 uo、鱼为 iwo、虞为 iu,模配鱼而不配虞,但是周法高《切韵鱼虞之音读及其流变》(1948)、陆志韦《古音说略》和李荣《切韵音系》指出,《广韵》鱼韵独用,虞与模韵同用,《韵镜》和《七音略》鱼韵独成一图,虞与模韵合成一图,梵汉对音也证明模当配虞而不配鱼,因此,拟模为 o、鱼为 iɔ、虞为 io。又如关于合口三等韵的介音,一般认为应该是-iu-(也有人写作-iw-),高本汉《中上古汉语音韵纲要》指出这样构拟的证据是,在高丽译音中臻摄合口三等"均、允"等字读作 kiun、iun 等,蟹摄合口四等"圭、奎"等字读作 kiu、kiu。但是马伯乐《唐代长安方音》则拟"均"为 kuiĕn,拟"涓"为 kuien,黄笑山《〈切韵〉和中唐五代音位系统》也把微韵合口构拟为 uiəi、元韵合口构拟为 uiɐn、仙韵合口构拟为 uiɛn 等,也就是说,认为合口三等韵的介音应该是-ui-。当然,这样构拟也许有一定的理由,比如安南译音的三等合口就是如此(例如"船"thuien),同时在中古音系中也没有大的妨碍;但是从近代音的演变来说,见组、精组开口和合口三四等的字后来都发生了腭化,即 k、kʻ、x＞tɕ、tɕʻ、ɕ,ts、tsʻ、s＞tɕ、tɕʻ、ɕ,一般的解释是见组 k-在后接介音-i-的影响下,发音部位前移,由 k-变成 c-,最后变成 tɕ-,精组 ts-在后接介音-i-的影响下,发音部位由齿背向上腭靠近,于是 ts-变成 tɕ-,现在如果合口三等介音是-ui-的话,那么对于腭化原因的解释未免会有些麻烦。如此等等,不可尽述。总之,经过中外学者七八十年的反复论证和辩论,汉语中古音的重要代表——《切韵》音系的情况已经摸得相当清楚,在此基础上,学者们就可以上溯汉语上古音和下探汉语的近代音了。

第三章

上古音的研究

第一节 高本汉关于上古音系的构拟

关于汉语上古韵部的研究，经过清儒三百年的不断努力，古音分部已经相当完密了。以后章炳麟分 23 部，黄侃分 28 部，王力分 30 部，罗常培、周祖谟分 31 部，其具体字的归属，出入并不很大，因此上古韵部的音类问题已基本解决，所需考订的是音值。关于上古声母的研究情况亦类似。自钱大昕创"古无轻唇音"和"古音舌头舌上不分"之说以后，章炳麟有"古音娘日二纽归泥说"，黄侃有"照二归精"之说，后来曾运乾又有"喻三归匣"、"喻四归定"之说，这样，关于上古单辅音声母的音类考订已大部完成，所差者主要是单辅音声母的具体音值和复辅音声母的音类、音值问题。

高本汉在完成中古汉语的研究以后，就开始向上古汉语的研究攀登。1923年他出版《中日汉字分析字典》，在自序第三节（赵元任译为《高本汉的谐声说》）中对上古汉语的音韵系统提出了重要的假设。

他从 12 000 个汉字的中古音出发，考察它们的谐声关系，把它们分成 A、B、C、D 四类，分别归纳各自的谐声原则，再根据这些谐声原则来构拟上古汉语的声母和韵尾的音值。所谓 A 类，是指主谐字和被谐字有相同相近的声母、主元音和韵尾。这里声母相近，是指发音部位相同，如"古"k："苦"k'；主元音相近，是指受介音 i 或 u 的影响而元音有所不同，如"仓"ts'ɑŋ："枪"ts'iaŋ；韵尾相近，是指阴阳入的对转关系，如"占"-m："帖"-p。所谓 B 类，是指主谐字或被谐字丢失了某一声母，通过种种证据，可以确认丢失的声母是上古不送气全浊声母，如"甬"j-＜d-："通"t'-、"匀"j-＜g-："钧"k-、"羊"j-＜z-："祥"z-。所谓 C 类，是指主谐字或被谐字丢失了辅音韵尾，通过种种证据，可以确认丢失的辅音韵尾是上古不送气浊音韵尾,如"乍"ø<-g:"昨"-k、"敝"-i<-d:"瞥"-t、"内"-i<-b:"纳"-p。所谓D类,是指主谐字和被谐字有复辅音声母的关系或其他例外的关系,如"各"k-:"路"l-、"支"tɕ-:"技"g-。全文的结论是,用上古音的眼光看,谐声字总是具有相同相近的声母、主元音和辅音韵尾。高氏归纳的这些谐声原则,在构拟汉语上古音时具有指导性的意义。1928年,高氏又写了《上古中国音当中的几个问题》的重要论文。此文的主要内容是:(一)第一次明确提出利用语音系统的"空档"来研究上古音。语音体系一般具有很强的系统性、对称性,越是古老的语言越是如此,但在语音的发展变化中,语音体系的某些系列会出现不对称现象,这就是所谓"空档"。利用这种空档,可以推知语音体系的本来面貌。(二)考察去声和入声同谐声的汉字,如"例":"列",认为《中日汉字分析字典》拟成-i<-d:-t,"例"字由浊音韵尾影响到去声的产生不妥,改拟-t·:-t,"例"字由降调影响到韵尾的失落。(三)根据麻韵字在上古一部分跟鱼、模韵字谐声和押韵,另一部分跟歌、支韵字谐声和押韵,认为这两部分的上古主元音分别是o和a。(四)与德人西门华德(Walter Simon)《论上古汉语辅音韵尾的构拟》(1928)一文的观点进行论辩。西门根据藏文只有一套b、d、g韵尾没有p、t、k韵尾的情况,提出入声和去声同谐声的汉字的韵尾,应分别构拟为浊塞音b、d、g和浊擦音β、δ、γ。高本汉认为,从日译吴音和汉音看,汉字的入声韵尾为p、t、k是无疑的;与入声字同谐声的去声字拟成β、δ、γ和拟成b、d、g没有本质的区别。高氏此文对于上古音的研究亦具重要意义,特别是他的"空档说"(后人又称为"空格理论"),实际上就是历史比较语言学中的内部拟测法,即不依靠语言的外部证据,而仅仅根据语言内部构造的不规则来推断语言的历史面貌的方法。这种方法是行之有效的,例如高本汉鉴于中古音以n收尾的山摄开合口的分布极为整齐,而与之相类的以m收尾的咸摄,则除去三等凡韵以外就没有合口的韵,在分布上留下了一个大空档,同时鉴于现代汕头方言"唤、患"等字收m尾,从而得出了从上古到中古有一部分字的m尾异化为n尾的结论。

以后,高氏于1932年发表《诗经研究》,全文分为四个部分:(一)韵尾辅音概论;(二)咍、之、尤韵的上古音值;(三)麻、模、鱼、虞韵的上古音值;(四)侯、幽、豪、肴、宵、萧韵的上古音值。文中因林语堂《支脂之三部古读考》和李方桂《切韵ɑ的来源》的质疑,而对上古韵部的主要元音有详尽的考论。1934年高氏又发表《汉语词类》,书的前半部分讨论了以舌尖辅音收尾的上古诸部(相当于王念孙的真、谆、元、至、脂、祭六部)和以舌根辅音收尾的上古诸部(相当于王念孙的东、耕、幽、宵四部)的主要元音和辅音韵尾问题。至此,高氏大体上完成了上古音系的拟测，并且最后把全部研究成果以字典的形式写进《汉文典》(1940)。

高氏对于上古汉语的音系曾有过多次修订，这里据他比较成熟的《汉文典》和《中上古汉语音韵纲要》二书把他的构拟简要列表于下，并附上传统的声类和韵部名称。高氏《汉文典》分古韵为26部，《中上古汉语音韵纲要》分古韵为35部，这里一并列出。

声　母

帮 p	滂 pʻ	(b)	並 bʻ	明 m	
端 t	透 tʻ	喻四 d	定 dʻ	泥 n	来 l
精 ts	清 tsʻ	邪 dz	从 dzʻ	心 s	喻四 z
庄 tṣ	初 tṣʻ		崇 dẓʻ	生 ṣ	
章 ȶ	昌 ȶʻ	禅 ȡ	船 ȡʻ	日 ȵ	书 ɕ
见 k	溪 kʻ	喻三 g	群 gʻ	疑 ŋ	晓 x　影 ʔ

韵　部

(括号中是中古韵部名称，有平、上、去声者，只列平声韵目，只有去声者，列去声韵目)

一、《汉文典》26部

1. 歌部(歌、戈、麻、支)
2. 鱼部(模、麻、鱼、虞)
3. 侯部(侯、虞)
4. 元部(寒、桓、删、山、元、仙、先)
5. 月部(曷、末、黠、鎋、薛、屑、月、泰、夬、怪、祭、霁、废)
6. 歌部收尾(歌、支)
7. 真部(真、谆、先)
8. 质部(质、屑、术、霁、至)
9. 文部(痕、魂、山、真、谆、臻、文、欣、先)
10. 物部(没、黠、质、术、屑、物、迄、栉、代、队、未、至、霁、怪)
11. 脂部(灰、皆、脂、微、齐)

12. 谈部（谈、咸、衔、盐、添、凡）

13. 叶部（盍、狎、洽、叶、帖、业、乏、泰、御）

14. 侵部（覃、咸、侵、盐、添、东）

15. 缉部（合、洽、缉、帖、叶、队、至）

16. 阳部（唐、庚、阳）

17. 铎部（铎、陌、药、昔、暮、祃、御）

18. 耕部（耕、清、青）

19. 支部（佳、支、齐、麦、昔、锡）

20. 蒸部（登、耕、蒸、东）

21. 之部（咍、侯、灰、怪、之、脂、尤、德、麦、职、屋）

22. 冬部（冬、江、东）

23. 幽部（豪、肴、尤、萧、沃、觉、屋、锡）

24. 宵部（豪、肴、宵、萧、沃、觉、药、锡）

25. 东部（东、江、锺）

26. 屋部（屋、觉、烛、候、遇）

二、《中上古汉语音韵纲要》35 部

1. 元部（寒、桓、删、山、元、仙、先）

2. 月部（曷、末、鎋、黠、薛、屑、月）

3. 祭部（泰、夬、怪、祭、废、霁）

4. 文部（痕、魂、山、真、谆、臻、文、欣、先）

5. 物部（没、黠、质、屑、迄、物、术）

6. 微部$_{收d尾}$（咍、灰、皆、脂、微、齐）

7. 微部$_{收r尾}$（咍、灰、皆、脂、微、齐）

8. 歌部$_{收r尾}$（歌、戈、佳、麻、支、齐）

9. 真部（真、谆、臻、先）

10. 质部（质、术、栉、屑）

11. 脂部（脂、齐）

12. 谈部（谈、咸、衔、盐、严、添、凡）

13. 叶部（盍、狎、洽、叶、帖、业、乏）

14. 侵部（覃、咸、侵、盐、添、东）

15. 缉部（合、洽、缉、叶、帖）

16. 阳部（唐、庚、阳）

17. 铎部（铎、陌、药、昔、锡）
18. 鱼部_{收g尾}（暮、祃、御）
19. 职部（德、麦、职、屋、锡）
20. 之部（咍、灰、侯、皆、之、脂、尤）
21. 蒸部（登、耕、蒸、东）
22. 耕部（耕、清、青）
23. 锡部（麦、昔、锡）
24. 支部（佳、支、齐）
25. 药部（沃、铎、觉、药、锡）
26. 宵部（豪、肴、宵、幽、萧）
27. 觉部（沃、觉、屋、锡）
28. 幽部（豪、肴、尤、萧）
29. 冬部（冬、江、东）
30. 屋部（屋、觉、烛）
31. 侯部_{收g尾}（候、遇）
32. 东部（东、江、锺）
33. 鱼部_{无韵尾}（模、麻、鱼、虞）
34. 侯部_{无韵尾}（侯、虞）
35. 歌部_{无韵尾}（歌、戈、麻、支）

第二节 上古音系诸问题的讨论

高本汉对于上古汉语音系的研究虽然做出了很大的贡献，他的许多构拟原则、方法和基本的构拟格局也为大多数学者所接受，但是作为一个外国人，他的汉语水平、小学根基毕竟谈不上乘，因此在他的著作中，误解古汉语的字形字义、错认古文的句读和韵脚，以及疏于古代文献材料的考证等等，实在为数不少。同时，运用历史语言学的理论和方法来研究汉语音韵，在当时尚属草创，以一个人的精力来营造汉语中古音、上古音的大厦，出现一些失误也是在所难免。因此，从1930年起，一批既有深厚的小学功底，又学会了现代语言学的中国学者开始对高氏的构拟展开热烈的讨论，并把汉语上古音的研究工作继续向前推进。他们的讨论主要集中在谐声原则、庄章两组声母的来源、群匣喻₃声母的关系、清鼻音声母、韵部的分合、主要元音的音值、韵尾辅音和去声的来源等问题上。

一、谐声原则

高本汉在《中日汉字分析字典》的自序中论到汉语谐声字的谐声原则,其中有一些考虑不周或仅凭印象说话的地方,同时,他的 12 000 字的谐声材料多取自《康熙字典》,其中包括许多汉代以后出现的字,因此多有疏漏之处。1945 年董同龢发表《上古音韵表稿》,以《说文解字》9 000 多字为基础,剔除重文、单体字等,加上先秦古籍所有而《说文解字》未载的字,重新归纳谐声原则。他发现高氏断言不相谐的音往往相谐,如 ɕ(书)不仅同 tɕ、tɕ'、dʑ'、z(章昌船禅)相谐,而且同 t(端)、ṭ(知)两系相谐,又如 k(见)、k'(溪)跟 x(晓)相谐也不在少数,由此认为"在谐声字中,凡同部位的音或部位极相近的音都得随便互谐"。董氏的这一谐声原则补充了高氏的不足,但尚不完密,如 t(端)和 ts(精)两系,部位相同或相近,而谐声中一般并不互谐。1940 年和 1947 年陆志韦的《说文广韵中间声类转变的大势》、《古音说略》运用数理统计的方法对《说文解字》的形声字和《广韵》的一字重读作了穷尽性的调查,以此说明中古 51 声类在谐声系统中的相互关系。陆氏的方法具有数学的根据,每一声类与其他声类相谐的次数都有确凿的数据,因此,他的调查是科学的、可靠的。如高氏断言庄、初、崇母跟生母可任意互谐,陆氏指出生母不谐庄、崇二母;高氏断言端、透、定母不跟精、清、从、心、邪母互谐,陆氏指出定母跟邪母大量互谐;高氏断言精、清、从、心、邪母跟庄、初、崇、生母可任意互谐,陆氏指出邪母跟庄、初、崇、生母绝不互谐,等等。陆氏的结论是,在谐声系统中,中古有 i 介音的字容易转无 i 介音的字,反过来无 i 介音的字不易转有 i 介音的字;全清声母字跟全浊声母字最近,比全清声母字跟次清声母字还接近,次清声母字跟全浊声母字不近;次浊声母字跟清的塞音、塞擦音字较近,跟全浊声母字不近;端透定母既通知彻澄母,又通章昌禅母,精清从母通庄初崇母;喉牙声母字跟舌齿声母字相通;喉牙声母字又跟唇音声母字相通;舌齿声母字也跟唇音声母字相通;来母字跟其他声母字相通的,可能反映了复辅音声母。1971 年李方桂《上古音研究》在上述讨论的基础上,把谐声原则高度概括为两条:(1)上古发音部位相同的塞音可以互谐;(2)上古舌尖塞擦音或擦音互谐,不跟舌尖塞音相谐。并且指出,不符合这两条原则的谐声现象应该另有解释,如复辅音声母等。实践证明,李氏的概括基本上是成功的,例如他根据这两条谐声原则,认为端组和章组是发音部位不相同而互相谐声,它们在上古必定发音部位相同,同时章组只出现在三等韵,因而确认章组的来源是 t+j。

二、庄、章两组声母的来源

高本汉看到庄组和精组可以互谐,因此曾经设想庄组声母来自精组声母,由于后接元音的不同而造成分化。但他后来看到庄组不仅出现于二等韵,而且出现于三等韵,与出现于一、三、四等韵的精组有冲突,于是只好说上古也有庄组(tṣ等)存在。董同龢的《上古音韵表稿》根据《广韵》二等韵的庄组字可以做其他各母字的反切下字,而三等韵的庄组字则无此现象,同时三等韵的庄组字往往具有二等韵庄组的又读,在上古各韵部中,二等韵和三等韵的庄组字又经常互补,确认三等韵的庄组字乃是后来从二等韵中跑过去的,在上古时期,庄组只出现于二等,正与精组互补,因而把高氏上古声母系统中的 tṣ 等取消了。董氏此说甚辩,但庄组字在什么条件下变入三等韵,什么条件下不变,尚有待说明。1947 年陆志韦的《古音说略》也认为庄组来自精组,不过对于三等韵中庄和精的冲突,他的解释是庄组后接 I 介音,精组后接 i 介音。陆氏的看法可以聊备一说,但其困难在于如何解释二等韵和三等韵庄组字都带 I 介音。1970 年周法高的《论上古音和切韵音》设想二等韵 ts+r>tṣ,三等韵 ts+i>tṣ,而因后接韵母有 x、y 两类的不同,故三等韵中精和庄仍不冲突。此说与陆说大同而小异,问题仍然在于如何解释介音不同而精组同样变为庄组。1971 年李方桂《上古音研究》则采取苏联雅洪托夫(C. E. ЯХОНТОВ)二等字有 r 介音之说,认为二等韵中 ts+r>tṣ、三等韵中 ts+r+j>tṣj,较好地解释了庄组声母的来源。不过这一构拟中,r 似不再是介音,而是复辅音声母的形式了。

关于章组声母,虽然它们跟端组相谐,但是因为端和知相谐,并且端在一、四等,知在二、三等,两者正相互补,而章跟知在三等韵中有冲突,因此高本汉的上古声母系统中,仍将章组独立,拟成 ȶ 等。王力因循此说,董同龢的上古声母系统中也有 ȶ 等。陆志韦《古音说略》并章入端,认为 t>ȶ、t>tɕ,即端变知、端变章的原因是知的介音为 I、章的介音为 i。跟庄组声母相似,其困难仍在于为什么二等韵和三等韵的知组介音完全相同。陆氏可能已经觉察到这一关键,所以补充了一个证据:"知₋照₋等母的反切时常不分开合口,并且切下字跟喉牙唇三等字是同类。"但是邵荣芬《切韵研究》指出:"除重纽韵之外,庄、知开合杂乱差不多全部见于二等韵。……二等韵没有前腭介音,所以这种杂乱至少是与前腭介音的性质无关";反切下字的系联,只有庄组和喉牙唇三等字关系比较密切,知组则跟喉牙唇三等字、喉牙唇四等字的"关系差不多都相等"。因此,这个证据是有问题的。1971 年李方桂的《上古音研究》把知组拟成 tr(二等)和 trj(三等),把章组拟成 tj，这样才顺利地解决了端、知、章三组声母之间的关系。

　　章组声母还有一个问题，即有一些章组声母既谐端组、知组，又谐见组。高本汉只看到了很少几个例子，因而简单地解释为腭化的舌根音跟章组相谐。董同龢则指出，这样的例子不少，尤可注意的是转换互谐例子，如"旨"tɕ："耆"gʲ："嗜"ʑ，因此替这一部分章组字构拟了 c 等一套声母。他的旁证是苗语具有两套舌根音，并经常以发音部位靠后的一套来对译汉语的舌根音。但是李方桂《上古音研究》指出，舌根前塞音 c 等与舌根后塞音 k 等既然发音部位不同，就不应互谐；同时，董氏的构拟也无法解释"车"等有见组和章组两读的现象。因此，他把这一部分的章组构拟为复辅音声母 skj 等，后来在《几个上古声母问题》一文中又改拟为 krj 等。这一构拟在后来梅祖麟《跟见系字谐声的照₃系字》(1983)一文中得到了藏文同源词的证明，如"赤"，上古汉语 kʻrjak，藏文 khrag，"舟"，上古汉语 krjag，藏文 gru。

三、群、匣母和喻₃的关系

　　高本汉在利用语音系统空档的过程中，见到群母只出现于三等韵，匣母只出现于一、二、四等韵，同时"古"（见母）跟"胡"（匣母）谐声，于是认为群、匣互补，上古同出一源：gʻ>ɣ(一、二、四等)，gʻ>gʻ(三等)，而拟喻₃为 g，与 gʻ 相配。但是据曾运乾《切韵五声五十一纽考》(1927)、《喻母古读考》(1927)、罗常培《经典释文和原本玉篇反切中的匣于两纽》(1937)、葛毅卿《论喻母字的辅音音值》(1932) 和《喻三入匣再证》(1937) 的考证，则匣母跟喻₃关系密切，在 6 世纪初以前本为一体。那么群、匣跟喻₃的关系究竟应该如何呢？

　　1971 年李方桂《上古音研究》一反高本汉到处填补空档的做法，而代之以取消特殊音位的做法。他在高氏的上古声母表中画了一个十字形的框，指出框内 15 个声母都只出现于三等韵，同时它们又大多违背已经归纳出来的谐声原则，显然它们多数是框外其他声母在特殊环境的影响下而分化出来的。

p	pʻ	b	bʻ	m		
t	tʻ	d	dʻ	n		l
ts	tsʻ	dz	dzʻ		s	z
tṣ	tṣʻ		dẓʻ		ṣ	
ȶ	ȶʻ	ȡ	ȡʻ	ȵ		ɕ
k	kʻ	g	gʻ	ŋ	x	ʔ

李氏指出，喻₃声母的字大多是合口字，群母只有三等，匣母有一、二、四等，因此它们的关系如下：

上古 g+j-（三等韵）＞中古群母 gj-
上古 g+（一、二、四等韵）＞中古匣母 ɣ-
上古 gw+j-（三等韵）＞中古喻₃ jw-
上古 gw+j+i（三等韵）＞中古群母 gjw-
上古 gw+（一、二、四等韵）＞中古匣母 ɣw-

李说较好地解释了上古匣、群和喻₃之间的关系，但是尚有小疵，即喻₃和群母的上古形式仅相差一个 i，当韵部主元音为 i（如李氏所构拟的支、锡、耕、脂、质、真六部）时，两母的上古形式就无法区分，如"荣"gwjiŋ＞jiweŋ，"琼"gwjiŋ＞giweŋ，它们在后代又如何分为两个不同的声母呢？有鉴于此，丁邦新的《上古汉语的*g、*gw、*ɣ和*ɣw》（1977）乃拟匣为 ɣ、g，喻₃为 ɣ，群为 g，即：

上古 g+j-（三等韵）＞中古群母 gj-
上古 gw+j-（三等韵）＞中古群母 gju-
上古 ɣ+j-（三等韵）＞中古喻₃ j-
上古 ɣw+j-（三等韵）＞中古喻₃ ju-
上古 ɣ+（一、二、四等韵）＞中古匣母 ɣ-
上古 ɣw+（一、二、四等韵）＞中古匣母 ɣu-

邵荣芬的《匣母字上古一分为二试析》（1991）也同此看法。实际上，这一构拟乃是李方桂早年的假设（参罗常培《经典释文和原本玉篇反切中的匣于两纽》），即与见组 k、kʻ 谐声的匣母上古是 g，与晓母 x 谐声的匣母上古是 ɣ。

此外，也有学者认为中古群母本身就有一、二、四等字（李荣《从现代方言论古群有一、二、四等》，1965），证据是《切韵》"寒、厚、环"等匣母字在现代南方方言中多读如 k、g 声母。不过这些字数量不多，看成匣母的上古形式在现代方言中的遗留似乎更加合适。

四、清鼻音声母

高本汉曾经认为"悔"："每"、"昏"："民"的谐声都是复辅音声母 xm- 的例。

董同龢指出,这几个字的谐声跟"各":"路"的谐声并不相同,"路"从"各"得声之后,一路下去凡从"路"得声的都只读 l-,而"昏"从"民"得声之后,以后从"昏"x-得声的居然还有"缗"m-;其次,"各"在同"路"l-谐声的同时,又与"格"k-、"恪"kʻ-等谐声,而"悔":"每"等则永远只有 m-和 x-。因此,这些字的上古声母应当是李方桂曾经提出过的清鼻音m,这种清鼻音在云南、贵州的许多少数民族语言中是很普遍的。

董氏此说极获学人的赞同,唯林焘评论说,董氏的m在整个语音系统中显得过于特殊,根据一般的语言规律,凡有舌根音 k 的,大半就会有唇音 p、舌尖音 t,在贵州苗瑶语中,只要有m,也一定会有 n、l 之类,因此董氏的构拟或可更作修改。(文见《燕京学报》36 期,1949)1971 年,李方桂根据泥、娘、日、来母往往跟透、彻母相谐,如"难":"滩"、"纽":"丑"、"若"、"慝"、"赖":"獭",并联系到苗语的清鼻音听起来很像 tʻ 的现象,构拟了一整套清鼻音m、n、ŋ、l 等。这样整个语言系统显得更为平衡。1984 年,张永言的《关于上古汉语的送气流音声母》对此进一步从谐声、通假、异文和少数民族语言等方面作了考证。

五、韵部分合

关于上古汉语的韵部,高本汉初分 26 部,后分 35 部,从总的格局来看,他跟清代学者的古韵分部,尤其是章炳麟、黄侃的古韵分部是一脉相承的。兹将章炳麟、黄侃、高本汉、王力和罗常培五家的古韵分部列表对照如下,以见异同:

章炳麟 23 部	东 14	冬 16	阳 2	青 4	蒸 12	支 3		脂 8		队 7	至 5	泰 11		之 19
黄侃 28 部	东 18	冬 21	唐 14	青 11	登 24	齐 9	锡 10	灰 4		没 3	屑 1	曷末 6		哈 22	德 23
高本汉 26 部	25	22	16	18	20		19		11	10	8	5		21	
高本汉 35 部	32	29	16	22	21	24	23	6	11 7	5	10	3	2	20	19
王力 29 部	东 10	并于侵	阳 13	耕 19	蒸 3	支 17	锡 18	脂 20	微 23	物 24	质 21	月 15		之 1	职 2
罗常培 31 部	东 13	冬 12	阳 14	耕 15	蒸 11	支 7	锡 26	脂 8	微 9	术 28	质 27	祭 10	月 29	之 1	职 21

续表

章炳麟 23部	鱼 1	歌 10	真 6	谆 9	寒 12	宵 21	幽 15	侯 13	侵 17	缉 18	谈 22	盍 23
黄侃 28部	模 12	铎 13	歌戈 7	先 2	魂痕 5	寒桓 8	豪 19	沃 20	萧 16	侯 15	屋 17	覃 26	合 25	添 28	帖 27
高本汉 26部	2	17	1 6	7	9	4	24	23	3	26	14	15	12	13
高本汉 35部	18 33	17	8 35	9	4	1	26	25	28	27	34 31	30	14	15	12	13
王力 29部	鱼 11	铎 12	歌 14	真 22	文 25	寒 16	宵 6	药 7	幽 4	觉 5	侯 8	屋 9	侵 27	缉 26	谈 29	叶 28
罗常培 31部	鱼 5	铎 25	歌 6	真 16	谆 17	元 18	宵 3	药 23	幽 22	沃	侯 4	屋 24	侵 20	缉 31	谈 19	盍 30

高氏的分部从小处来看,尚有一些可议之处。他的 26 部说分章炳麟的鱼部为第 2 部和第 17 部,分侯部为第 3 部和第 26 部,第 17 部包括铎部字(收 k 尾)和某些鱼部去声字(收 g 尾),第 26 部包括屋部字(收 k 尾)和某些侯部去声字(收 g 尾)。其根据是鱼部的"家"类既不跟入声字押韵,也不跟"路"类押韵,故不应有辅音韵尾,"故"类虽与"路"类押韵,但不与入声字押韵,故也不应有辅音韵尾,而"路"类在谐声中与入声字有联系,只是到《诗经》时才不与入声押韵,故应有辅音韵尾 g,侯部的情形类此。1948 年董同龢在《上古音韵表稿》中指出,高氏所做的分析实在不可靠,"家""故""路"三类都有跟入声字押韵和谐声的,它们事实上没有法子分开。高氏为了证成"故"类字不跟入声字谐声,故意否认了两个谐声现象,即"固"去声:"涸"入声,"専"去声:"缚"入声,而硬说"涸"是会意字、"缚"是"博"省声。但是他却没有注意到另外的漏洞:"著"从者声而有去、入二读;古代匈奴刀名"径路"又作"轻吕",对译于突厥语 kingrak,"吕"是"故"类字。陆志韦也批评高氏先是"抱定了一种成见,然后在各声之下硬删去好些入声字;或是割裂《说文》,把一声分为二三声,或是把形声字硬当做会意字"(《古音说略》)。1960 年王力《上古汉语入声和阴声的分野及其收音》一文指出,音韵学上有考古派和审音派两大学派,对于之、幽、宵、鱼、侯、支六部,考古派认为是阴声韵,其中包含的入声只是一种声调,因谐声和押韵关系密切而不能分立,而审音派则从语音的系统性考虑,认为阴声韵和入声韵性质不同,因而从这六部中分立出职、觉、药、铎、屋、锡六个入声韵部。因此,"高本汉的缺点是考古和审音都无是处"。

高氏的 26 部说又分歌部为第 1 部和第 6 部,其原因就在于看到了谐声中"傩"和"难"等相谐的例。董同龢上引文指出,因为"傩"谐"难",而替"傩"拟了 r 尾,但《诗经》中"差、麻、娑"曾与"原"押韵,"阿、可"曾与"难"押韵,高氏却又不给它们拟一个 r 尾了。因此第 1 部和第 6 部实际上也是不能分的。

跟鱼、侯、歌部中的情况相似,高本汉在第 11 部(脂部)中替部分字拟了 r 尾,在第 8 部(质部)和第 10 部(物部)中替入声字拟了 t 尾,替去声字拟了 d 尾。董同龢、陆志韦等都指出这里面困难重重。

鉴于中国学者的批评,高本汉乃把 26 部改为 35 部,除彻底采用审音派的做法,把之、幽、宵、支、祭五部的入声韵全部独立出去以外,又把原来的第 17 部(铎部)中的鱼部去声字改为第 18 部、原来的第 13 部(屋部)中的侯部去声字改为第 31 部、把原来的第 8 部(质部)和第 10 部(物部)中的脂部去声字改为第 6 部和第 11 部,全都独立出来。这样,高氏的构拟虽然在语音的系统性方面有所改进,但是对于中国学者在其他方面的批评意见却基本上未予接受。

六、主要元音的音值

高本汉认为上古韵部等于中古的韵摄,上古同一韵部中的字可有不同的元音,上古同一韵部中的中古一、二等韵元音互异,三、四等韵元音相同,而以介音不同区别之,各等出现的重韵则须另拟元音。这样,高氏的上古元音多达 14 个,董同龢对高氏之说进行修订补苴,他的上古元音更增至 20 个。在高氏看来,上古不同的字只要韵尾相同就可以押韵和谐声,而主元音的相近与否似乎可以不必考虑。例如他在《上古中国音当中的几个问题》一文中拟之部之韵为 iəg,尤韵为 iəg,咍韵为 əg,屋韵为 iuk,而说它们能够互相押韵。

1930 年,林语堂作《支脂之三部古读考》一文,向高氏质疑说,之部"来"ləg 何以能跟"疚"kiəg 押韵而反不能跟宵部的"高"kâg、"包"pǎg 押韵?《诗经》中入声字用韵本有区别,并不是凡同收 k 音者便可同韵,凡同收 t 音者便可同部,所以将 g 加上之咍部的韵尾,仍旧不足以解释之咍部中极复杂的韵母所以同用的条理"。林氏的质疑揭示了高本汉古音构拟的重大缺点。

1931 年,李方桂发表《切韵 α 的来源》,此文引发了古音研究上的第二次大辩论。李氏根据中古覃韵上古主要与侵韵、东₃韵谐声和押韵,中古咍韵上古主要与之韵、尤韵谐声和押韵,而中古唐韵上古主要与阳韵、庚韵谐声和押韵,从不与蒸韵、登韵有涉,中古谈韵上古主要与咸韵、衔韵等谐声和押韵,从不与侵韵、东₃韵有涉,因而认为:"《切韵》所有含 α 元音的韵,可以很清楚的认出两种 a 来,一种

是从上古 *ɑ 来的,一种是从上古 *ə 来的。"他把《切韵》含 a 元音的韵分类如下:

上古 *ɑ	谈 am	盍 ap	泰 ɑːi	豪 au	寒 ɑn	曷 ɑt	唐 ɑŋ	铎 ɑk
上古 *ə	覃 am	合 ap	咍 ai	豪 au	痕 ən	没 ət	登 əŋ	德 ək

并且指出,上古的 *ə,在-n、-t、-ŋ、-k 前到《切韵》时代仍然保留着,而在-m、-p、-i (<*-i、*-g、*-d)、-u (<*-u、*-g)前到《切韵》时代则变成 ɑ;但是如果有一个介音 i 在 *ə 前,*ə 就仍然保留,所以《切韵》有 iəm、iəp 等而没有 əm、əp 等,由此也可知上古之部的主元音当为 *ə,而不当为 ɑ 或 i 等。显然,李方桂的论述对于上古各韵部主要元音的构拟具有方法论的意义,同时也揭示了中古汉语重韵的历史来源。

1932 年高本汉作《诗经研究》,他一方面表示完全赞同李方桂关于 *ə>ɑ 的观点,而另一方面,在许多具体问题上又坚持己见①。例如他认为上古的东部(中古的东₁、屋₁、锺)和冬部(中古的冬、沃、东₃、屋₃)并没有严格的分界,它们经常混用;在日语吴音、朝鲜译音中,也大多为 o,因此东、冬、屋、沃的上古主元音仍应为 o。又如他认为上古幽宵不分,之部侯韵和尤韵的主元音都是 u 等。对此,李方桂又发表《东冬屋沃之上古音》(1932)一文,指出从《诗经》用韵和谐声字看,东、锺为一部,冬、东₃为一部,互不相混。东、锺常跟江押韵,故可定东、锺的上古音为 *-oŋ、*-ioŋ;冬、东₃绝不与江押韵(除去"降"字),故其上古音为 *-uŋ、*-iuŋ。高本汉把东、冬、锺、东₃拟为 *-oŋ、*-uoŋ、*-iwoŋ、*-ioŋ,不能解释它们分而不混的现象。屋、烛和沃、屋₃的情况与此相同。对于之部尤韵字、侯韵字,幽、宵两部的分合,李氏也重申了自己的意见。

李文发表以后,高氏觉察到了自己的某些疏漏,因而在《汉语词类》(1934)中对上述诸韵的拟音做了修订。但他鉴于幽、宵两部经常跟开口字押韵和谐声,屋部则不然,又屋部经常跟侯部相混,而侯部的上古音肯定为 u,那么屋亦当为 u,从而拟东、锺为 *-uŋ、*-iuŋ。同时他又把中古的长短元音说推到上古,认为屋韵上古为 *-ŭk,江韵上古为 *-ŭŋ,与之相配的是蒸部(*əŋ)的东₃韵(拟为 *-iŭŋ)、职部的屋₃韵(拟为 *-iŭk)和之部的尤韵(拟为 *-iŭɡ),短的 ŭ 和 ə 在

---

① 此前,由于龙果夫《对于中国古音重订的贡献》一文的批评,高本汉 1931 年在《藏语和汉语》一文中也承认中古有些 ɑ 是从一个近乎 ə 的上古元音变来的,但他仍然坚持中古有长短 ɑ 音。

听感上接近。

对此,李氏又于1935年作《上古汉语的蒸部、职部和之部》,指出,所谓"在听感上接近"要有足够的材料证明,在《诗经》押韵中有很多ə与o通押的例,但是没有ə与u、ü通押的例,因此高本汉关于之、职、蒸部的构拟仍未成功。至此,关于古音研究的第二次大辩论基本结束。在古音构拟中,必须注意参考古人的用韵情况,分清各韵部的远近关系,已成为学术界的共识。

关于主要元音的音值,又有王力《汉语史稿》(1957)的意见值得重视。王力认为,高本汉把上古韵部看作和中古韵摄相似的东西,把《诗经·关雎》"采"拟成tsʻəg,"友"拟成giŭg,我们古代诗人的用韵绝不会这样不谐和,他把上古韵部拟测得比《广韵》206韵更加复杂,完全是主观形式主义。王力的做法是,同一韵部的各韵主要元音完全相同,其区别在于介音;同类的韵部主要元音完全相同,其区别在于有无韵尾或有何种韵尾。王力的这一做法有助于解释上古同一韵部中不同的韵互相通押,有助于解释上古同类韵部之间的对转关系,因而为以后的音韵学家们所普遍采用。

七、阴声韵的辅音韵尾

在上古汉语中,阴声韵字跟入声韵字关系密切,例如谐声字有"乍:昨-k"、"敝:瞥-t"等,《诗经》押韵有"极-k、背、克-k、力-k"(《大雅·桑柔》)、"逝、迈、外、蹶-t"(《唐风·蟋蟀》)等。对于此种现象,高本汉认为:(1)假如只要声母和主元音相同相近,就可以互相谐声的话,那么"乍"、"敝"就也应该有收-t、收-p的谐声字,事实上却是没有;(2)中古的入声字在现代北京音中有不少是收i、u音的,如"北"、"白"、"脚"、"没"等,现在中古"敝"等也收i、u,预示着它们的古音也有一个辅音韵尾;(3)跟入声字谐声和押韵的阴声字,十分之九是去声字,显然这些字是因为有浊音韵尾,调值较低,才变成去声的;(4)在谐声字"去:劫-p"、"内:纳-p"中,"去"和"内"原来收-b尾,只是因为它们是合口字,合口成分使-b尾异化为-i、-o,才使得它们在《诗经》时代就已经转入阴声韵中。根据这些理由,高氏替这些阴声韵字构拟了-b、-d、-g辅音韵尾(见《中日汉字分析字典》序言)。以后,高氏根据脂、之两部上古主元音同为i,而唯有之部与入声字有涉,因而确认上古之部字全体都收-g尾,而不限于去声字(见《上古中国音当中的几个问题》);又根据古代波斯语serbi,汉人译作"鲜卑"、"师比"、"犀比",ser汉人译作"师"(狮)、"飞"、"二"等汉字对应于藏文phur、gnis,以及谐声字"洗:先-n"、"西:哂-n"等,《诗经》押韵"旂、芹-n"(《小雅·采菽》)、"沘、浟、鲜-n"(《邶风·新台》)等都与阳声韵字有涉,而替脂部字和部分歌部字构拟了 r 尾(见《汉语词类》)。

对于高本汉的构拟,首先提出异议的是林语堂。1930 年,他在《支脂之三部古读考》中认为高氏的之部收-g 说有很多困难,并参照德语 eu 的演化过程,推断中古的 i(之和尤的一部分)来自上古的 *ü,中古的 ɑi(咍、灰和尤的一部分)来自上古的 *əü,它们在上古都不收舌根音韵尾,但林氏此说未能解释《诗经》押韵(如之、咍两韵上古经常押韵,当有相同主元音)、谐声和又读等现象,他解释 *ü、*əü 的历史演变又有许多假定,没有旁例可证,因而不能为人们所接受。以后 1947 年,陆志韦的《古音说略》也对高说表示怀疑,他说:"上古汉语没有开音缀的结论,有的人一定以为怪诞不经。世上哪里会有这样的语言呢?姑不论说话,随意翻一句古书来念,例如'井灶门户箕帚臼杵'读成-ŋ、-g、-n、-g、-g、-g、-g、-g,何等的聱牙。"他并且举例说,《吕氏春秋·重言》齐桓公与管仲谋伐莒的故事中,齐桓公"呿而不唫"的"呿"就好像是张着口说的,并没有收声;鱼部有好些感叹词和象声词,如"於乎"拟为 ɑ-xɑ,当然比 ɑg-xɑg 近情得多。不过尽管如此,陆氏最后仍然认为:这些例子不能看得过分严重,"我们断不能从《诗》韵、谐声划出一部分来,把他们跟入声割裂,绝对证明他们是上古的开音缀。我们的结论尽管是不近情的,然而这样的材料只可以教人得到这样的结论"。也就是说,陆氏最后仍然承认了-b、-d、-g 尾。

对高本汉此说批评最烈的是王力,他在《汉语史稿》(1957)和《上古汉语入声和阴声的分野及其收音》(1960)中指出:高本汉"把之幽宵支四部的全部和鱼部的一半都拟成入声韵(收-g),又把脂微两部和歌部的一部分拟为收-r 的韵,于是只剩下侯部和鱼歌的一部分是以元音收尾的韵,即所谓'开音节'。世界上没有任何一种语言的开音节是像这样贫乏的"。又说,"高本汉的-g、-d 学说遭遇着一个不可逾越的障碍","在汉藏语系中,韵尾-g、-d、-b 和-k、-t、-p 是不能同时存在的"。王力这一从语言类型学的角度出发的批评,对高说是一个沉重的打击。同时,为了解决《诗经》押韵和谐声中去入相近的现象,王力又提出有对转关系的韵部主要元音相同,可以互相通转的观点。在高本汉和董同龢构拟的上古韵母系统中,同一韵部的主要元音不尽相同,王氏此说对于简化元音系统,解释阴阳入声的通转现象等,十分可取,并为后来整个学术界所认可和遵循。不过,王氏的观点仍有不尽如人意之处,其主要有:(1)既然主要元音相同就可以互相通转,那么为什么 ə 能够跟 ək 押韵、谐声,跟 əŋ 对转,却不能够跟 ət、əp 押韵、谐声,跟 ən、əm 对转?(2)中国韵文的惯例是单元音可以跟后响复元音押韵,而不跟前响复元音押韵,如 a 可以跟 ia、ua 押韵,而不跟 ai、au 押韵,那么为什么之部 ə 却能

够跟幽部 əu 押韵和谐声呢（参丁邦新《魏晋音韵研究》）?① (3)根据许多学者的调查研究，不但原始印欧语的音节是 CVC(辅音＋元音＋辅音)的组合，即使在汉藏系语言的范围内，也有为数较多的闭音节占绝对优势的民族语言存在，例如蒲立本(E. G. Pulleyblank)发现老 Mon 语没有开音节(《上古汉语的辅音系统》)，李方桂和李壬癸发现台湾邵语也没有开音节，元音之后总有一个喉塞音(《邵语记略》、《邵语音韵》)。(4)汉语 12 个地支名中，阴声字有 8 个，借到傣语之中，其中 6 个有元音韵尾，1 个为塞音韵尾。

	Ahom 语	Lü 语	Dioi 语
子	cheu	tɕai	ʃaə
丑	plao	pao	piau
卯	mao	mau	mau
巳	sheu	sai	sə
午	shiŋa	saŋa	sa
未	mut	met	fat
酉	rao	hrau	ðu
亥	keu	kai	kaə

在上古音中，"未"收-d 尾，其他字收-g 尾。如果说这些字不收辅音韵尾，那么它们在傣语中出现元音或塞音韵尾就奇怪了。(参丁邦新《上古汉语的音节结构》)鉴于以上这些原因，目前许多学者仍然认为上古汉语具有-b、-d、-g 尾等。

关于上述问题，李新魁的做法是一方面认为之、鱼、歌、脂等阴声韵部并不收辅音韵尾，另一方面则把歌、脂、微等韵部的去声字全部独立出来，给它们构拟一个 ʔ 尾，而称之为"次入韵"（参李著《汉语音韵学》，1986）。李氏的做法与高本汉有相似之处，其分部也因此多达 36 部，但由此产生的困难也完全相似——能否一刀斩断这种"次入韵"字跟阴声韵平上声字在谐声和押韵上的种种联系？

---

① 王力晚年拟幽部为单元音，这一问题可以说不存在了。但他同时改拟歌部为 ai，则又产生了新的问题：既然微部 əi 与物部 ət，脂部 ei 与质部 et 阴入相通，那么为什么歌部 ai 与月部 at 相通不多，反而与元部 an 相通密切呢？

八、其他

上古音系的讨论,除了以上各项以外,另有许多有趣的问题。例如钱玄同《古音无"邪"纽证》(1932)提出,邪母字十分之八上古应归定母,其余十分之二归入群母和从母,而李方桂《上古音研究》(1971)把邪母归于喻₄声母,构拟为 r。中古邪母的出现环境很是特殊,它在上古能否独立,确实值得怀疑。又如王静如曾提出"晓、匣归溪、群"说①,李新魁也作有《上古音"晓匣"归"见溪群"说》。李氏依据谐声、通假、异文、又音、声训、方言等,证明中古晓、匣及喻₃上古都归于见、溪、群诸母,读为舌根塞音。又如 1960 年,雅洪托夫发表《上古汉语的唇化元音》一文,指出从谐声系统看,在祭、元、脂、文、至、真等收-t、-n 的韵部中,唇化韵母前可以出现任何辅音声母,而在鱼、阳、之、蒸、支、耕等收-k、-ŋ 的韵部中,唇化韵母前只出现唇音和舌根音声母;在押韵中,鱼、阳等韵部的唇化韵母字可以跟非唇化韵母字相押,在祭、元、脂、真等韵部中,有舌齿音声母的唇化韵母字都跟其他唇化韵母字相押,有唇音和舌根音声母的唇化韵母字则部分跟唇化韵母字相押,部分跟非唇化韵母字相押。由此,雅氏认为上古并不存在合口介音 u,而替祭、元、脂、真等韵部的唇化韵母构拟了唇化元音,而替鱼、阳等韵部的唇化字构拟了一套圆唇舌根音声母 k^w、g^w、x^w 等②(祭、元、脂、真等韵部另有非唇化韵母的部分)。雅氏的这一论述,得到了李方桂《上古音研究》的响应,李新魁的《汉语音韵学》也有相似的处理。又如王力的《上古韵母系统研究》(1937)创立脂微分部说,以后董同龢的《上古音韵表稿》从谐声系统又加以论证,其说得到音韵学界普遍赞同。又如关于祭部是否独立的问题,在谐声中,祭部字确实跟月部字密不可分,因此两部当合而为一,而在《诗经》押韵中,祭部字单独为韵之例极多,确实已从月部中独立出来,李方桂、罗常培、周祖谟、董同龢、周法高等都作此处理。唯王力因为一不承认阴声韵有辅音韵尾,二主张同类韵部有相同之主元音,三坚持去声归于入声,故而始终将祭部并于月部之中,似乎与其在脂微分部时的激进态度判若两人。又如董同龢《上古音韵表稿》(1945)发现在谐声系统中,传统元部的仙₁与山、先两韵关系密切,仙₂与删、元两韵关系密切,传统月部情况与此平行,同时《诗经》押韵中,传统元、月部与真、质部发生合韵者也总是上述第一类,因而主张传统元、月部再一分为二。在此基础上,1987 年郑张尚芳《上古韵母系

---

① 王说见于钱玄同《古音无"邪"纽证》一文。
② 关于圆唇舌根音声母的构想,最早 1954 年奥德里古尔《怎样拟测上古汉语》一文就提出来了。

统和四等、介音、声调的发源问题》根据谐声、汉藏语言比较、佛经译音、异读和通假等,把传统元部、月部一分为二,再加上雅洪托夫所立的祭、元部唇化韵母的部分,最终把传统元部、月部一分为三;同时根据平行原则,把传统歌部也分为三类。以后潘悟云的《越南语中的古汉语借词层》(1987)和《汉语历史音韵学》(2000)续有证明。又如蒲立本看到早期汉语常用三等字来对译西域地名中不带 j 的音节,如"焉耆"(Argi)、"扜弥"(Khema)、"大宛"(Tahoroi),"焉、扜、宛"是三等字,因而在《上古汉语的辅音系统》(1962)一文中提出,中古三等字的介音 i 原来是没有的。对此,俞敏在《后汉三国梵汉对音谱》(1984)中也表示:"我怀疑切韵音系里的三等 i 介音……里头至少有一部分是后起的,不该有的。"以后郑张尚芳上引文也提出,在中古《切韵》中三等韵的韵部数跟一、二、四等韵的韵部数差不多相等,而从三等字在亲属语言中的同源词看,又往往不带 i 介音,再者,在声韵配合关系上三等韵也跟一、二、四等韵不同。郑张氏因而主张,上古元音分长短,长元音发展成为《切韵》的一、二、四等韵,短元音增生 i 介音,发展成为《切韵》的三等韵。2000 年,潘悟云的《汉语历史音韵学》对此有详细证明。此外,尚有少数学者主张上古支脂之不分(见黄绮《论古韵分部及支脂之是否应分为三》,1980)、东冬不分(见于省吾《释甹、目兼论古韵部东、冬的分合》,1979;史存直《汉语语音史纲要》,1981)、真文不分(见史存直《汉语语音史纲要》,1981)等等,他们的论证毛病甚多,观点难以成立,这里就不必赘言了。

第三节　汉藏系语言的比较研究

1784 年,一个意外的发现使得英人威廉·琼斯(William Jones)惊奇不已,那就是尽管梵文是那样的古老,梵语的故乡离开欧洲是那样的遥远,而使用梵语的社会的文化跟希腊、罗马文化又是那样的毫不相关,但是梵文同希腊文、拉丁文无论在词根还是在语法形式上居然都极其相似。他说:"梵文、希腊文和拉丁文的相同点是如此明显,以致研究过这三种语文的学者,没有一个不相信它们有一个共同的源头。"(1786 年在亚细亚研究学会的讲演)从那以后,印欧语历史比较语言学获得了蓬蓬勃勃的发展,经过几代人的努力,很快就把横跨欧亚两大洲的印欧语系的来龙去脉摸得一清二楚,对于它们的共同母语——原始印欧语也有了相当的了解。

印欧语历史比较语言学的巨大成功鼓舞了语言学家们,人们开始转而希望东亚大陆上的语言研究也能如法炮制,同样取得革命性的结果。同时,长期以来汉语上古音的研究局限于谐声系统和《诗经》押韵系统，许多疑难问题始终不获解决，而对于前上古时期甚至远古时期的汉语面貌也无从认识。于是，在许多学者逐步完善汉语中古音、上古音构拟的同时，汉藏系语言的比较研究也很快揭开了帷幕。

最早进行汉藏语言比较的似乎是雷顿(B. J. Leyden)，他于1808年在《亚洲研究》(*Asiatick Researches*)第十卷上发表了《论印度支那诸民族的语言和文学》(On the Languages and Literature of Indo-Chinese Nations)一文。不过最初的比较恐怕都很粗疏，艾约瑟(J. Edkins)的《中国在语言学上的地位》(*China's Place in Philology*，1871)和胥勒格(G. Schlegol)的《中国语与阿里安语》(*Sinico-Aryana*，1872)二书分别认为闪含语族的塞姆语和印度阿里安语跟古代汉语有亲缘关系，就是一个明证。一直到了孔好古(A. Conrady)和劳费尔(B. Laufer)情况才有所改观。孔氏作有《印度支那语言的使动名谓式结构及其与声调的关系》(Eine Indo-Chinesische Causativ-Denominativ-Bildung und ihr Zusammenhang mit den Tonaccenten，1896)，已经注意到汉语中的四声别义现象，以藏语的从无声调转变为有声调为证，认为汉语和台语的声调并非原始所具有，而是由音缀的递减或失落而形成的。劳氏曾经作有《印度支那语言中的前加成分 a》(The Prefix a- in the Indo-Chinese Languages，1915)一文，认为汉语"阿母"(《史记·扁鹊传》)、"阿娇"(汉武帝后小名)、"阿谁"(《十五从军征》)中的词头"阿"可以跟本语系许多语言相对应，如藏语的 a-pa(父亲)、a-dogs(桌子)，雷布察语的 a-mil(眼睛)、a-fo(牙齿)，彝语的 a-to (刀)、a-lo(六姑娘)，纳西语的 a-ne(谁)、a-tse(什么)，苗语的 a-pu(手)、a-tau(足)。这一比较反映了地域宽广的各语言之间的一个共同特征，证明了这些语言在语音和形态上的亲缘关系。

同一语系的各个语言之间亲属关系的确立，最终需要大量成系统的语言事实的对应，因此，真正从声韵系统进行整体比较，从而建立汉藏比较语言学的是西门华德和高本汉。1929年西门氏发表了《藏汉同源词初探》一文，通过338个汉藏同源词，探讨了藏语和汉语之间的声韵对应关系。例如他以为藏语的 o 对应于汉语的 ə，就用一组字来证明：

	恨	友	头	凑	曾	习
汉语	gən	giər	dər	ts'ər	dzəŋ	ziəb
藏语	kon	grogs	tog	ts'ogs	rdzogs	slod

1931年高本汉作《藏语和汉语》一文,认为这样进行系统的语言比较无疑是唯一正确的方法,同时肯定西门氏的工作有三个优点:(1)所比较的字意义具体而固定;(2)全是些极普通极流行的字;(3)这些字避免了方言的嫌疑。不过高氏又指出西门氏的缺点:一个汉语声母可以跟一大串藏语声母联系,一个藏语声母又可以跟一大串汉语声母对应,比较的随意性太大。西门以为藏语 brgyad(八)跟汉语"八"pwat 同源,g 对应于 p;高氏指出,"八",汉藏系许多语言作 pet、pit、pariat 等,跟藏语比较起来,汉语 pwat 的 p 显然是继承了原始汉藏语的词头,因此西门的 g:p 对应是不能成立的。高本汉的批评实际上涉及到了汉藏比较语言学的原则和方法论。当亲属语言从母语中分化出去以后,由于它们自身的演变以及不同语言间的互相影响,原先的同源词在后代大多不能保持原貌,也不能沿着相同的轨迹演化。尤其是在汉藏系语言中,由于大部分语言缺乏形态变化,语法构造难以找到共性,同时,大部分语言具有大量的单音节词根,每一词根中可供比较的音素甚少,它们的同源词几经变化之后,往往面目皆非。因此,在比较中,绝不是看上去外表相似的就是对应字,相反,那些看上去外表极不相似的字反倒可能证明为同源。西门华德和高本汉的这些理论和实践反映了汉藏比较语言学的初步成熟,从那以后,这一学科就开始走上大道,逐渐发展起来了。而到了20世纪60年代以后,由于国际汉藏语言学家们孜孜不倦的努力,本学科的飞跃发展,更是到了令人刮目相看的程度。

汉藏比较语言学的历史、理论、方法、成果和意义,这里不能详述。兹将有关汉语上古音的内容——主要集中在复辅音声母、前缀、介音、主要元音、韵尾和声调等方面——作一简略叙述。

一、复辅音声母

长期以来,关于上古汉语单辅音声母的构拟,经过许多学者的努力,已经基本完成。这是因为单辅音声母的研究不仅借助于谐声字,而且有中古汉语声母系统和现代方言等的依据。而上古汉语复辅音声母的构拟,则依然问题成堆。因为复辅音声母的研究主要依靠谐声字,而很可能某些复辅音声母在谐声时代已经分化,谐声字无法反映出来;同时,复辅音声母的组合类型,也是谐声字所无法表现的。这就需要精选可靠的同源词,对汉藏语言进行严格的比较,才能发现复辅音声母并给予准确的构拟。1976年,李方桂发表《汉语和台语》,此文原为论证汉语和台语的同源关系而作,但文中关于这两种语言的声母对应的论述,恰可作为上古汉语复辅音声母构拟的参考。例如汉语有些字可能属于复辅音声母,它们在台语中正好是复辅音声母：

  汉语 膚 fu＜*pljag   泰语 pliak(皮；壳)
     家 tɕia＜*krag   kʻrua(厨房；家庭)
     關 kuan＜*kwran   klɔɔn(门闩)

又有些字汉语没有复辅音声母的证据，而台语则是复辅音声母：

  汉语 放 faŋ＜*pjaŋ   泰语 ploŋ(放下)
     结 tɕie＜*kit   klat(结；打结)
     孤 ku＜*kag   壮语 kla(孤儿)

文中举例甚夥，且声、韵、调严格对应，宜可信从。

  1962年，加拿大学者蒲立本作《上古汉语的辅音系统》，他鉴于汉语精组声母字跟端组声母字的谐声，提出*st-＞ts-、*sd-＞dz-之说，证据是梵文Gandhahastin，汉语对译为"揵陀诃尽"，"尽"tsin对译梵文的stin，汉语的"千"tsʻen与藏文的ston(千)同源等等。1969年，美国学者包拟古(N. Bodman)作《藏文sdud(衣褶)、汉语"卒"与*st-假设》，用更多的例子证明*st-＞ts-、*sd-＞dz-之说。他说，汉语"卒"*tsiwət的古文字跟"衣"有关，字形为"衣"字上加一画，这一画可能就是衣褶，藏文"衣褶"正作sdud，两字同源。其他的例子还有"接"*tsiap，藏文sdebs-pa，"井"*tsieŋ，藏文sdins，"丛"*dzuŋ，藏文sdon-pa等等。这说明上古汉语的ts-来自原始汉语的*st-，只不过其中有一个音位互换的过程。以后，梅祖麟《汉藏语的"岁"、"月"、"止"、"属"等字》(1979)一文也用汉语"载"*tsəg跟藏文steg-pa(装物的家具)、tʻeg-pa(负载，车载)对应，证明此说，并且指出，如果*st-失落*s-词头，那么就变成另一个同源词"戴"*təg。不过，对于此说，潘悟云修正为(参潘氏《汉、藏语历史比较中的几个声母问题》，1987)：

    上古汉语   藏语
  接 *sklep＞tsep   *sgleb＞sdeb
  疾 *sglig＞dzit   *sglig＞sdig
  坐 *sglorʔ＞dzorʔ   *sglod＞sdod

这样处理，无论对于谐声系统还是对于汉藏系亲属语言，似乎都更妥当一些。例如"接"，《汉书·贾谊传》："窃恐陛下接王淮南诸子。"孟康注："接音挟"，"挟"声母为 k。又藏文"编织，联接"固然是 sdeb，但是景颇语"接受，接上"为 kʼap，缅文"缔结，缝纫"kʼlup，越南语"联接"gʼep，佤语"接，迎接"rep。此前 1986 年笔者在《论端、知、照₃系声母的上古来源》一文中也提出了相似的见解。

1980 年，鉴于汉语"唐:庚"、"答:合"这样的谐声关系，包拟古又提出上古汉语有 *kl->t-、*pl->t- 这一复辅音现象(《原始汉语和汉藏语》)，其汉藏语方面的证据有"桃"d-，古苗瑶语 *glau，"贪"tʼ-，藏文 ham-pa(<*kʼlam)，"擔"t-，克慕语 klam，等等。同年，鉴于照₃声母字跟见系声母字的谐声，如"枝"tɕ-与"妓"g-、"示"dʑ-与"祁"g-、"旨"tɕ-与"稽"k-，李方桂提出上古汉语有 *krj->tɕj-、*grj->dʑj- 的复辅音现象(《几个上古声母问题》)。1983 年，梅祖麟的《跟见系字谐声的照₃系字》一文，利用闽方言"指"读 ki，"枝"读 ki 等，以及汉语"志"tɕ-，藏文作 *gry->rgya(标志，签押)，"射"dʑ-，藏文作 *gry->rgyag(投，掷)，"赤"tɕʼ-，藏文作 kʼrag，"舟"tɕ-，藏文作 gru 等，对李说加以证明。1985 年潘悟云的《章、昌、禅母古读考》和 1986 年笔者的《论上古带 r 复辅音声母》对以上两说也作了详尽的论证。

此外，1971 年梅祖麟、罗杰瑞(J. Norman)的《试论几个闽北方言中的来母 s 声字》一文见到汉语闽西北方言一部分中古来母字读为清擦音 s，如"露"so、"李"se 等，根据这些字的谐声关系(如"篮"从"监"声)、汉藏语的同源字(如"路"，全州瑶语 kla)、借词(如越南语"路"sa<*kr-)等，认为这些来母 s 声字在上古也是复辅音声母，后代依于 *Cr->s- 的规律而变为 s 声母。

二、前缀

1930 年马伯乐曾在《上古汉语的前缀及其来源》一文中提出，同谐声的各个字的声母不一定完全相同，它们之所以一起谐声，乃是因为它们字根相同，区别只在于有无前缀或有何种前缀。例如"令"为 loŋ，"命"为 m-loŋ，m-是前缀。1960 年雅洪托夫的《上古汉语的复辅音声母》根据中古晓、透、昌、审、心诸母与以鼻辅音为声母的字同谐声的事实，认为上古有 *sm-、*sŋ-、*sn-、*sl- 等，其中 s 为前缀，例如"黑"*s-mək，比较藏文 s-mag(黑暗)。以后 *sm->xm->x-，*sŋ->xŋ->x-，*sn->tʼn->tʼ，*sl->ṣl->ṣ- 等等。1972 年，贝内迪克特(P. K. Benedict)的《汉藏语言概论》得以出版，马提索夫(J. A. Matisoff)在给此书作注时认为，不送气的清塞音和清塞擦音上古当有前缀，送气的则无。例如"肝"kan

<* b-kan,"九"kiəw,原始藏缅语* d-kuw,"苦"k'o,原始藏缅语* ka。这个道理正如英语s后面的p、t、k读不送气,没有前加s的p、t、k读送气一样。从1976年以后,张琨及其夫人张谢蓓蒂连续发表了《苗瑶语、藏缅语、汉语的鼻冠塞音声母——是扩散的结果呢,还是发生学关系的证据?》、《汉语带* s前缀的鼻音声母》、《论汉语"稠"* djəug 和"浓"* nəuŋ、* njeuŋ 的关系》等文章,利用汉藏系语言大量同源词之间的比较,认为原始汉语曾有过像苗瑶语和藏缅语一样的鼻冠塞音(Nk-、Ng-等),在谐声字建立的时期,汉语仍有鼻冠塞音,以后鼻冠塞音中的鼻音前缀或者跟后面的清塞音合并,或者把后面的清塞音浊化。又认为如果鼻音前缀是汉语清浊对立的一个来源的话,那么 s 前缀就是另一个来源,即 s 前缀有使浊塞音变为清塞音的能力。又认为,最初还可能有这样一种复辅音声母,即塞音声母前有一个鼻冠音,鼻冠音前还有一个 s 前缀,以至后来分化为各自具有塞音声母、擦音声母和鼻音声母的一组同源字。

藏缅语的 s 前缀在动词词根前有表示命令、使动或强调的意义,如藏语 riŋ-ba(长),sriŋ-ba(伸长),景颇语 dam(迷路),sədam(引入歧途),而在名词词根前则有表示动物或身体部位的意义,如藏语 stag(虎)、sna(鼻子)、景颇语 səgu(羊)、缅语 swa(牙);藏缅语的鼻音前缀在动词词根前表示持续、不及物或反身的性质,如藏语 mnam-pa(发出气味,不及物),snam-pa(嗅,及物),景颇语 pəsi(梳子),məsit(梳),而在名词中则代表名物化,如藏语 gal-ba(相对的),mgal(腭),景颇语 pyen(飞),məpyen(翼)。既然如此,那么汉语的 s 前缀和鼻音前缀的语法作用又如何呢?目前已经有学者作了初步的探讨,大致认为 s-前缀有使动意义,如"引"* lin,"申"* sljin,"施"* ler(以寘切,蔓延),* sler(式支切,施加),"瘩"* ŋa,"苏"* sŋa(使醒),"亡"* maŋ,"丧"* smaŋ(使亡);表身体部位,如"鼻"* bliks,"自"(鼻子)* sbliks,"额"* ŋag,"颡"* sŋag;表动物名称,如"象"* sglaŋ。(参郑张尚芳《上古汉语的 s-头》,潘悟云《中古汉语擦音的上古来源》)不过由于汉语的构词前缀分化、失落甚早,字义的引申转变也很严重,所以这种探讨难度很大,一时难以取得大的进展[①]。

三、介音

一般认为,中古汉语的一、二、三、四等来源于上古,因此高本汉认为上古三

[①] 这一方面较新的研究是金理新的《上古汉语形态研究》(黄山书社,2006 年),他认为上古汉语有 s-、g-、m-、r-等前缀,s-前缀的语法作用是名谓化,以及表示动词致使、动词持续、生命名词等。

等有i介音,四等有i介音,另外合口为w介音,董同龢、陆志韦等承袭此说。1957年,王力根据古汉越语中二等韵的汉字主元音为e,因而替上古二等构拟了介音e(在合口字中则以o代eu)。(《汉语史稿》)不过古汉越语的年代较迟,王力自己说在中唐以前,因此作为上古汉语介音的证据尚欠妥。1960年,雅洪托夫发表《上古汉语的复辅音声母》,首倡上古二等字有l介音说,其主要根据是:(1)二等字几乎都不以l起首;(2)在同一谐声字族中,以l起首的字与以其他辅音起首的二等字互为声符,如"录:剥"、"监:蓝";(3)同一个二等字有l和其他声母的异读,如"鬲"liek、kek;(4)在亲属语言中,二等字有l或r介音,如"马",缅甸语mraŋ,"江",泰语kʻloŋ,"甲",藏语kʻrab,因此,"声母为l的字最初在写法上只跟二等字有联系,而跟一等字无关",显然,这个l是二等字的介音。雅氏此说甚确,不过蒲立本《上古汉语的辅音系统》、包拟古《原始汉语和汉藏语》、薛斯勒(Axel Schuessler)《上古汉语的R和L》、郑张尚芳《汉语上古音系表解》和潘悟云《非喻_四归定说》等相继指出,根据亲属语言的比较、早期汉语借词和译音,来母l在上古是*r,以母j在上古是*l,例如:

    来母字:"蓝"(靛青),藏文rams,泰文graam,壮语rom;"立",缅文rap(地位,所在),嘉戎语karjap,卡陵语rep;"鬲",壮语rek(锅);"笼",壮语ruŋ;"烈",古汉越语rat(猛烈);"老",古汉越语reu(老朽);"乱",古汉越语ron;"径路"(刀名),突厥语kingrak;"楼兰"(地名),kroraina

    以母字:"易"(交换),缅文lee,泰文lek;"叶"(叶子),景颇语lap,独龙语lap;"涌",藏文loŋloŋ(波动而起);"用",藏文loŋs,勉语loŋ;"养",泰文liaŋ,佤语liaŋ;"延",越南语lan(蔓延);"乌弋山离"(地名,今译亚历山大),Alexandria

既然如此,那么跟来母关系密切的二等介音也应该是r。这一个r,不但可以出现在唇音、舌根音之后,也可以出现在舌尖音之后,而使舌尖音卷舌化,这就是中古知、庄二组声母的成因。

1983年,俞敏发现,直到唐代的佛经译音中,重纽A类"一"对译yi,重纽B类"乙"对译ri,因而认为重纽是j和r的区别。(见《上古音学术讨论会上的发言》)与此同时,郑张尚芳也发现,如果把中古的三等韵分成A、B两组,B组指重纽三等(即重纽B类)、庚_三、幽韵和蒸韵的喉牙唇音字,这一组字限于喉牙唇音,而且唇音不变轻唇;A组指重纽四等(即重纽A类)、其他纯三等韵,这一组字出现的声母不限,并且除前元音的韵和带 u 尾的宵韵以外,唇音都变轻唇。而从汉藏亲属语言的同源词看,A 组和 B 组的区别则在于 r 介音的有无,B 组总是带 r 介音,如泰文"林"grim,"警"kreŋ,武鸣壮语"阴"raam,缅文"膺"raaŋ,藏文"禁"kʼrims(法禁),"几"kʼri(床、座),"嗜"ɦkʼri,"脸"ɦgram,"阴"rum,"變"ɦpʼrul,"泣"kʼrab,因而认为 B 组在上古汉语中也具有 r 介音,而 A 组则无介音或有 l 介音。(见《上古音构拟小议》)

四、主要元音

高本汉、董同龢的上古元音系统十分复杂,1957 年,王力改高氏以元音分等的做法为以介音分等,从而节省一半元音,设立了 i、u、ə、a、ɑ、o、e 七个元音,其中 i、u 只作介音。由于 a、ɑ 只是在鱼、歌两部有对立,其他都无对立,所以王力后来改拟歌部为 ai,取消 ɑ 元音,于是七元音精简为六元音,其中主元音仅四个。不过王力的主元音中无高元音,难以令人置信,同时,其 e、o 与 i、u 在元音位置上仅脂部韵尾一处有对立,在介音位置上仅二等字方面才有对立,因此李方桂《上古音研究》改二等介音为 r,改 u 介音为圆唇舌根音和唇化元音的成分,同时,脂部收 d 尾,遂将 e、o 与 i、u 合并,而成为 i、u、ə、a 四元音系统。对于这一个四元音系统,龚煌城《汉、藏、缅语元音的比较研究》(1980)利用已经被人提出可靠的同源词的比较研究,确认原始汉藏语的 *a、*i、*u 三个元音存在于上古汉语、古藏语(藏文)和古缅语(缅文)之中,原始汉藏语的 *ə 存在于上古汉语中,而在圆唇舌根音前变为藏文和缅文的 u,在其他情况下变为藏文和缅文的 a。藏文中另有 e 和 o,在上古汉语和缅文中未发现,但这是藏语的后起现象。文章的结论是:原始汉藏语具有 *i、*u、*ə、*a 四个元音,*ia、*ua 两个复合元音。这一系统与李方桂构拟的上古汉语系统几乎一样,只是李氏另有 *iə 复合元音,龚氏认为乃属于上古汉语中的后起现象。

不过同样是汉藏语言比较,包拟古的《原始汉语和汉藏语》(1980)却提出了六元音的系统。1987 年,郑张尚芳《上古韵母系统和四等、介音、声调的发源问题》也说:"上古应有六个主元音。汉藏语言就固有元音来说,一般为五至七个,汉语上古元音为六个正合适。壮语多为 i e a o u ɯ 六个元音,独龙语、僜语也是这么六个,正好相同。在汉藏亲属语言中,ə 都较后起。古汉语的 ə 原来也应作 ɯ,ə 是从 ɯ 变来的。"1991 年潘悟云也将上古汉语的韵部跟古藏语的元音系统作了比较,其结果是:上古汉语的 a 大多对应于藏文的 a,少数对应于 e、o;上古汉语的 e 大多对应于藏文的 e,部分对应于 i、a;上古汉语的 i 大多对应于藏文的

i,少数对应于 e;上古汉语的 u 大多对应于藏文的 u,少数对应于 o;上古汉语的 o 大多对应于藏文的 o,部分对应于 u、a;上古汉语的 ɯ 跟藏文的关系复杂,分别对应于 o、a、i、e、u。《上古汉语和古藏语元音系统的历史比较》)这一结果跟龚煌城的结果比较,两家在 i、u、a 三个元音上无分歧,而在 e、o、ə(ɯ)上分歧较大,值得学者进一步探讨。

五、韵尾

近年来汉藏语言的比较颇为有利于阴声韵有辅音韵尾的说法。1971 年李方桂发表《独山话的塞音韵尾》,指出台语的塞音韵尾*-k,在独山话中有的消失,有的变成后高展唇的元音 ï 或滑音 l,这种演变可以提示上古汉语阴声韵尾*-g 的变化。此前,李氏曾发表《台语中的一些古汉语借字》(1945),指出阴声字"未"在汉语中并没有跟入声字押韵或谐声的直接证据,但是它在台语 lü 语等三个语言中却收-t 尾,表明移借时汉语确有辅音韵尾。李氏的《汉语和台语》一文,也提出了许多汉语阴声韵字对应于泰语的塞音韵尾字,例如"雾"mɔok,"帽"muak,"膚"pliak(皮、壳)等等。邢公畹 1983 年的《汉语遇蟹止效流摄的一些字在侗台语里的对应》、《说"鸟"字的前上古音》,1992 年的《台语-ok 韵是汉台语比较的关键》等文章在进行汉语和台语同源词的比较中,也反映了许多同类现象。

1928 年,西门华德曾经主张上古汉语的入声收 b、d、g 尾(《论上古汉语辅音韵尾的构拟》),不过当时经过高本汉一番迎头痛击以后,就再也没有人坚持此说了。1984 年,俞敏的《后汉三国梵汉对音谱》注意到汉语的入声字往往对译梵文的-b、-d、-g,因而重新主张上古入声收浊音尾,1987 年郑张尚芳《上古韵母系统和四等、介音、声调的发源问题》及 1990 年郑张氏《上古入声韵尾的清浊问题》也从现代汉语方言、日语古汉语借词、早期梵汉对音,以及藏语同源词证明上古汉语入声韵尾的-b、-d、-g 音值。其所录藏语同源词如:(1)收-b 尾:"甲"kʽrab,"盒"gab,"入"(沉入)nub;(2)收-d 尾:"拔"bad,"灭"med,"煞"slad;(3)收-g 尾:"六"drug,"毒"dug,"足"(兽足)sug。当然,目前学界对于这一问题的讨论尚未深入,其结论如何,人们将拭目以待。

六、声调

关于上古汉语声调的研究本来是最为困难的,因为无论是谐声还是押韵,这一方面提供的信息最少。不过近年来,由于发现汉藏系某些语言在失落韵尾的同时产生了声调,从而给音韵学家们带来了新的启发。1954 年,奥德里古尔

(A. G. Haudricourt)鉴于古汉越语里汉语借字去声与越南语的问声(hoi)和跌声(nga)相对应,例如"露",越南语 lo(跌声),"義",越南语 nghia(跌声),"寄",越南语 gai(问声),"墓",越南语 ma(问声),以及马伯乐关于问、跌两声来自-h 韵尾,而这个-h 韵尾又来自-s 韵尾的说法,假设上古汉语的去声也是-s 尾失落以后发生的。并且指出,上古与入声-p、-t、-k 谐声或押韵的去声字应当是-ps、-ts、-ks,而汉语的读破也应当加一个 s 尾,例如"好"xau(好的),xaus(喜爱),"恶"ak(坏的),aks(厌恶)。(《怎样拟测上古汉语》)1960 年,福莱斯特(R. A. Forrest)又注意到汉语中四声别义的语法作用跟藏文的-s 词尾相似,例如汉语"画"hwaək(画画),hwaə(图画),藏文 bk'rud-pa(洗涤),k'rus<*k'ruds(洗刷的衣物)。(《上古汉语的塞音韵尾》)这一发现的重大意义在于使得汉语和藏语的亲属关系,不只是建立在一批同源词之上,而且也像印欧语一样,建立在语言深层的构词形态上。1980 年,梅祖麟发表《四声别义中的时间层次》更进一步证明汉语的去声跟藏文的-s 同源,在去声别义中动词通过加-s 尾变成名词,内向动词通过加-s尾变成外向动词,这是原始汉藏语的构词法。

关于汉语去声-s 尾存在的证据,1963 年蒲立本的《上古汉语的辅音系统》曾经列出许多,例如《汉书》中的河名"都赖"Talas,《魏略》中的地名"对马"Tsushima,汉魏六朝的佛教译名"阿迦貳吒"Akanistha、"首陀卫"Suddhavasa 等等。1984 年俞敏的《后汉三国梵汉对音谱》也列出梵汉对音中汉语许多去声字对译 s 尾的梵文的例子。1987 年郑张尚芳的《上古韵母系统和四等、介音、声调的发源问题》还指出,朝鲜语中有几个古汉语借词也带 s 尾,例如"磨"mais(石磨)、"芥"kas(芥菜)、"制"tsis(制作)、"味"mas 等等。

除了去声,上引蒲立本的文章又指出,古汉越语中的汉语去声字越南读作问声和跌声,由于汉语和越南语的声调体系十分相似,因此可以推断汉语的上声字对应于越南语的锐声(sac)和重声(nang)。越南语的锐、重两声源自-ʔ韵尾,那么汉语的上声字也是由-ʔ尾的消失而形成。1970 年,梅祖麟发表《中古汉语的声调与上声的起源》,认为中国东南沿海一带五个方言区(浙江温州、福建浦成、建阳、海南定安、文昌)的上声字都带有字尾喉塞音,尤其是定安方言上声字的鼻音字尾后有一个同部位的塞音跟着,如果说喉塞音是上声调形成之后的产物,就很难解释这一现象。其次,中古各种语音记录,特别是佛教文献中的记录,如《悉昙藏》卷五注明唐代"上声直昂",都说明中古汉语的上声是一个高的短调。第三,越南语的汉语借词中,清声母和次浊声母的上声字对应于锐声,全浊声母的上声字对应于重声,而锐、重两声来源于喉塞韵尾。第四,从喉塞音发展出新的声调,是东南亚几个语言的共有现象,例如拉祜语罗罗方言的高上声调就是由喉塞音异化而成的。由此确认中古汉语的上声是一个高短调,它来源于喉塞韵尾-ʔ。1987年,郑张尚芳的前引文也指出,有些汉语的上声字对应于藏文的-g尾字,如"语"ŋag、"友"grog、"举"kyag(抬)等,似乎可以作为汉语上声字来源于-ʔ尾的证据。

这样看来,上古的平声字不带塞音韵尾(但阴声字可能带浊辅音韵尾-b、-d、-g),上声字带-ʔ尾,去声字带-s尾,那么《诗经》中的去、入通押现象就是:

-k:-ks, -t:-ts, -ŋ:-ŋs, -m:-ms

等等。对此,李方桂的意见是:"这类的韵似乎不易解释。"(《上古音研究》)也就是说,跟汉族的传统押韵习惯不太符合。同时,既然去声的-s尾具有一定的构词法的意义,那么上声的-ʔ尾的语法意义又是什么呢?诸如此类的问题,仍然值得进一步探讨①。

---

① 郑张尚芳《上古音系》(上海教育出版社,2003年)指出,上声字的-ʔ尾作为构词后缀有表小义,如形容词"大小、多少、长短、深浅、高下、咸淡、繁简、松紧、众寡"等,后字都读上声表示量小,动词"增减、益损、胜负、成毁、生死"等,后字都读上声表示减损和负面意义;也有表亲昵义,如亲属名词"祖、考、妣、父、母、子、女、姊、弟、舅、嫂、妇"等都是上声字,身体名词"顶、首、脑、眼、耳、口、齿、颡、颔、嘴、吻、辅、项、颈、领、乳、手、肘、掌、指、爪、肚、股、腿、趾、体"等也是上声字。金理新《上古汉语形态研究》认为上古上声收-ɦ尾,其语法意义除表名词小称以外,还表示自主动词、施事动词等。

第四章
近代音的研究

第一节 罗常培等关于近代音系的构拟

关于汉语的近代语音,可资研究的材料甚多。例如韵书有元黄公绍和熊忠的《古今韵会举要》(1297)、元周德清的《中原音韵》(1324)、明乐韶凤和宋濂等的《洪武正韵》(1375)、明兰茂的《韵略易通》(1442)、明金尼阁的《西儒耳目资》(1626)等,韵图有元刘鉴的《经史正音切韵指南》(1336)、明章黼的《韵学集成》(1460)、明桑绍良的《青郊杂著》(1543)、明吕坤的《交泰韵》(1603)、清樊腾凤的《五方元音》(成书于1654至1673之间)等,汉语和少数民族语言的对音材料有蒙汉对音的八思巴字碑刻、《蒙古秘史》(1250?)、《蒙古字韵》(成书于1269至1297之间)、朝汉对音的《老乞大谚解》(1670)、《朴通事谚解》(1677)等。在这些研究材料之中,目前最受学界重视、学者着力最多的是《中原音韵》和八思巴字碑刻、《蒙古字韵》两项。

关于《中原音韵》,历史上的研究早就开始了。例如明王骥德《曲律·论韵》、吕坤《交泰韵·辨五方》和清毛先舒《声韵丛说》等,都对周氏之书是否真正代表中原语音之正及其分韵的得失有过讨论。不过这些研究大多局限在戏曲的范畴之中,真正把《中原音韵》作为语言学的研究对象,乃是发轫于20世纪初。1918年,钱玄同的《文字学音篇》指出,14世纪至19世纪,"此期文学,以北曲为主,于是有以北音为主之韵书发生,如元周德清之《中原音韵》及《菉斐轩词林韵释》之类。彼时唯用古代死语所作之诗,尚沿唐宋之旧韵。至用当时活语所作之曲,即用《中原音韵》一派之新韵。……此六百年之普通口音,即为《中原音韵》、《洪武正韵》等韵书之音"。1931年,白涤洲作《北音入声演变考》一文,根据《中原音韵》、《中州音韵》等韵书中入声字的变读,考证了汉语北方方言中入声演变的过程和条理。1932年,罗常培发表《中原音韵声类考》,更为《中原音韵》的音系考证开辟了一个全新的天地。由于

《中原音韵》一书的体例是撮聚同音字、分配于各部,不另立切语,故学者无法再运用陈澧的反切系联法求出《中原音韵》的声类和韵类。罗常培则根据周书《正语作词起例》"音韵内每空是一音,以易识字为头,止依头一字呼吸,更不别立切脚"的话,确定"每音所属之字当与建首者声韵悉同;凡一音之中而括有等韵三十六母二纽以上者,即可据以证其合并,偶有单见,不害其同";又根据周书《自序》"阴阳字平声有之,上去俱无,上去各止一声"的话,确定"凡全浊声母去声混入全清者,则平声虽与阴调分纽,声值实与次清无别"。罗氏依据这两个条件,并参证中古三十六字母等,归纳出《中原音韵》的声母系统:

崩 p	烹 pʻ	蒙 m	风 f	亡 v
东 t	通 tʻ	脓 n	龙 l	
工 k	空 kʻ	烘 x	邕 ∅	
钟 tʃ	充 tʃʻ	双 ʃ	戎 ʒ	
宗 ts	怱 tsʻ	嵩 s		

罗氏的文章具有重要的方法论的意义,由于他的发明,学者们才有可能科学地考证出《中原音韵》的声韵系统。1936年,赵荫棠出版《中原音韵研究》一书,此书在声类的考证上承用了罗常培的方法,同时加上其他旁证材料,考订《中原音韵》的声母为25类:

p	pʻ	m	f	v
t	tʻ	n	l	
k(c)	kʻ(cʻ)	x(ç)	ŋ(ɲ)	
tɕ	tɕʻ	ɕ	ɲ	
tʂ	tʂʻ	ʂ	ʐ	
ts	tsʻ	s	∅	

在韵类的考证上,此书根据周书"每空是一音"的话,确定"每韵每调内同声之字重见者,必其韵腹有异",即在考订声类的基础上,确认同一韵部同一声调中,如有同一声母重见的小韵,其韵类必定不同。赵氏根据此法,又参考元明韵图等,构拟出《中原音韵》的韵母系统:

1.	东锺	uŋ			yŋ
2.	江阳	ɑŋ		uaŋ	
		aŋ	iaŋ	uaŋ	yaŋ
3.	支思	ɿ	ʅ		
4.	齐微		I		
		eI		ueI	
5.	鱼模	u			y
6.	皆来	ɑI	aI	uaI	
7.	真文	en	in	uen	yn
8.	寒山	ɑn		uɑn	
		an		uan	
9.	桓欢			uɶn	
10.	先天		iɛn		yɛn
11.	萧豪	ɑu			
		au	iau		
12.	歌戈	o	io	uo	
13.	家麻	a	ia	ua	
14.	车遮		iɛ		yɛ
15.	庚青	eŋ	iŋ	uŋ(ueŋ)	yŋ(yeŋ)
16.	尤侯	ou	iou		
17.	侵寻	em	im		
18.	监咸	ɑm	am		
19.	廉纤		iɛm		

  关于八思巴字碑刻和《蒙古字韵》，现代最早的研究可以上溯至19世纪末年。1269年，元朝皇帝忽必烈颁布了由国师八思巴根据藏文字母制订的"蒙古新字"，俗称"八思巴字"。八思巴字在大约一百一十余年的通行过程中，遗留下了大量的文献、碑刻、钱钞等，拼写的语言包括蒙古语、汉语、藏语、梵语和维吾尔语等，因而成为研究汉语近代音的重要资料。1862年，法人朴节（G. Pauthier）在《亚洲学报》（*Journal Asiatique*）第5卷第19期上发表《八思巴蒙古字字母表》（De l'alphabet de Pa-sse-pa）一文，通过藏文、梵文和蒙古文字母的对照，构拟出全部八思巴字母的音

值，并认为 13 世纪末汉语的入声韵尾已经消失。以后，1894 至 1895 年沙畹（E. Chavannes）等人在《亚洲学报》第 9 卷上相继发表了释读北京居庸关石刻上汉、藏、畏兀、八思巴文对音的文章，1897 年俄国包泽聂叶夫（A. ПОЗДНЕЕВ）的《蒙古文学史讲义》、1912 年日本寺本婉雅在《佛教文学》杂志上的文章、1925 年法国伯希和（P. Pelliot）在《大亚细亚》(Asia Major) 杂志的文章、1929 年英国柯劳孙（G. L. M. Clauson）在《皇家亚洲学会杂志》(Journal of the Royal Asiatic society) 的文章、1930 年日本鸳渊一在《史学地理学论丛》(小川博士还历纪念) 上的文章也都对于八思巴字的研究作出了一定的贡献。

1930 年，苏联汉学家龙果夫发表了《八思巴字和古官话》的重要论文。他利用八思巴字碑刻的 703 个蒙汉对音字，研究元代的汉语官话的语音系统，从而把八思巴字的研究同汉语语音史的研究紧密地结合起来，开创了八思巴字研究的新阶段。龙氏根据八思巴字构拟出近代汉语官话的声母为 35 类，兹将这 35 类声母与八思巴字对音和中古汉语声母对照如下：

官话	八思巴字	三十六字母	官话	八思巴字	三十六字母
p	b	帮	tsʻ ｝	č	｛初
pʻ	p(b)	滂	čʻ		｛昌彻
bʻ	p	並			
m	m	明	dzʻ ｝	č	｛崇
f	f	非敷奉	ǯ		｛船澄
v	w	微	sʻ ｝	š	｛生
t	d	端	š		｛书禅
tʻ	tʻ	透	ž	ž	日
dʻ	t	定	k	g	见
n	n	泥	kʻ	kʻ	溪
l	l	来	gʻ	k	群
ts	dz	精	ŋ	ŋ	疑云
tsʻ	tsʻ	清	x	h	晓匣
dzʻ	ts	从	ɣ	ɣ	匣
s	s	心	ʔ	ʔ	影
z	z	邪	,	,	云
tsʻ ｝	ǯ	｛庄	j	j	影疑以
č		｛章知	ø	ø	疑

跟中古汉语声母比较,龙氏的官话声母系统的特点是:(1)轻唇音非、敷、奉已经合为一类;(2)知、彻、澄与章、昌、船混而不分;(3)书、禅二纽清浊相混;(4)匣母齐齿、撮口两呼并入晓母;(5)影、疑、云、以四母分化复杂。跟罗常培考证的《中原音韵》声母20类比较,龙氏的官话声母系统的特点是:(1)保存了中古大部分全浊声母;(2)庄系独立。对于这两个特点的产生原因,龙氏的解释是当时的官话语音系统可以分为甲、乙两派,甲派是官方的,乙派是近代的土话,八思巴字对音记录的属于甲派,在有些地方被当做标准官话,而这些地方的口语则属于乙派。龙氏的这一解释得到了罗常培的赞同,并进一步明确指出:"一个是读书音,一个是说话音。"(《论龙果夫的〈八思巴字和古官话〉》)从元明时代的韵书来看,龙氏之说确实有其合理之处。因为《中原音韵》、《中州乐府音韵类编》一系的韵书声母系统甚为简略,又不保留入声,而几乎同时的《古今韵会举要》、《洪武正韵》一系的韵书则保留了全浊声母和入声韵,但同时它们又异口同辞声称"一依中原雅音为定",那么唯一合理的解释确实可能是读书音和口语音的区别了。当然,龙氏主张的庄系独立,乃是根据中古汉语庄系和章系有别而设立的,在八思巴字对音中并无证据,因此实在是毫无必要的。龙氏构拟的近代汉语官话的韵母为42类,兹将这42类与八思巴字对音和《中原音韵》19韵部对照如下:

官话	八思巴字	《中原音韵》
ï	hi	支思
i	i	齐微
u	u ⎫	鱼模
ü	ėu ⎭	
o	o ⎫	歌戈
uo	u̯o ⎭	
a	a ⎫	
ia	ia ⎬	家麻
u̯a	u̯a ⎭	
ie	e(è)	车遮
ue	ue	⎧ 齐微 ⎩ 皆来

⎧ i̯ue	i̯ue ⎫	
⎨ üi	ui ⎬	齐微
⎩ üe	e̯e ⎭	
	ue(u̇e)	车遮
ai̯	aj	皆来
i̯ai̯	i̯aj	齐微
u̯ai̯	u̯aj	皆来
əi̯	hij	齐微
au̯	aw	⎫
i̯au̯	i̯aw	⎬ 萧豪
u̯au̯	u̯aw	⎬
ieu̯(i̇eu̯)	ew(ėw)	⎭
⎧ əu̯	hiw	⎫
⎨ uu̯	uw	⎬ 尤侯
⎩ ou̯	u̯ow	⎬
iu̯	iw	⎭
⎧ am	am	⎫
⎨	u̯am	⎬ 监咸
⎩ i̯am	i̯am	⎭
iem	em	廉纤
⎧ im	im ⎫	侵寻
⎩	ėim ⎭	
an	an	⎫
i̯an	i̯an	⎬ 寒山
⎧ u̯an	u̯an	⎭
⎩	on	桓欢
ien	en(ėn)	⎫
⎧ üen	u̇en ⎫	先天
⎩ üan	ėon ⎭	

ən	hin	
in	in	真文
un	un	
ün	èun	
aŋ	aŋ	
iaŋ	iaŋ	
ɛaŋ	haŋ	江阳
uaŋ	uaŋ	
	oŋ	
əŋ	hiŋ	
	èiŋ	庚青
iŋ	iŋ	
	iiŋ(?)	
uŋ	uŋ	庚青
üŋ	èuŋ	东锺

跟《中原音韵》比较，龙氏考证的官话韵母系统有以下不同：(1) u、ü 两部的字《中原音韵》同在鱼模部，官话分立为两部，与兰茂《韵略易通》、毕拱宸《韵略汇通》分呼模、居鱼两部同；(2)《中原音韵》齐微部的合口，官话除"惟"字作 üi 外，其余都以 e 为主要元音，因此这些字似与车遮部开口 ie 相配，而不与齐微部的开口 i 相配，同时，车遮部的合口字"厥、阙、月"等混入此部；(3)《中原音韵》齐微部的"德、得"两字和皆来部的"克、则"等字，官话合并而另立 əi 部；(4)《中原音韵》寒山部的"凡、范、泛"等字，官话仍收 -m 韵尾；(5)《中原音韵》庚青部的合口字，大部在东锺部重出，但两部仍有互不相通的字，官话则把庚青部的合口和东锺部全体并合在 uŋ、üŋ 中；(6) 中古入声觉、铎两韵的字，鱼模部和尤侯部重出，官话则将觉、铎两韵的字全归 au 韵，烛、屋两韵的字全归 u、ü 韵。此外，龙氏把八思巴字对音的 uan（《中原音韵》属寒山）和 on（《中原音韵》属桓欢）合并为官话的 uan，显属不妥。周德清《正语作词起例》辨"诸方语之病"，列举"官有关、慢有幔、患有缓、惯有贯"等，强调桓欢与寒山的合口有别，可见官话 on 应该独立。总而言之，龙氏依据八思巴字对音构拟的近代汉语官话的韵母系统，跟《中原音韵》的韵母系统实在相差并不大，他的构拟是相当成功的。当然，龙氏仅仅依据七百多个字音就来构拟一个完整的语音体系，是不免会有一

些危险的,同时,罗常培、赵荫棠对于《中原音韵》语音系统的考证,也因为体例和方法上的缺陷而未能尽惬人意。例如罗常培根据"凡一音之中而括有等韵三十六母二纽以上者,即可据以证其合并,偶有单见,不害其同"的条例来考证《中原音韵》的声类,这一方法在许多场合是行之有效的,但是用来分析疑母与影母、喻母的分合,却无法奏效。因为在《中原音韵》中,中古疑母字大多与影母、喻母字同在一空,但在江阳、萧豪、歌戈部中则与影母、喻母字不在一空之中,如据前者,疑、影、喻当合并,如据后者,疑和影、喻又应分立,何是何非,难以判断。又如赵荫棠在《中原音韵》萧豪部替三、四等字"萧、箫"等构拟了韵母iau,同样是三、四等字的"娇、骄"却构拟为-au,跟二等字"交、蛟"的韵母相同,而家麻部,同是二等字的"牙、鸦"等又拟为 ia,又跟三、四等字相同了。同时,他在许多具备二、三等字的小韵中构拟了两个韵母,如庚青部的"京"小韵就构拟了 eŋ 和 iŋ,认为"庚、更"等当读如 ceŋ,"京、经"等当读如 tɕiŋ。虽然他的根据是卓从之的《中州乐府音韵类编》分立为两个小韵,以及现代汉语"庚"、"京"不同音,但是这样的处理显然是违背了《中原音韵》"每空是一音"的原则。正是由于这种种情况,所以从30年代以后,关于近代音系的许多问题,就不断地有人出来加以讨论和修订。

第二节 近代音系诸问题的讨论

汉语近代音系的研究,虽然已经有罗常培、赵荫棠、龙果夫等出色的成果,但是由于研究材料和研究方法的限制,再加上学术界投入的人力和精力都远较中古音系和上古音系的研究为少,因此其中存在的问题实在不少。由于篇幅所限,这里择其较为重要的几项,一一叙述于后。

一、中古知、照系声母的分合及其音值

《中原音韵》的声母究竟有几类,各家分歧甚多。罗常培认为 20 类,赵荫棠认为 25 类,陆志韦《释中原音韵》认为 24 类,杨耐思《中原音韵音系》认为 21 类。分歧主要集中在中古知系和照系声母的分合、见系声母是一套还是两套和疑母要不要独立上。

关于中古知系和照系的分合,传统的看法是首先章组并入庄组,成为三十六字母的照系,然后知系再并入照系(参王力《汉语史稿》上册)。罗常培、赵荫棠根据《中原音韵》知系和章组、知系和庄组、章组和庄组分别同在一个小韵中的事

实,也认为当时知系和照系已经合一,其音值为 tʃ 等(罗说)或 tʂ 等(赵说)。但是陆志韦《释中原音韵》认为,除了支思部和齐微部以外,"中古的知彻澄三等,不论开合,在《中原音韵》好像都跟照、穿、禅(床)三等混合了,都作 tɕ。知、彻、澄二等混入照、穿、床二等,tɕ 跟 tʃ 都变为 tʂ";"有人把《中原音韵》的'知'拟作 tʂI,'支'拟作 tʂɿ,这是不合音理的。除非证据十分确实,tʂ＋I 那样的音断乎不可轻信"。忌浮《中原音韵二十五声母集说》承袭陆说,并拟知₂庄组声母为 tʂ 等、知₃章组声母为 tʃ 等。1981 年,杨耐思《中原音韵音系》指出,从音位的角度看,陆志韦拟作 tɕ 和 tʂ 的两组声母在其他韵部中并不冲突,是互补的。当它们出现在同一韵部时,它们的韵母不同。而在支思和东锺韵部中,它们又出现在同一小韵,显然这两组声母属于同一音位。同时,当时的其他许多资料,如《事林广记》卷九的"六十字诀"、陶宗仪《南村辍耕录》的"射字法"、《古今韵会举要》卷首的"七音三十六母通考"等也都表明知系、章组和庄组声母已经合而为一。1983 年,李新魁《〈中原音韵〉音系研究》更进一步指出,在《蒙古字韵》中,知、章、庄组声母是用同样的八思巴字母表示的,鱼模韵部中"梳、蔬"(生母字)与"书、舒"(书母字)在《蒙古字韵》中确实分列为不同的小韵,但是它们之间的不同,是韵母有否带 i 的不同,声母则完全是一样的。同时,周德清《正语作词起例》辨"诸方语之病"中"知有之,痴有眵,耻有齿"等等也是分辨它们韵母的不同,而不是声母的不同,周氏脚注"以上三声,系与支思分别"可证;明代沈宠绥《度曲须知》"音同收异考"节指斥当时讹音"支收噫,唱来全是知音",批评时人唱"支"tʂɿ 为"知"tʂi(收噫),亦可证。李氏又指出,有人怀疑 tʂi 这样的音在实际语言中的存在,但是袁家骅《汉语方言概要》就收录有这样的音,如客家方言的广东大埔话和兴宁话,而在京剧中"上口字"念"知"、"日"也是这样的音,这种读音正是元明时候知、照系声母实际读音的遗留。杨、李两说甚辩,宜可遵从。至于杨拟知、照系为 tʃ,李拟知、照系为 tʂ,已不是原则性的分歧了。

二、见系声母是一套还是两套?

1930 年,龙果夫曾经发现八思巴字对音中,k 组声母在 i 音之前有带 ė 与不带 ė 音的区别,他把这种现象解释为 k 组声母有 j 化与不 j 化的区别。他说:"我们在八思巴碑文里发现以下的结合写法:[g、kʻ、k、h＋i、im、iŋ]和[g、kʻ、h＋ėi、ėiŋ]。看一看[g、kʻ、k、h＋i、im、iŋ]有规则地和古汉语的 j 化舌根声母＋i(i)对应,[g、kʻ、h＋ėi、ėiŋ]有规则地和古汉语纯舌根声母＋i 对应,我们就可以说古汉语里 j 化舌根音和纯舌根音的区别在古官话的 i、im、iŋ 等韵母前头是依然存在的,八思巴文的ě字母就是用来标注这种区别的。"(《八思巴字和古官话》)龙氏此说乃是接受了高本汉关于中古汉语声母的 j 化说(详本书第二章第二节)而加以推广的,因而他实际上认为当时见组声母应为 k 和 kj 两套。1936年,赵荫棠的《中原音韵研究》根据明隆庆年间(1567—1572)本悟禅师的《韵略易通》在溪母、群母"腔、勞、强、却"等字下注曰"重清下",在见母"江、讲、绛、觉"等字下注曰"重精下"的两句话,认为这是见系、精系读 tɕ、tɕ'、ɕ 的证明,而元朝吴草庐早已把见系四母增为"见溪芹疑、圭缺群危"八母,认为这是元朝见系读 tɕ、tɕ'、ɕ 的证明。又赵氏引《古今韵会举要》肴韵"雅音交字属半齿,吴音交字不同音,雅音高字即与吴音交字相近",认为"交"字读半齿音,也是声母腭化的证据。赵氏因此把见系声母拟作 k、k'、x 和 tɕ、tɕ'、ɕ 两套。1962年,日本尾崎雄二郎《大英博物馆蒙古字韵札记》根据《玉篇》所附"五音声论"喉音列洪音字,牙音列细音字,《集韵》二等字用三等字做反切上字的现象,认为《蒙古字韵》中已经显示出见系字腭化的征状。1979年,日本花登正宏《蒙古字韵札记》根据《蒙古字韵》"校正字样"的"校"字八思巴字译作 dz-,也认为是汉语见系开口二等字已经腭化的反映。

对于见系声母的腭化问题,陆志韦有不同的看法。他说:"见溪群三等在今国语早已腭化,ki>tɕi,然而有的官话方言还保存 ki 等音(例如胶东话),在闽粤话更不用说了。金尼阁所记的山西官话方言里'机'等字还是 ki。在《五方元音》属于'金'不属于'竹'。所以《中原音韵》的见溪群三等很不宜乎作 tɕi 等,或是作 c 等。"(《释中原音韵》)杨耐思也指出,在《蒙古字韵》中带ě与否并不是如龙果夫所说的那样有规则地跟所谓 j 化声母相对应的(《八思巴字对音》,1959)。高本汉的 j 化声母说本身就不能成立,由八思巴字对音也不能证明近代汉语见系声母有腭化的一套。1983年,李新魁《〈中原音韵〉音系研究》进一步指出,由于元音和谐律的影响,蒙古语的舌根辅音分为前腭舌根音 k、g 和后腭舌根音 q、G 两套,前者只与前元音结合,后者只跟后元音结合。八思巴字的译音人根据自己的语言习惯,把汉语的舌根声母字也分为两种,凡是他以为前腭音,就用 i 拼合,凡是他以为后腭音,就用ě表示。但是由于汉语并不存在这样两个辅音音位,因此ě的使用并无严整的规律。吴草庐的做法跟《蒙古字韵》的处理也有关系,但是他食古不化,并未真正理解蒙古语中这两套辅音的区别,因此他的"见溪芹疑"和"圭缺群危"实际上是齐齿呼和合口呼的区别,并非 tɕ 和 k 的区别。此外,所谓"交"字读半齿,乃是指"交"字的韵母带有 i 介音。赵氏只读了《古今韵会举要》原文的一半,就匆忙下结论,所以搞错了。由此可见,陆志韦、杨耐思、李新魁都认为《中原音韵》时代的汉语近代音不存在见系声母的腭化问题,显然,当时的见系声母只能是 k、k'、h 一套。

那么汉语近代音中,见系声母的腭化究竟始于何时呢?郑锦全《明清韵书字母的介音与北音腭化源流的探讨》认为,赵荫棠所引本悟禅师的注,表明见系声母的腭化始于 16 世纪,而到 18 世纪《圆音正考》(1743)对尖团音的辨析,表明腭化已经全面完成①。至于罗常培《唐五代西北方音》谓 8、9 世纪之间已经可以看出精系和见系声母腭化的发端,因为例证太少,不足为据。王力《汉语语音史》第八章指出:"清乾隆年间无名氏《团音正考》说:'试取三十字母审之,隶见溪群晓匣五母者属团,隶精清从心邪五母者属尖。'由此看来,似乎清初见系已经分化出 [tɕ, tɕ', ɕ]。明隆庆间本《韵略易通》说:'见溪若无精清取,审心不见晓匣跟。'由此看来,似乎明隆庆年间(1567—1572)见系已经分化出来 [tɕ, tɕ', ɕ]。但是,《五方元音》以'京坚要干'同隶见母,显然见系在清代前期还没有分化为 [k, k', x]、[tɕ, tɕ', ɕ] 两套。可以设想,见系的分化在方言里先走一步,在北京话里则是清代后期的事情。"金基石《朝鲜韵书与明清音系》(2003)则指出,在朝鲜李朝时期的汉语会话读本《朴通事新释谚解》(1765)中可见见组字开始腭化,例如:

声母	例字	《译语类解》 (1690)	《译语类解补》 (1775)	《朴通事新释 谚解》(1765)
见母	家	가[ka]	가[ka]	쟈[tɕia]
	记	기[ki]	기[ki]	지[tɕi]
溪母	起	키[k'i]	키[k'i]	치[tɕ'i]
	去	큐[k'iu]	큐[k'iu]	츄[tɕ'y]
群母	强	캉[k'iaŋ]	캉[k'iaŋ]	쟝[tɕ'iaŋ]
晓母	喜	히[xi]	히[xi]	시[ɕi]
	虚	휴[xiu]		슈[ɕy]

《译语类解补》则可能稍为保守,因此,他认为"把 18 世纪看成见系与精系腭化的过渡期更为确切一些"。

三、"影"、"幺"、"鱼"、"喻"四母的分合和音值

"影"、"幺"、"鱼"、"喻"是 13、14 世纪出现在黄公绍、熊忠《古今韵会举要》卷

---

① 《圆音正考》一作《团音正考》,原名当是"圆"字。"团"也有圆义,如"团扇"、"团脐"。

首所引《礼部韵略七音三十六母通考》、《蒙古字韵》和八思巴字对音中的四个声类。大致上"影"、"幺"两母来自中古汉语的影母,"鱼"母来自中古汉语的云母(喻₃)和疑母,"喻"母来自中古汉语的以母(喻₄)和疑母,《蒙古字韵》和八思巴碑刻对这四母的译音依次是:·、ʃ、'、j(拉丁转写)。但是在《中原音韵》的上声和去声中,"影"和"喻"、"影"和"鱼"、"幺"和"喻"分别同在一个小韵,则"影"、"幺"、"鱼"、"喻"可以系联为一类,在平声中,大致上"影"和"幺"在平声阴,"鱼"和"喻"在平声阳,则这四个声类又可分为两类。在同时期的其他音韵资料,如《洪武正韵》、陶宗仪《南村辍耕录·射字法》中,则又立有"影"母和"喻"母。这就使得音韵学家们对"影"、"幺"、"鱼"、"喻"四母的分合及其音值发生了疑问。1930年,龙果夫在考察八思巴字对音时,认为"影"母不能按照藏文字母原来的音值ɦ来构拟,它应该是一个喉塞音ʔ,不过在当时有的已经失去,有的将要失去,有的还保存着;"幺"母跟"喻"母合一,音值是j;"鱼"母则是零声母字起首元音前面的一种带音的送气音(具体音值当是ɦ)。以后,服部四郎《元朝秘史中蒙古语记音汉字的研究》一书指出,根据八思巴字拼写蒙古语的规律,凡元音起首的字常加有',很少加有·,说明蒙古语元音起首的字确实不存在喉塞音,跟藏语不同。因此"鱼"母不应该是ʔ。中野美代子《八思巴字和〈蒙古字韵〉语音研究》根据汉语韵书中声母的传统分类法,证明《古今韵会举要》所谓的"次音"应该是带有摩擦成分的,"幺"为羽次清次音,应当是软腭摩擦送气清音 x,跟晓母 h 相类;"鱼"和"喻"则是硬腭半元音浊声母,两者的区别为合口 ɥ 和开口 j 的区别。1984年,杨耐思《汉语影、幺、鱼、喻的八思巴字译音》一文则提出,同期的其他语音资料,如陶宗仪《南村辍耕录·射字法》、李汝珍《李氏音鉴·空谷传声论》所引陈晋翁声母系统和吴澄声母系统等,全都以"影"、"幺"属清,"鱼"、"喻"归浊,因此"影"、"幺"和"鱼"、"喻"首先是清和浊的对立,然后,"影"和"幺"、"鱼"和"喻"之间又是洪音和细音的区别。这四个声类的音值都是零声母 ∅,而清和浊则并非带音不带音之别,而是声调的阴、阳之别。

四、二等字 i 介音的产生

赵荫棠《中原音韵研究》曾经根据二等字"江"和三等字"姜"《中原音韵》同处一小韵,以及周德清《正语作词起例》有"爷有䄎,也有雅,夜有亚"(前者为三等字,后者为二等字)的话,认为在江阳、家麻韵部中,二等字已经产生 i 介音。而在萧豪韵部中,虽然二等字"交、蛟、咬"与一等字"高、篙、膏"分立,但是并不与三四等字"娇、骄"合并,因而认为二等字也尚未完全变成三等。1946年,陆志韦《释中原音韵》根据《中原音韵》庚青韵部平声"京"、"轻"、"英",上声"景",去声"敬"、"暎"、"杏"等小韵都兼收二等字和三等字,参证八思巴字对音"幸、行"(二等字)作 iŋ,认为二等字确已滋生腭介音 i。对于萧豪韵部中的矛盾,陆氏根据该韵部中声韵配合的关系,指出该韵部至少须有三个主元音。因此替一等字拟 ɑu,二等字拟 ɐu(非喉牙音字)、iɐu(喉牙音字),三四等字拟 iɛu。陆氏之后,杨耐思、李新魁都赞同二等字已经产生 i 介音,只是杨耐思认为在一、二等喉牙音字重出的韵部,二等字的腭介音当是"一个模糊的 i",同时后面的主要元音也还没有发生太大的变化,所以一时还没有跟三四等的喉牙音字合并,如同现代的北方话一样。与此同时,宁继福《中原音韵表稿》的处理有所不同,他一方面承认中古开口二等喉牙音字已经普遍产生 i 介音,而在另一方面则认为萧豪韵部中的二等喉牙音字并未产生 i 介音。因而他把萧豪韵部的一等字拟为 ɑu,二等字包括喉牙音和非喉牙音都拟为 au,三四等字拟为 iau。宁氏的处理好处是萧豪韵部的主元音都是 a 类元音,符合传统的分韵原则,缺点是二等喉牙音字有否 i 介音显得前后不一贯,而且缺乏证据。在这一方面,美国薛凤生《中原音韵音位系统》提出了另一种新颖的意见,他说:"如果萧豪韵确实包含三个不同的主元音,为什么它没有像山摄来的寒山韵、桓欢韵、先天韵那样分成三个韵?我们可以设想出许多可能的答案,但没有一个在可验性上是十全十美的。我个人觉得最合理的推测是:周德清在此记录了当时官话方言的一个特殊的次方言,这个次方言当时在收 w 韵尾的韵里仍保留着三个低元音的对立,而在大多数著名剧作家所用的某种次方言(或某几种次方言)里,这种对立业已消失。换言之,周德清在单字读音方面,忠实地记录了他所学会的次方言,但在建立韵部时,却受到那些大作家一般用韵的影响,采取了折衷的态度,把这三类字合成一韵。"薛氏此说不失为一种解释,可惜的是没有什么证据。

那么二等字的 i 介音到底产生于什么时候呢?杨耐思说,二等喉牙音字的腭介音"当是一个模胡的 i,正反映出二等喉牙音字滋生的腭介音的雏型"(《中原音韵音系》)。看来,他是认为二等字的 i 介音产生于元代。李新魁也以明王文璧《中州音韵》中二等字用三等字做反切上字的现象,证明元代二等字的 i 介音已经普遍产生。不过,实际上二等开口喉牙音字用三等字做反切上字的现象,在《集韵》中就已经大量产生。更早一点,在汉越语中,舌根音的开口二等和合口二等分为两类,合口二等的见组声母跟一等相同,而开口二等的见组声母则作 gi 等,在日语吴音中,也有一些二等字带有 i 介音,例如"幸"gio、"萌"mio、"更"kio、"硬"gio、"棚"bio、"格"giaku 等等。因此郑张尚芳等认为中古二等字本来就有介音 ɯ(它是从上古二等介音 r 发展而来的),以后逐步演变为日语吴音、汉越语的

i,《中原音韵》的 i,也就是说《中原音韵》二等字的 i 并不是新滋生的。(参郑张尚芳《上古韵母系统和四等、介音、声调的发源问题》,许宝华、潘悟云《释二等》)正因为如此,所以现代汉语某些方言的唇音和泥母、娘母二等字也带有 i 介音,如陕西商县"巴"pia、"趴"pia,广西伶话"爬"bia、"埋"mia、"奶"nia,浙江浦江"八"pia、"麻"mia、"瓦"ŋia。高丽译音"豹"pʻio、"卯"mio、"闹"nio、"庚、更、耕"kiəŋ、"亨、衡"hiəŋ、"隔、格"kiək、"革"kiek,这些二等字有 i 介音,也是这个道理。而在《中原音韵》的萧豪韵部中,不但二等喉牙音跟一等喉牙音对立,而且二等唇音"包、饱、豹"、泥母"挠"也跟一等唇音"褒、宝、抱"、泥母"脑"相对立,其原因就在于二等唇音和泥母也带有 i 介音。当然,不管是滋生也好,是演化也好,二等字 i 介音的最终确立,还是应该定在宋元时期。

五、ɿ、ʅ 韵母的产生

《中原音韵》有支思韵和齐微韵的对立,支思韵收中古支、脂、之三韵的开口庄、章、精组和日母字,齐微韵除了收有中古的齐、微、祭、废等韵的字以外,也收有中古支、脂、之三韵的字,但舌齿音主要是知、章组字。一般认为,支思韵的主元音为 ɿ 和 ʅ,齐微韵的主元音为 i。ɿ 和 ʅ 的产生,最早可以追溯到北宋邵雍的《皇极经世声音唱和图》,此图将精组之韵和脂韵字"自、思、寺"列在开类,庄组之韵字"士"列在发类,表明它们的主元音已不是 i。以后《切韵指掌图》把精组之韵和支韵字"兹、雌、慈、思、词"都放在一等的格子中,也表明这些字的主元音不是 i。不过陆志韦《释中原音韵》在比较了《皇极经世声音唱和图》、八思巴字对音和《西儒耳目资》的记载以后,认为"最妥当的办法是把《中原音韵》的支思韵全拟作 ï。这 ï 音是 ɿ、ʅ 跟 i、ə 中间的一个音,还不是实在的舌尖音"。

对此,李新魁《〈中原音韵〉音系研究》认为,《中原音韵》的支思韵和齐微韵,《蒙古字韵》合为一部(支部),但是中古支、脂、之三韵的精、庄组字跟其他字的韵母并不相同,因此《蒙古字韵》这同一部中实在包含两类不同的韵母。《中原音韵》的支思韵,《蒙古字韵》译为 hi,这个 hi 应该就是 ɿ、ʅ。一般外国人记译汉语这个 ɿ、ʅ 是有困难的,如金尼阁《西儒耳目资》记 ɿ 为 ŭ,作为 u 元音的"次"音,"Vissiére 就把这个 ʅ 译记为 eu,Parker 译记为 z,Kühnert 译记为 y,Wade 译记为 ŭ 等等,这些都说明以一个外国(外族)人的身份来译写汉语这个舌尖元音,确实不是一件容易的事儿。因此,八思巴字对音的这个 hi,也难于说它是确切地反映了当时这个韵母的实际音值"。麦耘也指出:"作为舌尖前音声母的精组,把 i 韵母同化为舌尖前音韵母,本是极自然的事;可是依陆先生之说,这些字的韵母在离开 i 之后,竟在舌尖音跟发音含混的央元音之间徘徊了三百年,到《中原》时仍然还不是舌尖音,这是很难说得通的。"(《〈中原音韵〉的舌尖后音声母补证》,1987)他认为支思韵的韵母就是实实在在的 ɿ 和 ʅ。

同时,在《蒙古字韵》中,不但把《中原音韵》的支思韵和齐微韵合为一部,而且它读 hi 的字也比《中原音韵》支思韵的字少。例如"施、时、儿、而"等字,依《中原音韵》在支思韵,而《蒙古字韵》则读为 i。换言之,从《蒙古字韵》(成书于 1269 至 1297 之间)到《中原音韵》(1324),读为 ɿ 和 ʅ 的字的范围已经有所扩大。而我们如果对比明徐孝《重订司马温公等韵图经》(约 1606),那么《中原音韵》齐微韵中的"蚩、尺、世、直、池"等字也已经读为 ʅ,跟支思韵的"史、诗、止、齿"等字相同了。可见从《中原音韵》到明清时代,读为 ɿ 和 ʅ 的字的范围更有所扩大。这样 ɿ、ʅ 韵母的产生、发展,乃至到现代汉语的完全确定,其中的脉络应该是很清楚了。当然,值得注意的是,在徐孝所记的 17 世纪初的顺天话(早期北京话)中,《中原音韵》齐微韵的"知"已经和支思韵的"支"合而为一了,但是在当时的其他许多官话方言,如樊腾凤《五方元音》(成书于 1654 至 1673 之间)所记的河北尧山(今河北省隆尧县)话中,这两类仍然分立(参陆志韦《记〈五方元音〉》)。

六、y 韵母的形成

《中原音韵》鱼模韵部中的小韵可以分成两类,一类是中古一等模韵字、三等鱼虞韵的唇音、齿音字,以及少数几个中古侯韵、尤韵唇音字,另一类是中古三等鱼、虞韵字(包括齿音字)。赵荫棠《中原音韵研究》拟这两类为 u 和 y,并因为知、章系字跟庄系字分立,故认为庄系字读 u,如"初"tʂu,知、章系字读撮口 y 的变体 ý,撮口程度稍差,如"枢、雩"tʂý。龙果夫《八思巴字和古官话》拟这两类为 u 和 ü。1946 年,陆志韦《释中原音韵》认为:"八思巴音的模跟虞已经不同主元音。然而其时的鱼虞断不像是已经单元音化了的。有人把他拟成 y,正像 Dragunov 把八思巴音的鱼虞拟成 ü,太近乎今音。模 u,叶鱼虞 y(ü),那样的曲子唱来也不大好听。"陆氏因此拟两类为 u 和 iu。1981 年,杨耐思《中原音韵音系》也指出:"北曲绝少有鱼模和齐微通押的例子。不像在南戏里那样。现代北方戏曲用韵的通例也是 y 不叶 u 而叶 i,所谓'十三辙',也是 y 与 i 同归一辙。所以,《中原音韵》鱼模的韵母还是应当参照八思巴字对音订为 u、iu。"1983 年,李新魁更进一步指出,《中原音韵》的 iu,一直保留到 17 世纪初年。明金尼阁的《西儒耳目资》标"鱼"音为 iu̯,这个 iu̯ 也还不是 y。金尼阁说:"如衣 i 字为元母之三,其号自定,其音曰 i,加以元母之午 u,则生夫鱼 iu,又加以元母之二额 e,则生夫月 iue。"显然,

"鱼"并不是单元音 y,而是 iu(参见李新魁《〈中原音韵〉音系研究》)。

与此有关的另一个问题是,中古音系是开口、合口的两呼四等的格局,近代音系变两呼四等为开、齐、合、撮四呼,鱼模韵部中既然没有 y,那么《中原音韵》究竟有无撮口呼呢? 在赵荫棠的系统中,东锺、江阳、真文等韵部都构拟了撮口呼的韵母,龙果夫近之,但是 uŋ 和 yŋ 音较远,不应在一个东锺韵部中,en 和 yn 音较远,不应在一个真文韵部中。赵荫棠拟"纵"为 tsyŋ,"龙"为 lyŋ,但是"纵、龙"的中古音是 tsioŋ、lioŋ,现代音是 tsoŋ、loŋ,当中夹一个近代音 tsyŋ、lyŋ,在音理上说不过去。同时,赵荫棠拟"宗"为 tsuŋ,"笼"为 luŋ,周德清《正语作词起例》强调"宗有踪,松有鬆,龙有笼",可见"宗"和"纵","笼"和"龙"韵母应该相近,赵氏所拟并不妥。所以以后各家均改赵氏的 y 为 iu,不认为《中原音韵》有撮口呼,从汉语语音发展来看,这样处理是妥当的。

那么近代音的 y 音到底何时才完全形成呢? 陆志韦上引书认为:"《五方元音》把鱼虞从虎韵移到了地韵,比《西儒耳目资》更近乎现代国音,那才是 y。"《五方元音》虎韵是 u,地韵是 i 和 ei 等。唐作藩《〈中原音韵〉的开合口》则认为:"十五世纪的《韵略易通》将《中原音韵》的鱼模部析为居鱼与呼模二部,表明居鱼的韵母已不是《中原音韵》那样读 iu,而已演变为 y 了。"《韵略易通》成书于 1442 年,《五方元音》成书于 1654 至 1673 年之间,两者相差二百来年,究竟何是何非,尚需继续研究。

七、ɚ 音的形成

所谓 ɚ 音,是指现代汉语"儿、而、耳、尔、二"等字的卷舌元音韵母,以及作为词的后缀的"儿"字的读音,ɚ 又写作 ər。1936 年,赵荫棠在《中原音韵研究》支思韵部的"附记"中说:"韵中儿、尔、二等字与齐微韵日字本系一音四声相承,今既分离,在本韵者显系 ər 音。"对于赵氏的意见,钱玄同认为"极新极确,实为不易之论"(《中原音韵研究审查书》,1932)①。此前,1932 年唐虞作《儿[ɚ]音的演变》一文,根据三十一条中外译音材料,如《辽史》卷六十九"起儿漫"kerman、《元史》卷六十三"打耳班"Derbend 等,认为:"拿'儿、耳、尔'等字对译 r 音或 l 音自辽以来已经找到直接的证据了。所以周德清的《中原音韵》因为'儿、耳、二'等字数不多而且难发难切,姑且把它们附属在支思部里头,……实际上在元朝泰定甲子(西元 1324)以前的北方语音早就把'儿'等读作[ɚ]音。"唐氏并同意高本汉对于"儿"

---

① 赵氏在字表中仍拟"儿"等为 zʅ,与"附记"所说不同。

音演变的解释,即经过 nzi>zi>z_i>z_l>z>$^{\circ}z$>ör 七个阶段,"因为从音理上讲 [z]略开就变成[l],[l]再略开就变成[ɚ]"。以后,1956 年李格非发表《汉语"儿"词尾"音值演变问题的商榷》,根据《西厢记诸宫调》的押韵情况,证明支思部和齐微部在《中原音韵》之前的南宋时代就已经分立了,并说"儿"的音质已经由 i 向 er 发展,所以跟支思部的音色比较相当。

以上诸说,赵说缺少证据;李说以为"儿"作 ɚ 跟支思韵的 ı、ɿ 音值相近,也不合音理;而中外译音,略取近似,故唐说也不确切。1957 年,王力《汉语史稿》上册指出:"儿、尔、二、耳","在《中原音韵》里,这些字是属于支思韵的,可见十四世纪的读音是 z_l。现代'日'字读 z_l,当时却不读 z_l,而是读 ʒi,所以《中原音韵》把'日'字归入齐微韵。'日'字和'儿'等字有不同的发展,是由于'儿'等字变入 ɿ 韵的时候,'日'字还念 i 韵。等到'日'字转入支思韵的时候,'儿'等字又已经转变为 ər 了。……到了十七世纪(或较早),'儿'等字已经念 ər,所以金尼阁的《西儒耳目资》把它们列入 ul 韵,徐孝的《等韵图经》也把它们列入影母之下。'知''日'等字也大约在这个时期(或较早)由齐微转入支思"。1986 年,李思敬出版《汉语"儿"[ɚ]音史研究》一书,对 ɚ 音的来龙去脉作了详尽的考证。他指出,金元时代的诸宫调和元杂剧中,"儿、尔、二、耳"等字大量地跟支思韵的字押韵,因而它们的韵母必为 ɿ;而《元曲选》"音释"和沈宠绥《度曲须知》中,这些字又都以日母字为其反切上字,如"儿",如之切,所以"儿"等字的音值应是 z_l,而不是 ɚ。到了明代,从《题西厢记咏十二月赛驻云飞》等民间歌曲的节律看,"儿"字已经不是一个独立的音节,而是儿化韵的符号。例如"夏有凉风,满院榴花如火红。金盏儿传杯送,风摆的荷花动。……"《驻云飞》曲子规定的字数是四、七、五、五……,显然这里的"儿"字为衬字,歌唱时很短促地一带而过。而在同时的《高昌馆杂字》中,可以很明显地看出当回鹘文 r 音不处于音节开头的辅音地位时,译者一律用汉字"儿"来对音,如"撒木儿"(松子)Samur、"琐儿马"(酒)sorma。把这两项材料结合起来看,显然 ɚ 音已经产生。《题西厢记咏十二月赛驻云飞》刻于明宪宗成化七年(1471),《高昌馆杂字》作于明成祖永乐五年(1407)后,因此李氏确认 ɚ 音的产生应在明代中期,即 15 世纪下半叶。李说比之王说,将 ɚ 音的产生年代提前了一百多年,其说大致可信。

八、《中原音韵》有无入声?

《中原音韵》的体例是并不直接把入声字分散编排进平、上、去三声,如同"浊上变去"的字直接编进去声字中一样,而是把入声字相对集中地分别列在各韵部的平、上、去三声之后,同时,周德清一方面说"《音韵》无入声,派入平、上、去声",一方面又说"入声派入平、上、去三声者,广其押韵,为作词而设耳,然呼吸言语之间还有入声之别"(《正语作词起例》),这种编排方式和含混不清的说明引起了后人旷日持久的激烈争论。1936 年,赵荫棠《中原音韵研究》以陶宗仪《南村辍耕录》"今中州之韵,入声似平声,又可作去声"的话,证明周德清当时入声已经消失,至于周氏说出"呼吸言语之间还有入声之别"的话,"这不过躲避讥议之词,不足以代表当时语言之实况也"。1957 年,王力《汉语史稿》(上册)近同赵说,认为:"《中原音韵》书中所谓'入声作平声','入声作上声','入声作去声'等,只是指传统上的入声已经和当时的平上去三声混合了,不能认为当时还能区别入声。"至于周德清说"呼吸言语还有入声之别","这是调和的说法",是"怕和传统的说法抵触太大"。1968 年,董同龢《汉语音韵学》提出,在当时的北曲语言中,入声字已经派入三声,但是周德清"究竟是南方人(江西高安),总不免受自己方言的影响,又不能完全摆脱传统韵书的羁绊,所以虽并而仍留痕迹",在"他自己的语言里,还是有所谓入声"。1962 年,赵遐秋、曾庆瑞发表《〈中原音韵〉音系的基础和"入派三声"的性质》一文,又提出,讨论这个问题时绝对不能把《中原音韵》有无入声"的概念偷换成"当时北方话有无入声"。因为北方话是一个大方言区,就这个大方言区来说入声是存在的,但是《中原音韵》所代表的当时的大都话中入声已经消失。所谓"呼吸言语之间还有入声之别",可能是指青年老年读音的差异,也可能是指戏曲演出中新旧语音系统的差异,还有一种可能是指方言。1980 年,忌浮发表《〈中原音韵〉无入声内证》一文,试图从周德清书的本身寻找入声读作其他三声的证据。例如他以《正语作词起例》"入声作平声"条下的注"施于句中不可不谨,不谨皆不能正其音",以及"泽国江山入战图"、"红白花开山雨中"等诗句为例,认为"泽、白"等字在唐诗里是仄声,而在元曲里归平声,这说明它们的实际读音已从入声演变成了平声,如果它们仍读入声,那么周德清的话便是危言耸听。

跟以上各家的意见相反,陆志韦《释中原音韵》认为"元朝的中州音里有几个入声字变为去声,那实在是有的",但是《中原音韵》本有入声,"本是黑白分明的事,现在人怎么会否认呢"? 同时,陆氏承认,说《中原音韵》有入声,"困难之处在乎齐微的 ei,萧豪的 ɒu、ɐu、ɛu,皆来的 ai,应当叶怎样的入声呢? 短音入声不能叶这样的两折音"。他因而参照八思巴字对音,认为《中原音韵》时期的入声已经不是现代闽粤语一样的-p、-t、-k,也不一定全是现代吴语一样的-ʔ,上文提到的齐微、萧豪、皆来韵的入声应该是收-ɥ的,而其他韵的入声则收-ʔ。1981 年,杨耐思的《中原音韵音系》一书引周德清的话:"平、上、去、入四声,《音韵》无入声,派入平、上、去三声。前辈佳作中间备载明白,但未有以集之者。今撮其同声,或有未当,与我同志改而正诸",然后指出,"如果当时的入声字都已经变成了平、上、去,那么他还是如此辛辛苦苦地去'撮其同声',岂不成为废词、废举了么?又何至于说'或有未当'的话呢?"杨氏因而主张《中原音韵》的入声是如同现在河北省赞皇县和元氏县一样的入声,既不带-p、-t、-k或-ʔ韵尾,也不是一个明显的短调,而是韵母跟阴声韵基本相同,只是保持一个独立的调位。杨氏此说似可解决陆志韦在齐微、萧豪、皆来韵部的"困难之处"。从1962年至1983年,李新魁连续发表了《〈中原音韵〉的性质及它所代表的音系》、《关于〈中原音韵〉音系的基础和"入派三声"的性质》等论文,出版了《〈中原音韵〉音系研究》一书,对《中原音韵》的入声问题作了详尽而严密的考证。其主要意见是:(1)从明代到清代的古代词曲家、音韵学家,绝大多数认为《中原音韵》的"入派三声"是"广其押韵"的做法,而不是实际语言中已经消失了入声。(2)《中原音韵》序文中的论述,如虞集序所说"入声直促,难谐音调"、周德清自序所说"有句中用入声,不能歌者"、"入声于句中不能歌者,不知入声作平声也"等等,也说明当时实际语言中仍有入声。(3)周德清处理入声的体例与处理"阳上作去"的体例不同,并说明这是为了"使黑白分明,以别本声、外来,庶便学者",也表明当时存有入声。(4)跟《中原音韵》同时的《蒙古字韵》、《古今韵会举要》以及其后的《洪武正韵》、《韵略易通》、《韵学集成》等等,全都保留入声,而且入声字的归类相合,说明北方方言区的入声一直保持到晚近时候。作者的结论是,《中原音韵》音系应该有阴平、阳平、上声、去声和入声五种声调,而入声韵的韵尾是ʔ。1987年,作者作《再论〈中原音韵〉的"入派三声"》一文,又补充了一些明代北方话实际读音的例证。例如明人于慎行《谷山笔麈》卷二:"丁丑,行在讲筵。一日,讲官进讲《论语》,至'色,勃如也',读作入声。主上读'背'字,江陵从旁厉声曰:'当作勃字!'上为之悚然而惊,同列相顾失色。及考注释,读作去声者是也。盖宫中内侍伴读,俱依注释,不敢更易,而儒臣取平日顺口字面,以为无疑,不及详考,故反差耳。"又如朝鲜学者申叔舟(1417—1475)《四声通考》凡例云:"诸韵牙、舌、唇终声皆别而不杂,今以k、t、p为终声。然直呼k、t、p则又似所谓南音,但微用而急终之,不至太白可也。且今俗音虽不用终声,而不至如平、上、去之缓弛,故俗音终声于诸韵用喉音全清ʔ、药韵用唇轻全清f以别之。"

跟《中原音韵》有无入声相关的问题是,中古汉语的入声字究竟从何时开始派入三声?入派三声在何时大致完成?1933年,罗常培作《唐五代西北方音》,据他对敦煌汉藏对音的《千字文》残卷、《金刚经》残卷、《阿弥陀经》残卷、《大乘中宗见解》残卷和注音本《开蒙要训》的考证,指出五代时西北方音的入声依然是 p、t、k 尾;但是《金刚经》的"释"字对译 ɕi,《大乘中宗见解》的"没"字对译 ma,"亦"字对译 yi,《开蒙要训》"栖"用"薛"注音、"屦"用"巨"注音,这种情况说明入声韵尾当时已有少数字开始失落。与罗氏所据材料的时代和地区相近,敦煌变文的通假字和敦煌曲子词的用韵中,也反映出唐五代时入声韵尾已经开始消变(参张金泉《敦煌曲子词用韵考》)。以后,到了宋代,在邵雍(1001—1077)的《皇极经世声音唱和图》中,"多、可、个、舌"、"禾、火、化、八"、"刀、早、孝、岳"和"毛、宝、报、霍"分别同在一韵,只有"妾、十"跟带 m 尾的阳声韵相配,这说明当时的-t、-k 都已演变为ʔ,只剩下-p 保持原貌(参陆志韦《记邵雍〈皇极经世〉的"天声地音"》)。这种情况,跟《切韵指掌图》所记相似。同时,在骨勒茂才的《番汉合时掌中珠》(1190)中,西夏文的汉字注音入声字基本上自成一类,但是已出现不少阴声字和入声字同注一音的现象,如"夕、膝、息、细、西"同注一音,这也说明当时入声调类尚存在,但韵尾可能已经完全失落,或者只剩下ʔ尾了。而这种现象又与宋词中阴入通押现象正相对照。据鲁国尧《宋词阴入通叶现象的考察》一文统计,现有两宋词两万首左右,其中阴入通押为 69 首,虽然比例不高,但说明《中原音韵》的入派三声是前有所承的。至于入派三声的大致完成,大概是在徐孝的《重订司马温公等韵图经》(1606)之时。此书立四声为"平、上、去、如"(所谓"如声"是指阳平声,如同平声之谓也),而中古入声字已经完全混排在这四声之中(参陆志韦《记徐孝〈重订司马温公等韵图经〉》)。当然,徐孝此书记录的乃是顺天话,即古北京话,而当时其他官话方言区的入派三声仍有许多尚未完成,这一点即使到了现代汉语中也是如此。

关于近代汉语入派三声还有一个问题,那就是入声派入三声的规律。在《中原音韵》中,入声虽然派入三声,但是所归的调类跟现代北京话并不完全一致。《中原音韵》以全浊入声字归阳平,次浊入声字归去声,清音入声字归上声,归类极有规则,很少例外。而在现代北京话中,全浊和次浊入声字的演变与《中原音韵》相同,清音入声字则变入阴平、阳平、上声和去声的都有,其间没有清楚的条理可寻。这就产生了问题,即中古入声字在北京话中的演变规律是什么?1931年,白涤洲的《北音入声演变考》一文首先对此进行了研究,文章根据《广韵》693个入声字的今读情况统计,结论是:(1)属于塞音和塞擦音的不送气清声母字,以及属于塞音和塞擦音的浊声母字,北京音读阳平;(2)属于塞音和塞擦音的送气清声母字,以及鼻音、边音、影喻两母的字,北京音读去声。也就是说,全浊入声字读阳平,次浊入声字读去声,而清音入声字则以送气与否为界,不送气读阳平,送气读去声。白氏所谓的"今读"文中并未公布,后人无从核查,但是1948年陆志韦的《国语入声演变小注》一文认为,白氏所归纳的清音入声字的规律,"例外极多",可见问题并未解决。而且白氏用以统计的《广韵》入声字有许多不见于当时口语,有的恐怕只好按反切或形声偏旁胡念一气,因此陆志韦转而采集北京口语中的单音词进行统计。统计结果表明,"清入声有变为平声的趋势,可是送气教调子加高,所以送气的清入声多变为阴平跟去声。入声字不论清浊,不论送气与否,都不容易变为上声"。至于中古清入声字演变的严格的规律,"我们的回答还只可以是'无规则','不知道'"。由此可见,这一问题仍需继续探讨。

九、《中原音韵》的音系基础及其性质

关于《中原音韵》的音系基础及其性质,明清时代曾有一些讨论。例如明王骥德《曲律·论韵》云:"德清浅士,韵中略疏数语辄已文理不通。其所谓韵,不过杂采元前贤词曲,掇拾成编,非真有晰于五声七音之旨,辨于诸子百氏之奥也。"又如明吕坤《交泰韵·辨五方》云:"中原当南北之间,际清浊之会,故宋制《中原雅音》,会南北之儒,酌五方之声,而一折衷于中原,谓河洛不南不北,当天地之中,为声气之萃。我朝《正韵》,皆取裁焉。周氏德清,高安人也,力诋沈约,极服中原。"又清毛先舒《声韵丛说》云:"或以周德清《中原音韵》不过写北方土音耳,不知此书专为北曲而设,故往往与北人土音相合。"又清《四库全书总目》云:"德清此谱,盖亦因其自然之节,所以作北曲者沿用至今。"不过,这些讨论都是零星的,断断续续的。从20世纪初开始,随着近代音的研究逐步得到学界的青睐,《中原音韵》的音系基础及其性质也就成为一个重大问题,在长时间中得到了广泛的讨论。大致上,学者们的意见可以分为以下三种。

第一种意见,认为《中原音韵》表现的是14世纪元代的大都音,是现代北京话的祖语。1936年,赵荫棠的《中原音韵研究》明确提出,《中原音韵》一书"奠定现代国语之基础","它不合于古,才能与当时的活语言接近;它的方言,正是现在国音的出发点"。以后,1957年王力《汉语史稿》上册也把《中原音韵》的语音系统作为14世纪的北京话。1962年,赵遐秋、曾庆瑞发表《〈中原音韵〉音系的基础和"入派三声"的性质》一文,又一次详尽地论证了这一观点,其主要证据是:(1)从《马可波罗游记》和朝鲜《老乞大》、《朴通事》等书的记载看,元明时代汉语的代表应是当时的北京口语。(2)周德清之书是为正音而作,其正音的标准必定是"当时的政治经济文化中心的大都一地的话"。(3)元曲的语言和当时的口语相联

系,而一些主要作家的用韵比较整齐一致,这说明"在既不同于唐诗宋词用韵、又无韵书以作准绳的情况下,必有一种活的语音系统在起约束、规范作用",它就是大都音。(4)早期元曲作家中,大都人占三分之一;杂剧中宾白的语言与《老乞大》、《朴通事》相近,其中夹杂的"胡语"也应是大都的语言。(5)《中原音韵》中全浊声母消失、知庄章系声母合流等语音现象是"前辈佳作"的韵脚所不可能提供的,周德清的审音工作必定是在大都进行的。(6)《中原音韵》的语音特点正是现代北京音跟中古音和南方方言不同的特点,《中原音韵》跟后代描写北京音系的韵书,如徐孝《重订司马温公等韵图经》等有不可分割的联系。

1985年,何九盈《中国古代语言学史》同此看法,他说,《中原音韵》根源于元曲的实际押韵,大都是元曲发展的胜地,是政治、经济、文化中心,关汉卿、马致远等元曲作家和大都也有密切关系,他们不用大都音来作曲演唱,在情理上说不过去。至于周书关于清入声字的分配,可能是周氏归字不正确,也可能是他依据另一种北方方言,也可能入声消失在当时只是基本定局。同年,宁继福《中原音韵表稿》一书也提出"中原之音即大都话",因为周德清曾说"余尝于天下都会之所,闻人间通济之言",元代的都会当然不止大都一处,但是在"都会"上冠以"天下"二字,"则只能是国都的代名词"。同时,宁氏又拟测出《中原音韵》的四声调值(阴平22,阳平45,上声215,去声51),进而指出:"声调是汉语的灵魂,各地方言的'味儿'主要是靠声调形成的。……《中原音韵》的声调系统跟现代北京方言是那样一致!……《中原音韵》的声调结构表示,这个语音系统即是14世纪的北京话。"

第二种意见,认为《中原音韵》反映的是当时北方话的语音系统,也就是广泛通行的官话系统,《中原音韵》不是现代北京话的祖语,但是有极近的血缘关系。这一意见由陆志韦首创。1946年,陆志韦《释中原音韵》根据周德清书中好几个语音现象都比现代北京话演进得更为积极,例如寒和桓分韵,现代北京话仍作 an 和 uan,疑母三等除极少数保存 ŋ 或变作 n 以外,其余全部失去,而现代北京话大多变作 n,因而认为《中原音韵》并不代表现代北京话的祖语,而是出于另一个邻近的方言。1964年,陆氏在替讷庵本《中原音韵》(中华书局,1978)作前言时,进一步指出:所谓"中原之音","就是当时北方广大地区通行的,应用于广泛的交际场合的一种共同语音"。1981年,杨耐思的《中原音韵音系》一书也从历史地理的角度,证明"中原"一词最初指的是我国中部地区,即河南省地区,到宋代,所指范围有所扩大,而到元代,则河北、河南、山西、山东乃至辽宁一部都属于中原地区。因此《中原音韵》的语音基础应该是当时的共同语语音,这种共同语语音也通行于当时的大都。此外,1968年董同龢《汉语音韵学》也认为《中原音韵》是"早期官话的语音实录",而所谓"早期官话",就是古人所谓的"中原雅音"、"中原雅声",乃是元朝时代中国的标准语。1985年李思敬《音韵》一书也说,《中原音韵》的音系"就是当时在北方(包括大都地区、汴洛地区)广泛通行的官话音系。今天的北京音系纵非它的直系子孙,也应该有极近的血缘关系"。

第三种意见,认为《中原音韵》所代表的是元代共同口语的语音系统,这种语音系统就是当时以洛阳音为主体(基础方言)的河南音。首创此说的是李新魁。李氏的根据是:(1)周德清之书不可能是"杂采元前贤词曲,掇拾成编"的,因为各地元曲作者有方言分歧,语音不能完全一致,同时用作元曲韵脚的字数也不足以编制韵书。因此周德清"据以撰作的应当是一个实际的口语,只是入声字的分派和押韵归部参用前辈的创作"。(2)洛阳居黄河流域的中心,是历代帝王的定都之地,全国或北方的政治、经济、文化中心,洛阳话在长时间内被作为民族共同语和标准音。北齐颜之推《颜氏家训》、宋人寇准的话(《说郛·谈选》)和陆游《老学庵笔记》等都说洛阳话为"天下之正"。(3)河南是近世戏曲最活跃的发祥地,与元曲十分密切的"慢词"、"诸宫调"等均发源于洛阳、开封一带。戏曲的音韵都以发源地的语音为依据,而北曲兴起之初,亦沿用宋金旧制,即洛阳、开封之音。(4)唐宋元明时代古人所谓的"中州"、"中原",都是指河南洛阳一带。周德清所说的"敌国中原"、"陈亡,流入中原"、"自隋至宋,国有中原"等,指的都是河南一带。(5)周德清所说的"天下都会"并不一定是大都,当时大都人口仅40多万,其繁荣程度未必凌驾于杭州、泉州诸地之上。同时,元初统治者热衷于推广蒙古语和蒙文,作为新首都的大都的语音不可能有大规模的推广。(6)周德清是否到过大都,不得而知。他作《中原音韵》很可能是在江西家中进行的,因为周的同乡虞集在《序》中说:"余昔在朝,以文字为职,乐律之事,每与闻之。……当是时,苟得德清之为人,引之禁林,相与讨论斯事,岂无一日起余之助乎?"如果周德清曾到过大都,虞集焉有不"引之禁林,相与讨论斯事"之理,而到后来有迟遇之叹? 因此,认为周德清的审音工作是在大都进行,乃是臆必之词。(7)元杂剧中的宾白与曲辞不一定出于同一作者,宾白的语言可因演出地点的方言和角色的用语而异,因此宾白不宜跟曲辞放在一起作为语音材料来考察。(8)在《中原音韵》音系中虽然某些特点跟北京音相合而跟其他方言不合,但也有许多特点跟北京音不合而跟其他方言相合,不能厚此薄彼,非断定其音系基础为大都音不可。同时,大都在作为元朝首都以后,居民变动极大,其中大部分人来自河北、河南诸地,因而北京音跟洛阳音,用来比照《中原音韵》都是相当顺适的。

以上三种意见,各自都有一些道理。比较起来,似以第三种意见最胜。当然结论究竟如何,尚需继续研究。

十、其他

关于汉语近代音,还有一些问题曾引起人们的注意和讨论。例如汉语全浊声母何时开始消失、何时消失完毕的问题,罗常培《唐五代西北方音》提出,浊音清化在公元 763 至 857 年的西北方音中就已经开始,不过数量甚少。王力《汉语语音史》提出全浊声母在宋代已经全部消失,证据是南宋朱熹(1130—1200)《诗集传》和《楚辞集注》的反切和直音。陆志韦《记邵雍〈皇极经世〉的"天声地音"》、周祖谟《宋代汴洛语音考》也认为北宋邵雍(1011—1077)所著《皇极经世声音唱和图》中将全浊声母并、定、群、从、床等一分为二,仄声配全清,平声配次清,表明当时全浊声母已经清化。不过李新魁《近代汉语全浊音声母的演变》则提出,浊音清化虽然在唐宋时代首先在平声字中发生,但是直到元代,全浊平声字仍可能有清浊两读,证据是卓从之《中州乐府音韵类编》把平声字分为阴、阳、阴阳三类。而到明代,全浊音的仄声仍有清浊两读,证据是王文璧《中州音韵》中阴平、阳平字的反切上字分用不乱,而全浊去声字的反切上字则仍用全浊声母字,而按浊音清化规律,这些反切上字已经不合于被切字的读音。又杨耐思《元代汉语的浊声母》一文也从梵汉对音、藏汉对音等证明元代仍有全浊声母。又如关于《中原音韵》有无疑母的问题,在周德清书中,疑母字大多跟影喻两母字同空,少数跟泥来两母字同空,还有一些则独自成空,罗常培《中原音韵声类考》运用自定的"偶有单见,不害其同"的原则,取消了疑母的独立性,但是赵荫棠《中原音韵研究》则根据江阳、萧豪、歌戈韵部中疑母字跟影喻母字的对立,认为疑母仍然存在。以后陆志韦《释中原音韵》也根据八思巴字对音,将疑母独立出来。又如关于《中原音韵》的重出字问题,据统计,在周德清书中重出了两次以上的字共有 395 个,其中固然有一部分是属于四声别义和音异义别的,如"贾",鱼模韵上声,商贾,家麻韵上声,姓;"王",江阳韵阳平,名词,江阳韵去声,动词。但是也有一部分是属于音系处理方面的,如"崩、烹、轰"等分别收入东锺韵和庚青韵,"竹、褥、宿"等分别收入鱼模韵和尤侯韵。对此,陆志韦《释中原音韵》和杨耐思《中原音韵音系》认为这是方言异读,因为周德清根据元曲押韵归纳,而各地作者的元曲应该是有方言因素在内的;而王力《汉语语音史》则认为东锺、庚青韵的重出是存古现象,鱼模、尤侯韵等的重出是文言音和白话音的不同。又如近代汉语-m 尾转变为-n 尾的开始和结束时间的问题。就汉语某些方言来说,-m 尾转变为-n 尾恐怕很早就开始了,《全唐诗》卷三十二载胡曾《戏妻族语不正》诗:"呼十却为石,唤针将作真,忽然云雨至,总道是天因。""因"谐音"阴","真、因"收-n尾,"针、阴"收-m尾,而宋词、元曲中也有一些-m、-n通押的例子。不过,一般认为这些都是方言现象,就汉语共同语来说,-m尾转化为-n尾,首先开始于元周德清的《中原音韵》中,在周书中,真文韵"牝、品"同音,寒山韵"烦、凡"同音,相混的字限于唇音声母字,这就是所谓"首尾异化"现象(参王力《汉语史稿》上册)。此时大部分-m尾未变,因为周书中仍有侵寻、监咸、廉纤三个闭口韵,同时,《蒙古字韵》等大量语音资料也证明当时-m尾的存在。那么-m尾转变为-n尾,什么时候才大致完成呢?王力《汉语史稿》认为不能晚于16世纪末叶,因为17世纪的《西儒耳目资》(1626)里已没有m尾了。而赵荫棠《等韵源流》指出,明代李登《书文音义便考私编》(1587)已经把平水韵的侵韵并入真韵,覃、咸韵并入寒韵,盐韵并入先韵,-m尾已全部并入-n尾。赵氏《中原音韵研究》又指出,更早一点,本悟禅师的《韵略易通》(1567—1572)有"重韵"之说,真文与侵寻相重,山寒与缄咸相重,先全与廉纤相重,表明-m尾与-n全面混淆。杨耐思《近代汉语-m的转化》一文进一步指出,朝鲜学者崔世珍的《四声通解》(1517)凡例说,汉语俗音"真与侵、删与覃、先与盐之音多相混矣",表明早在16世纪初叶,-m尾已经全面转变为-n尾了。此外,非但对于《中原音韵》是大都音还是河洛音的问题未能解决,近年来又冒出明代官话的标准音是北京音还是南京音的问题,成为学术界争论不休的一大热点。1985年鲁国尧《明代官话及其基础方言问题》一文提出:"南京话在明代占据一个颇为重要的地位,或许即为官话的基础方言。"其一大证据就是《利玛窦中国札记》记载,1600年利玛窦等从南京去北京的途中,同行的刘太监把在南京买下的一个男孩送给他们,以便男孩教给他们纯粹的南京话——可见南京话是当时官话的标准音,否则,正要去北京的神父是没有必要学习南京话的。此说一出,引起杨福绵、张卫东等许多学者的支持(参杨福绵《罗明坚、利玛窦〈葡汉词典〉所记录的明代官话》、张卫东《试论近代南方官话的形成及其地位》),论者还引用日本六角恒广《日本中国语教育史研究》的考证作为旁证,即日本江户时代(1603—1867)唐通事学习的官话是南京话,并且这种官话"中华十三省都通的",这种情况一直持续到明治九年(1876),从那以后才改变为学习北京官话。但也有学者表示怀疑,如张竹梅《试论明代前期南京话的语言地位》(2007)一文指出,朱明王朝建立前期五十多年中,皇帝始终有迁都之念,同时朝廷重臣乃至为皇帝和太子侍讲侍读之人也均非江淮地方人士,因而认为,明代前期南京话并不具备成为官话或官话基础方言所必需的语言基础和社会条件。又如韩国蔡瑛纯《试论朝鲜朝的对译汉音与中国官话方言之关系》(1999)指出:"朝鲜历代对译汉音反映的汉语音韵现象忠实地表现了近代中国北方官话方言的语音变化,尤其肯定的是它具有与北京音的变化过程十分类似的形态。""北京作为中央政府所在地,其地方音对于学习汉语的朝鲜使臣来说,更具有一种权威性,所以就以它为标准来译音。"

综上所述,汉语近代音的研究,虽然已有前人筚路蓝缕,奋勇开道,但是其中榛莽之地,仍然甚多,曲径通幽,有待发现,这门学科的趣味和前途是引人入迷的。

二、分　论

第五章
《切韵》的性质及其音系基础

第六章
中古汉语的重纽问题

第七章
中古汉语的唇音字问题

第八章
上古汉语的复辅音声母

第九章
中古舌齿音声母的上古来源

第十章
上古韵部的分合问题

第十一章
上古汉语的声调

第十二章
近代汉语的唇音合口问题

第五章 《切韵》的性质及其音系基础

第一节 历史上的讨论

陆法言的《切韵》作于公元601年,由于有王仁昫的《刊谬补缺切韵》和陈彭年等的《广韵》的补充,因此可以说《切韵》是现存最早最完备的韵书。《切韵》在汉语语音史的研究中具有极其重要的地位和作用,从瑞典汉学家高本汉以来,国内外学者大多把《切韵》作为研究的出发点,作为汉语中古音的典型代表,并在对《切韵》音系作出构拟以后,再上溯上古音,下推近代音。由于对《切韵》的性质理解不同,各派学者关于《切韵》音系的构拟方法和构拟内容也各不相同,并由此影响到他们关于上古音和近代音、现代音的解释,甚而至于影响到他们关于整个汉语的性质和历史的解释,因此,关于《切韵》的性质及其音系基础的研究和讨论是涉及汉语史研究的根本问题。

历史上关于《切韵》性质的讨论很早就开始了。唐僖宗广明年间(公元880—881年),李涪作《刊误》,认为《切韵》是吴音,跟东都洛阳音不合;而跟李涪同时的苏鹗,则在《苏氏演义》中指出,陆法言本代北鲜卑族子孙,非吴郡人,《切韵》研穷正声,削去纰缪,岂能独取方言乡音?当时的讨论主要集中在《切韵》是不是"吴音"的问题上。到了清代,从乾嘉学派到章炳麟,讨论的内容则主要集中在《切韵》的分韵问题上。例如戴震认为《切韵》是"有意求其密,用意太过,强生轻重"(《答段若膺论韵书》);陈澧则认为陆法言分二百零六韵,"非好为繁密也,当时之音,实有分别也"(《切韵考》卷六);而章炳麟又认为《切韵》"兼有古今方国之音,非并时同地得有声势二百六种也"(《国故论衡·音理论》)。

从高本汉以后至今,关于《切韵》性质及其音系基础的讨论主要集中在三个问题上:(一)《切韵》是单一音系还是综合音系,即《切韵》是不是一时一地方音的记录？(二)如果《切韵》是综合音系,那么它有没有基础音系？如果有基础音系,那么基础音系又是什么？(三)《切韵》同现代汉语各方言之间的关系又如何？

关于第一个问题,除了高本汉、周法高认为《切韵》代表了隋唐时代的长安方音,而持单一音系的观点以外,其他学者都程度不等地持综合音系的观点。高本汉在他的巨著《中国音韵学研究》中,把《切韵》音系作为他所引用的三十三种现代方言的母语;在《论汉语》(1949)中他更明确地指出:"《切韵》忠实地描写了一个同质的语言,华北的语言,即首都长安话。它在七至十世纪时成了真正的共同语,其证据就是几乎所有现代分歧巨大的方言都能一个个合理而系统地从《切韵》导出。"高氏的这一观点得到周法高的支持,他在《广韵重纽的研究》(1948)中,根据唐代《玄应一切经音义》的反切的系联结果,认为《切韵》代表长安方言"至少有十之八九的准确性"。他说:"在《广韵》有重纽切语下字也分做两类的几韵(支、真、仙),在玄应的书里,也有同样的分别。玄应这书是替藏经作音义的,并不是一部韵书,书中的切语也和《广韵》大异,但是居然得到同样的结果,更是值得注意了。"

高本汉的这一观点遭到了其他学者的修正甚至反对。例如陆志韦《古音说略》(1947)指出:"陆法言的原意,在乎调和当时的各种重要方言。就好比初期的注音字母包含几个浊音,免得江浙人说闲话。……《切韵》代表六朝的汉语的整个局面,不代表任何一个方言。"又如陈寅恪《从史实论切韵》(1949)一文指出:陆法言和刘臻等都不是世居关中之人,《切韵序》提到的吕静《韵集》等五部韵书也不是关中人的著作,《切韵序》列举了各地方言的缺点,唯独未提及中原,可见刘臻等认为中原即洛阳及其附近的语音是正音。因此,"自史实言之,《切韵》所悬之标准音,乃东晋南渡以前,洛阳京畿旧音之系统,而非杨隋开皇仁寿之世长安都城行用之方言也"。1957年王力在《汉语史稿》(上册)中也认为:"《切韵》的系统并不能代表当时(隋代)的首都(长安)的实际语音,它只代表一种被认为文学语言的语音系统。"1966年周祖谟在《〈切韵〉的性质和它的音系基础》的长篇论文中详尽地证明:(1)《切韵》是为辨析声韵而作,陆法言等论南北是非、古今通塞的目的在于正音;(2)《切韵》不同于吕静《韵集》等五家韵书,其审音精密,重分不重合,其分韵辨音,折衷南北,不单纯取北方音;(3)《切韵》的分韵不仅与齐、梁、陈之间诗文押韵的情况基本一致,而且与梁代吴郡顾野王《玉篇》的韵类几乎全部相同。他的结论是:《切韵》音系"可以说就是六世纪文学语言的语音系统"。

关于第二个问题,各家分歧甚多。1931年,罗常培作《〈切韵〉鱼虞的音值及其所据方音考》,参照南北朝诗人的籍贯和用韵情况,具体考证了鱼虞两韵在中古的地域分布,认为除了太湖附近(以建康为中心,北起彭城,南迄余姚)分用外,其余都混而不分,因而指出:"《切韵》的分韵是采取所谓'最小公倍数的分类法'的。就是说,无论哪一种声韵,只要是在当时的某一地方有分别,或是在从前的某一时代有分别,纵然所能分别的范围很狭,它也因其或异而分,不因其或同而合。"罗氏的这一看法,显然认为当时的各地方音都可以在《切韵》中得到反映,因而《切韵》也就无所谓基础音系。与此相似,1936年王力的《南北朝诗人用韵考》认为:"《切韵》根据'古今通塞'的地方颇少,而所谓'南北是非',恐怕也不过是尽量依照能分析者分析,再加上著者认为该分析者再分析,如此而已。"与此相反,陈寅恪认为《切韵》反映的是东晋南渡以前洛阳京畿的旧音系统,并综合了诸家师授和各地方音(《从史实论切韵》)。王显和邵荣芬认为《切韵》是以洛阳音为基础的活方言音系,同时吸收了其他方言,主要是金陵话的特点(邵荣芬《切韵音系的性质和它在汉语语音史上的地位》、王显《切韵的命名和切韵音系的性质》,1961)。1981年王力在《中国语言学史》一书中也表示:"《切韵》的语音系统是以一个方言的语音系统为基础(可能是洛阳话),同时照顾古音系统的混合物。"跟上述两种观点不同,周祖谟认为"《切韵》音系的基础,应当是公元六世纪南北士人通用的雅言",这种雅言也就是"当时承用的书音和官于金陵的士大夫通用的语音"(《〈切韵〉的性质和它的音系基础》)。

关于第三个问题,高本汉曾经认为《切韵》是现代各地方言的母语,但后来他发现这一观点与事实不完全符合,所以在《论汉语》中修正说:"只有少数南部沿海的方言,如厦门话、汕头话,具有不能从《切韵》得到解释的特点,而提示《切韵》以前的语言情形。"这一修正后的观点,即认为现代汉语方言大多能从《切韵》导出的观点,后来就一直为国内外大多数学者所接受。不过到了20世纪60年代后期,罗杰瑞(Jerry Norman)、梅祖麟、桥本万太郎等人在美国普林斯顿大学提出了"普林斯顿假说"(Princeton Hypothesis),他们不同意高本汉关于汉语方言有单一来源的说法,认为应该先在各大方言区内部进行历史比较,拟测原始吴语、原始粤语、原始闽语等,然后再与《切韵》比较,在此基础上还可以进一步拟测原始汉语。

第二节 《切韵》是6世纪文学语言的语音系统

我们认为,根据颜之推在《切韵》成书过程中的作用(《切韵序》:"因论南北是非,古今通塞,欲更捃选精切,除削疏缓,颜外史、萧国子多所决定。")和颜之推在

《颜氏家训·音辞篇》中所阐述的韵书编辑思想"共以帝王都邑,参校方俗,考核古今,为之折衷,权而量之,独金陵与洛下耳";又根据王仁昫《刊谬补缺切韵》韵目小注所示,陆法言《切韵》在分韵中往往遵从吕静、夏侯该、阳休之、李季节和杜台卿五家韵书,而吕静为任城(今山东曲阜)人、夏侯该为谯郡(今安徽亳县)人、阳休之为右北平无终(今河北蓟县)人、李季节为赵郡平棘(今河北赵县)人、杜台卿为博陵曲阳(今河北定县)人,他们都不是长安人,因此,要说《切韵》代表的是长安方音,显然不能成立,要说《切韵》是单一音系,当然也不合事实。实际上,20世纪 70 年代以后的音韵学界恐怕也已经没有人再持单一音系的观点了。即使是周法高,他在《读切韵研究》(1984)一文中也承认"长安方音说"是有毛病的,认为《切韵》"大体上代表当时士大夫阶级的读书音"。

《切韵》既然不是单一音系,那么就应该是一种综合音系,不过,这种"综合",绝不是罗常培先生所主张的"最小公倍数的分类法"。罗氏的"最小公倍数"说的根据是《切韵》鱼、虞两韵在中古各方言中的分合情况,而这种分合情况的判断又是根据各地诗人的用韵。但是,由于罗氏主要依据诗人的籍贯,而不是主要依据诗人的出生和成长的里居,来确认诗人所代表的地区方言,因此他把一批洛阳、邺下一带的诗人看作北方其他地区的诗人,如曹摅、傅咸、阮籍等,这样,他就错误地把洛阳、邺下方言中鱼、虞不分的现象,看成是整个北方地区的方言现象;同时,由于罗氏对于庾信、徐陵、江淹等人区分鱼、虞的用韵视而不见,又把这些南方诗人误为北方诗人,这样就进一步把罗氏自己导向了完全错误的结论,即整个北方方言区全都鱼、虞不分。事实上,中古汉语鱼、虞不分的地区主要局限于河南及其周围,而长江以南、西北地区和幽燕一带的广大区域,都是区分鱼、虞两韵的。罗氏的考证既然不实,那么他的"最小公倍数"说当然也就不能成立(参潘悟云《中古汉语方言中的鱼和虞》,1983)。

我们说《切韵》是综合音系,也绝不是说《切韵》"必然要拿汉以来的各经师的注音作为依据","综合了古今南北的多种成分",是"古今南北的综合体系"(史存直《汉语语音史纲要》,1981)。《颜氏家训·音辞篇》说:

> 古今言语,时俗不同;著述之人,楚夏各异。《苍颉训诂》反"稗"为逋卖,反"娃"为於乖。《战国策》音"刎"为"免",《穆天子传》音"谏"为"间"。《说文》音"戛"为"棘",读"皿"为"猛"。《字林》音"看"为口甘反,音"伸"为"辛"。《韵集》以"成、仍、宏、登"合成两韵,"为、奇、益、石"分作四章。李登《声类》以"系"音"羿",刘昌宗《周官音》读"乘"若"承"。此例甚广,必须考校。

前世反语,又多不切。徐仙民《毛诗音》反"骤"为在遘,《左传音》切"椽"为徒缘,不可依信,亦为众矣。今之学士,语亦不正,古独何人,必应随其讹僻乎?

　　由此可见,颜之推对于汉代以来各经师的注音批评甚多,绝没有必然拿来作为依据的事。"在"为从母字,"骤"为崇母字,"在遘"切"骤",正合于古音照二归精之说,"徒"为定母字,"椽"为澄母字,"徒缘"切"椽"正合于古音舌头舌上不分之说,而颜氏均斥以"不可依信",足见他绝没有综合前代古音的指导思想。颜之推实在是重今音而不重古音,重文学语言的读书音而不重各家韵书的。如果一定要说《切韵》综合了古音的成分,那也只能说《切韵》所描写的读书音总是落后于它的基础方言的语音发展,跟基础方言比较,读书音总是保守的,《切韵》的"古"只是这种意义上的"古"罢了。由此我们也可以知道,许多人关于《切韵》不是一时一地之音的说法并不正确,《切韵》虽然不能称为一地之音,但确实是一时之音,即公元6世纪文学语言的语音系统。

　　在讨论《切韵》是否综合古音的问题的同时,不能不讨论一下《切韵》的又音问题。《切韵》有大量的又音,有人认为这正是《切韵》综合古音和方音的证明。我们说《切韵》的又音可分为两类情况。一类是读音重出而字义不同。例如《广韵》:

　　　吾　五乎切,我也……
　　　　　五加切,《汉书》金城郡有允吾县……
　　　蛾　五何切,蚕蛾,又姓……又音蚁。
　　　　　鱼倚切,同"蚁",见《礼》。
　　　侦　猪孟切,廉视。
　　　　　丑贞切,侦候,又丑郑切。
　　　　　丑郑切,侦问。

　　由于不同音切的字义各不相同,因此这实际上属于同字异词的现象,严格地说不能称为"又音"。另一类是读音重出,字义亦相同。例如《广韵》:

　　　愃　须缘切,吴人语快,《说文》曰:宽娴心腹貌。
　　　　　况晚切,宽心,又音宣。

飵　昨误切,相谒食也。
　　　　　在各切,楚人相谒食麦饘曰飵。
　　　邬　哀都切,县名,又音坞。
　　　　　依倨切,县名,在太原,又音坞。
　　　阏　乌前切,阏氏,单于適妻也,氏音支。
　　　　　於乾切,阏氏,单于妻,又音遏。
　　　苙　其立切,白苙,又力急切。
　　　　　力入切,白苙,又其立切。
　　　凛　巨金切,寒状,又力甚切。
　　　　　力稔切,寒凛。
　　　駰　於真切,白马黑阴,又於巾切。
　　　　　於巾切,马阴浅黑色,又音因。

这一类是真正的"又音"。其中又可分为四种情况:(1)因吸收方言读音而造成又音,如例一、例二;(2)因吸收地名、人名的不同读音而造成又音,如例三、例四;(3)因古代读音的分化(复辅音声母分化等)而造成又音,如例五、例六;(4)因当时读音的变动而造成又音,如例七①。这一类又音,不管属于何种情况,都是当时文学语言的读音。其吸收方言读音,如同今天把吴方言的"尷尬"一词引入现代普通话一样,并不照录方音,而是把方音折合成读书音,在例一"须缘切"下、例二"在各切"下,《广韵》还收有其他许多非方言字,可以证明这一点。其吸收人名、地名的不同读音同样如此。人名、地名之有不同读音,直到现代普通话仍然如此。"厦",房子义读 shà,地名"厦门"读 xià;"乐",同样作为地名,四川"乐山"读 lè,浙江"乐清"读 yuè。"仇",仇恨义读 chóu,作为姓氏,读 qiú;"适",同样作为人名,"胡适"读 shì,南宋金石家"洪适"读 kuò。至于因语音的演变分化而造成又音,更不是奇怪之事,"叶公好龙"之"叶",既可读 shè,又可读 yè,"孪生"的"孪"既可读 luán,又可读 suàn。所有这些现代例子,都没有突破普通话的语音体系,都没有掺入古音或方音的语音特征;我们认为,《切韵》的情况应该与此相似。

　　值得注意的是,《切韵》有一些又音属于类隔切,但在又音所属的音韵地位中,这些类隔切又改成了音和切。例如王仁昫《刊谬补缺切韵》(宋濂跋本):

---

① 《经典释文·毛诗音义》"駰"下云:"旧於巾反,读者并音因。"说明此字旧读为真韵重纽 B 类,但当时学人已有读作真韵重纽 A 类的。

涂　直鱼反,水名,在堂邑,又直胡反。
　　度都反,水名,在益州,又直鱼反。
传　直恋反,又丁恋反。
　　知恋反,邮马,又直恋、直圆二反。

此事再一次证明,《切韵》的作者没有综合古音的思想,《切韵》记录的是当时实际语音的语音系统。

在关于《切韵》的性质及其音系基础的问题上,我们基本上同意周祖谟先生在《〈切韵〉的性质和它的音系基础》一文中的观点。除了周文所提出的证据以外,我们还补充一个证据,那就是《经典释文》中的陆德明的反切系统。

陆德明的《经典释文》作于公元583年,大约早于陆法言的《切韵》十八年,两书可以认为是同时代的作品。陆德明虽然是苏州人,但他写《经典释文》时所依据的标准音却不是苏州话。其《条例》云:"文字音训,今古不同。前儒作音,多不依注,注者自读,亦未兼通。今之所撰,微加斟酌。若典籍常用,会理合时,便即遵承,标之于首。"作者在此明确指出,字音和字义,古今有所不同;凡是经典常用的字音,符合义理,符合时尚,便遵从不违,并置于注释的首位。可见陆氏心目中的标准音,是指当时学者诵读古代经典的常用读音,这种读音与当时的民间口语当然有一段距离,但也不是秦汉古音。其《条例》又云:"方言差别,固自不同,河北、江南,最为巨异,或失在浮清,或滞于沈浊。今之去取,冀袪兹弊。"这里批评南方和北方方言,崇尚中原雅音的态度,与颜之推等人是一致的。由此又可见得,陆氏心目中的标准音,与陆法言《切韵》所遵奉的标准音是一致的,就是当时文学语言的语音系统。

依照陆德明的说法,凡是标准音一律"标之于首",那么我们根据《经典释文》所载的音切,应当可以研究出当时文学语言的语音系统。邵荣芬先生《略说〈经典释文〉音切中的标准音》(1982)一文曾经指出,除陆氏特别加以批评纠正而置于首位的以外,其他凡是标之于首的,的确是陆氏的标准音,其中标之于首而不加姓氏的音切,尤其可以肯定为范围广、普遍性强的标准音。我们把这种标准音称为陆德明的音切,以区别于陆氏同时著录的其他各家的音切。根据我们的考察,陆德明音切所反映的语音系统跟《切韵》基本上相同。尤其令人惊异的是,陆德明音切中同样存在重纽的现象,这种重纽跟晚出的《切韵》比较,虽然所用的反切用语不尽相同,但其音类却基本相符,如出一辙(参拙文《陆德明音切中的重纽》,1986)。由此可见,《切韵》音系确实具有实际语音的根据,《切韵》音系确实是 6 世纪文学语言的语音系统,考证汉语中古音,《切韵》是第一重要的材料。王力先生的晚年之作——《汉语语音史》(1985)以为:"从前有人说,《切韵》音系就是隋唐音系。其实,《切韵》并不代表一时一地之音。现在我们以陆德明《经典释文》和玄应《一切经音义》的反切为根据,考证隋唐音系,这样就比较合理。"王先生没有注意到陆德明之书跟陆法言之书旨趣原本相同,他想抛弃《切韵》,搞一个"一时一地之音",结果《经典释文》仍然不是一地之音,玄应的《一切经音义》也不见得是一地之音(参周法高《论切韵音》,1968)。这两本书都帮不上忙。

至于《切韵》同现代汉语各方言之间的关系问题,我们认为,《切韵》既是文学语言,又是一种中心语言,在历史上,《切韵》和它的继承者(即后来的中心语言)不断地向边缘语言、地方方言施加影响,并留下了不同的历史层次。以温州方言为例,中古歌韵字在温州方言中有读 ai 的,如:

个 kai　　俄 ŋai　　簸 pai　　唾 tʻai　　脶 lai　　裸 lai

这些字上古属歌部,按王力先生的构拟,歌部的音值正是 ai,所以温州方言中这些字的 ai 音显然属于上古汉语层次;中古歌韵字在温州方言中又有读 a 的,如:

破 pʻa　　拖 tʻa

中古《切韵》歌韵的音值为 a,所以温州方言中这些字的 a 音显然又是属于中古汉语层次;中古歌韵字在温州方言中还有读 u、读 o 的,等等,那就属于更晚的时代层次了(参郑张尚芳《温州方言歌韵读音的分化和历史层次》,1983)。由此可见,《切韵》跟各地方言之间,既不是完全无关,也不是全部有关,《切韵》对于各地方言的影响是巨大的,但各地方言的语音特点并不能全部从《切韵》导出。

第六章

中古汉语的重纽问题

第一节 重纽的发现和讨论

在汉语音韵学上有所谓重纽的现象,就是指《切韵》音系中支、脂、祭、真、仙、宵、侵、盐八个三等韵的喉、牙、唇音字,除了开口、合口的区别之外,它们的反切下字还可以分成两类,形成对立。最早发现重纽的是清代学者陈澧。陈澧曾经作《切韵考》一书,利用反切系联法,并通过《广韵》探究孙叔然、陆法言的"切语旧法",即探究陆法言《切韵》的声韵系统原貌。《切韵考》卷四和卷五,以《广韵》的韵部为单位,仿照等韵图表,列出二百零六韵每一韵部中的所有小韵,平上去入四声相承,凡反切上字可互相系联的小韵为同一声类,列在同一纵行,凡反切下字可互相系联的小韵为同一韵类,列在同一横行。在陈氏的图表中,《广韵》大多数三等韵,如之、微、鱼、虞、文、元、阳、清、蒸韵等最多只列有两个横行,即列有两个韵类,这两个韵类是开、合口的区别,此外再无别的分类;可是在支、脂、祭、真、仙、宵、侵、盐八个三等韵中,最多却列有四个横行,例如支韵,陈氏列有"訑(香支切)"、"牺(许羁切)"、"麾(许为切)"、"隓(许规切)"四个横行,即四个韵类。这里前两类和后两类之间是开、合口的区别,而第一类和第二类、第三类和第四类之间则是重纽的区别。"纽"是小韵的意思,陈氏云:"香、许声同类。"声同类而小韵相重,这就是"重纽"得名的原因。重纽都属于三等韵,但是在《韵镜》、《七音略》等韵图中,重纽的一类被置于四等的格子中,传统称为"重纽四等",或"重纽 A 类";另一类被置于三等的格子中,传统称为"重纽三等",或"重纽 B 类"。

陈澧的发现,在很长的时间内都未能得到人们的重视,即使是著名的音韵学家,也往往忽略重纽的存在,而把这种现象归结于同音异切。例如章炳麟《国故论衡·音理论》云:

《唐韵》分纽,本有不可执者。若五质韵中,"一、壹"为於悉切,"乙"为於笔切;"必"以下二十七字为卑吉切,"笔"以下九字为鄙密切;"蜜、谧"为弥毕切,"密、蔤"为美毕切①,悉分两纽。……夫其开阖未殊,而建类相隔者,其殆《切韵》所承《声类》、《韵集》诸书芈岳不齐,未定一统故也。因是析之,其违于名实益远矣。

又如黄侃《并析韵部左证》云:

缘陆以前,已有《声类》、《韵集》诸书,切语用字未能画一。《切韵》裒集旧切,于音同而切语用字有异者,仍其异而不改;而合为一韵,所以表其同音。精于审音者,验诸唇吻,本可了然,徒以切异字异,易致迷罔;幸其中尚有一字一音而分二切者,今即据此,得以证其音本同类。

以后高本汉写他的长篇巨制《中国音韵学研究》时,虽然看到了支、脂等三等韵的字在韵图中居然有列在四等格子中的,但是他没有严加注意,而是漫不经心地用"喻化"说加以解释。他说:"此中固然有少数字,在韵图中从三等变成四等,就是说丢掉了j。这是《切韵》以后的演变,因为《切韵》对于j是绝对严格的分别出来的。"这实在凭空胡说了,因为重纽既非少数字,又非《切韵》以后的现象。他的"喻化"说本身就无法成立(参第二章第二节),更不能用来解释重纽现象。

直到1939年,陆志韦作《三四等与所谓"喻化"》一文,才重新提出,三四等合韵(即韵图置于三等和四等格子中的中古三等韵)中存在着重出小韵,这种重出小韵就是陈澧所发现的"重纽"。从此以后,《切韵》音系的重纽现象才重新为世人所重视,有关的讨论也逐渐开展起来了。

关于重纽的讨论,一个重要的问题是,重纽的两类究竟是一种什么样的区别?1939年,陆志韦的《三四等与所谓"喻化"》一文首先创主要元音不同说。他说:

谓三四等合韵之主要元音每一韵中洪细合一,而等别祇在介音之长短者,其说非不可能,而殊不足信。盖同一发音系统之中 -ix 与 -ix 之分别势不能持久也。故三四等合韵中重出小韵之解释,无宁谓主要元音上之不同,而

---

① "美毕切"当是"美笔切"之误。

介音之长短于史实反无足轻重。

两年之后,王静如作《论开合口》(1941),则主张重纽既是介音的区别,即重纽 B 类具有介音 I,重纽 A 类具有介音 i,又是声母的区别,即重纽 B 类具有唇化喉牙音(kʷ)和撮口唇音(pʷ)声母,重纽 A 类具有普通喉牙音(k)和平唇唇音(p)声母。其认为重纽 A、B 两类的唇音声母有别的根据是:(1)在谐声系统中,A、B 两类向不同的方向通转;(2)在日本《古事记》、《万叶集》等书的日译汉音中,重纽 A 类对译日本的开口音,重纽 B 类对译日本近乎合口的音;(3)在元代的八思巴字对音和明代金尼阁《西儒耳目资》所记的方音中,重纽 A 类没有 u 音,重纽 B 类有 u 音;(4)在现代福州、客家、汕头等地方言中,重纽 A 类的字也没有 u 音,重纽 B 类的字则有 u 音。其认为重纽 A、B 两类的喉牙音声母有别的根据是:(1)在日译汉音中,重纽 A 类对译 ki、gi 等,重纽 B 类对译 qï、Gï 等;(2)在高丽译音中,重纽 A 类的字保留 i 音,重纽 B 类的字失去 i 音;(3)在谐声系统里,重纽 A 类经常通 tɕ 等齿音,重纽 B 类经常通 t 等舌音。同时,既然重纽 A 类声母为 k、为 p,则其介音以 i 为妥,既然重纽 B 类声母为 kʷ、为 pʷ,则其介音以 I 为妥。据王氏所作的题注,此文系王氏与陆志韦共同商讨的产物,则此文的观点,实在也是陆氏的观点,因此陆氏关于重纽的看法,至此已经改变,以后 1947 年的《古音说略》,也基本同此看法。

王氏以后又作有《论古汉语之腭介音》(1948),根据安南译音中汉语唇音字逢重纽 B 类仍为唇音,逢重纽 A 类则变为舌齿音,例如:

重纽 A 类		重纽 B 类	
ti<p-	卑俾臂	bi<p-	碑贲陂
t'i<p'-	庀仳臂	fi<p'-	披
ti<b-	脾裨婢	bi<b-	皮疲被
zi<m-	弥猕瀰	mi<m-	縻靡

从而认为,在安南译音中,重纽 A 类唇音必定是"被一个很强而窄腭介音所同化,渐渐的才能变成舌或齿",重纽 B 类唇音的"腭介音当较甲组为弱而稍宽",因此,重纽确实是强介音 i 和弱介音 i 的区别。关于汉语唇音重纽字在安南译音中的表现,1982 年潘悟云、朱晓农的《汉越语和〈切韵〉唇音字》一文中也有详尽的讨论。此文把唇音声母的开合口、重纽、三等韵介音、轻唇化的条件等问题跟汉越语

(即安南译音)中的唇音舌齿化现象放在一起考虑，作出了首尾相贯的解释。作者的结论是，重纽是介音的不同，重纽 A 类有介音 j，重纽 B 类有介音 i，《切韵》带有 j 介音和央、后元音的唇音字，除了通、流两摄的三等明母字以外，一律轻唇化，而汉越语中唇音舌齿化，只发生在带 i 和 ɛ 的韵中。此外，1982 年邵荣芬在《切韵研究》中也主张重纽是介音的不同。以上各家可谓是重纽的介音不同派。

  1945 年董同龢的《广韵重纽试释》一文则指出，在《七音略》和《韵镜》中，支、脂、祭、真、仙、宵诸韵的唇牙喉音受到两种处置，第一类排在四等，第二类排在三等，从高丽译音、《慧琳一切经音义》和《古今韵会举要》看，第一类的音值接近于纯四等韵，第二类的音值接近于高本汉 β 类三等韵(如微、元、凡诸韵)；又从已有的上古音知识看，两类重纽是从上古不同的韵部来的，例如真韵重纽 A 类字"宾、缤"等来自上古真部(主要元音 *e)，重纽 B 类字"彬、砏"等来自上古文部(主要元音 *ə)，支韵重纽 A 类字"规、阒"等来自上古支部(主要元音 *e)，重纽 B 类字"妫、虧"等来自上古歌部(主要元音 *a)，因此重纽两类之间应当是主要元音的区别。1948 年，周法高作《广韵重纽的研究》，认为对于重纽，"如果采取介音的区别，……在方言中也没有什么有利的根据，对于上古音的拟构，也要多添一套介音"，因而主张采取元音的分别。周氏并且根据日语吴音、日语汉音、高丽译音和现代汉语汕头、厦门等地的方音，例如质韵一对重纽字的情况(见下表)，替所有的重纽 A 类构拟了较高的主要元音，而替所有的重纽 B 类构拟了较低的主要元音。以上两家可以说是重纽的元音不同派。

	A 类	B 类
汉字	一	乙
高丽	il	ɯl
吴音	itɕi	otsi
汕头	iet	yt

  1984 年李新魁作《重纽研究》一文，认为两类"重纽出现于三等韵，说明它们都带有 i 介音"；"重纽的 B 类字，其反切下字主要用喉、牙、唇音字，……重纽的切上字不分两套，说明其声母的主体没有什么不同，切下字分为两套，但这两套字又归在同一韵部之内，说明韵母本身也没有什么区别。但下字的声母却有差异，它所表示的应是超越于声母的主体部分和韵母之外东西"。因此重纽 B 类字"显

然是读为唇化音,即 pw-、kw-、xw-、ʔw-等",而重纽 A 类则具有非唇化的喉、牙、唇音声母。李氏的这一主张,表明他是属于重纽的声母不同派。

当然,对于重纽两类究竟是一种什么样的区别这一问题,也可以采取另一种回答法,那就是根本不承认重纽 A、B 两类音值上有区别,也就是根本不承认重纽的存在。例如王力《中国语言学史》(1981)说:"高氏在三四等里不认为有重韵,而中国某些音韵学家却也认为支脂祭真仙宵侵盐诸韵也有重韵。这样越分越细,所构拟的音主观成分很重,变成了纸上谈兵。"由于王力先生在学术界具有崇高的威望,因此他的这一观点颇有影响,可能代表了相当一部分人的意见。

第二节 重纽是中古汉语的客观存在

我们认为,《切韵》时代的中古汉语普遍存在着重纽,这是无可否认的客观事实。根据现在的研究,重纽的存在至少有以下十一种证据。

一、唐代日本沙门空海《篆隶万象名义》所存的原本《玉篇》反切中存在着重纽

《玉篇》是南朝梁陈吴郡人顾野王所作,完成于梁大同九年(公元 543 年)。空海之书系据《玉篇》而作,部首及列字之次第与《玉篇》相同,反切与原本《玉篇》大同小异。唯每字的注文仅取《玉篇》的义训,而不录经传原文和顾氏案语。因此,《篆隶万象名义》的反切系统应该与原本《玉篇》的反切系统相同。今《篆隶万象名义》的反切存在着重纽,则原本《玉篇》必定亦存在重纽无疑(参周祖谟《万象名义中之原本玉篇音系》)。

二、原本《玉篇》残卷的反切中存在着重纽

如果说日本沙门空海(公元 774—835 年)生当唐代,其书尚有抄袭《切韵》反切之嫌,因而不足为证,那么原本《玉篇》残卷的发现则可以作为一种强有力的证据。原本《玉篇》残卷是清代光绪年间黎庶昌出使日本时发现的,残卷存字头 2 134 个,为原书的八分之一。这些残卷释义完备,书证丰富,间有顾野王案语,颇合顾氏"总会众篇,校雠群籍"的宗旨;同时,书中反切均作"××反",符合唐代韵书体例,因此学术界一致认定这些残卷至迟是唐代或接近于唐代的抄本,为顾野王《玉篇》的原貌。值得注意的是,原本《玉篇》残卷中同样存在着重纽,例如支韵字:

重纽 A 类	重纽 B 类
岘,方尔反	彼,补靡反
諀,匹尔反	陂,彼皮反
庳,神弥反	縻,靡知反
渳,妄纸反	崎,丘宜反
瞥,许规反	奇,竭知反
縊,於豉反	𧈧,去为反
	陒,虚为反

《玉篇》的制作略早于《切韵》,其反切用语亦多不同于《切韵》,不存在抄袭《切韵》的可能。因此原本《玉篇》残卷中的重纽现象,应该是中古汉语存在重纽的铁证。

三、唐初玄应和尚《一切经音义》的音切中存在着重纽

玄应此书完成于公元 650 年左右,但是它不是一部韵书,书中又从未提及《切韵》,其一字一音而可有数条不同的反切,反切用语又多与《切韵》不同,因此,此书的反切不可能抄自《切韵》。玄应书中往往批评梵文旧译的讹误而注明"正言"、"具言"、"具正云"的字样,因而此书必定是以当时的读书音为标准音,如此,则此书所存的重纽确实是中古汉语的一个重要语音特征(参周法高《玄应反切考》,1948)。

四、颜师古《〈汉书〉注》音切中存在着重纽

据考证,颜氏《汉书》注》的完成当在贞观十五年,即公元 641 年(参王显《有关〈切韵〉二三事》)。此时距《切韵》成书时间不远,《切韵》尚未在社会上流行;同时,颜氏书中共有音切六千多条,其中没有一条提及陆法言的《切韵》,其音切与陆氏亦多有不同,因此不存在抄袭《切韵》的问题。但是颜师古音切中的重纽是十分明显的,例如:

支韵 A 类

    堕,火规反　　庀,疋履反

支韵 B 类

    被,皮义反　　陂,彼皮反　　罷,皮彼反　　靡,音縻

    奇,居宜反　　戏,许宜反　　倭,於危反　　倚,於绮反

脂韵 A 类
比,必寐反　　　屄,必寐反　　　比,频二反
脂韵 B 类
费,音秘　　　嚊,皮秘反　　　䰱,音丕
祁,巨夷反　　　夔,钜龟反　　　祁,巨尸反
祭韵 A 类
弊,音蔽　　　䒢,音艺
祭韵 B 类
瘗,於例反　　　劓,居例反
真韵 A 类
濒,音频　　　矉,频忍反　　　滨,音宾　　　濒,音宾
真韵 B 类
䋁,武巾反　　　岷,武巾反　　　䋁,读与愍同　　　邠,音彬

根据颜氏《〈汉书〉注》所表现出来的正音思想,我们认为,颜师古音切中的重纽现象也是中古汉语读书音存在重纽的一个重要证明。

五、在《切韵》以后,重纽 A 类和 B 类有不同的演变

在唐朝中叶慧琳和尚《一切经音义》(公元 788—810 年)的反切中,仙韵重纽 A 类喉牙音字已经混同于先韵字,B 类喉牙音字则混同于元韵字,真韵重纽 A 类喉牙音字仍然独立,B 类喉牙音字则混同于文韵、欣韵字。在元朝熊忠的《古今韵会举要》(1297)中,不但真韵和仙韵的情况跟慧琳之书基本一致,而且支、脂两韵的重纽 A 类喉牙音字也已经混同于齐韵字,B 类喉牙音字则混同于微韵字,宵韵重纽 A 类字大部分混同于萧韵字,B 类字则完全保持独立。由此可见,中古汉语在《切韵》时代确实存在过重纽,否则,后代绝不会把重纽的不同作为演变方向不同的区别条件。

六、在陆德明的音切中存在着重纽

陆德明的《经典释文》中,凡标之于首而又不加姓氏的音切为陆德明的音切。陆德明的音切总数在一万条以上,其中反映重纽的音切数量也十分可观。今以卷二至卷七(即《周易音义》、《尚书音义》和《毛诗音义》)的支韵字为例说明如下,详情可参阅拙文《陆德明音切中的重纽》(1986)。

支韵重纽 A 类

卑,必弥反	卑,音婢	卑,必尔反	脾,婢支反
脾,方尔反	俾,必尔反	俾,卑尔反	弥,面支反
弭,弥氏反	渳,弥尔反	渳,莫尔反	祇,祁支反
祇,巨支反	頍,缺婢反	闚,苦规反	𡐦,许规反
恚,一瑞反			

支韵重纽 B 类

陂,彼皮反	陂,彼宜反	陂,彼为反	陂,彼寄反
被,皮寄反	被,皮义反	被,皮伪反	罢,音皮
罢,彼皮反	罢,彼宜反	贲,彼义反	贲,彼伪反
靡,亡池反	技,其绮反	奇,纪宜反	奇,居宜反
倚,其绮反	倚,於绮反	崎,起宜反	椅,於宜反
猗,於绮反	猗,於宜反	猗,於寄反	牺,许宜反
牺,许皮反	委,於危反	委,於伪反	委,纡伪反
萎,於危反	倭,於危反	跪,求毁反	佹,九委反
妫,居危反	扔,毁皮反	麾,毁皮反	麾,毁危反
麾,许危反			

陆德明的《经典释文》作于公元 583 年,早于《切韵》问世,陆氏的音切不可能受《切韵》的影响;同时,尽管陆德明当时已经有多种韵书出现,陆氏书中亦抄录了各家的音切,但是陆氏并没有把各种韵书的体系综合在一起,除了他自己的音切外,对于其他各家的读音,他十分忠实地标明了它们的姓氏;最后,陆氏音切的反切用语大多与《切韵》不同,可以排除反切用语曾经后人大量篡改的嫌疑。由此可见,陆德明音切中的重纽应该是客观存在的,应该是毫无疑义的。更为可贵的是,陆德明有些音切还反映了当时重纽 A 类和 B 类之间读音的变动。例如"駉"字,《广韵》於真切,又於巾切,即有真韵 A 类和真韵 B 类两读。《诗经·鲁颂·駉》"駉"字下,《经典释文》注:"旧於巾反,读者并音因。"说明"駉"字本来是真韵 B 类字,但当时学人已读作真韵 A 类。而如果中古音不存在重纽,陆德明这样的注解就非常奇怪了。

七、颜之推《颜氏家训》一书也指出了重纽的区别

《颜氏家训·音辞篇》说:"岐山当音为奇,江南皆呼为神祇之祇。江陵陷没,

此音被于关中。""奇",《广韵》渠羁切,"衹",《广韵》巨支切,它们声母相同而分属支韵 B 类和支韵 A 类,为一对重纽字。这里颜氏既指出两类重纽的不同,又指出"岐"字读音的演变。值得注意的是,在《王韵》和《广韵》中,"岐"均为巨支切,而在《切二》残卷和《王二》中,"岐"又有渠羁切的又读,说明"岐"字早年确读支韵 B 类,后代混入支韵 A 类。而在陆德明《经典释文》卷二至卷七中,"岐"字出现六次,均作其宜反,在玄应《一切经音义》中,"岐"字出现五次,分别作巨宜反和渠宜反,在《篆隶万象名义》中,"岐"字亦作渠宜反,这些音切都属于支韵 B 类,而与颜之推说互为呼应。我们认为这绝不是偶然的巧合,而是重纽客观存在的又一铁证。

八、在日语吴音中存在着重纽

日语吴音是公元 6 世纪至 7 世纪传入日本的中国南方语音,这种语音虽经日语自身语音系统的改造和长期的语音演变,许多地方已经不是当时中国南方语音的原貌,但是它和中古汉语《切韵》系统的对应关系还是十分明显,其中尤其是《切韵》真、仙、侵韵的重纽喉牙音在日语吴音中的对音不同,充分显示了重纽 A、B 两类的区别。例如:

真韵 A 类
    紧   姻   洇   一
    kin   in   in   itɕi

真韵 B 类
    巾   菌   窘   乙
    kon   gon   gen   otsi

仙韵 A 类
    绢   儇
    ken   ken

仙韵 B 类
    卷   眷   权   拳   倦
    kuan   kuan   gon   gon   gon

侵韵 A 类
    愔   揖
    imu   iɸu

侵韵 B 类

音　　　金　　　品　　　今　　　急　　　邑
omu　　komu　homu　komu　koɸu　oɸu

九、高丽译音中存在着重纽

高丽译音是指公元 7 世纪左右传入朝鲜的中国北方语音,高丽译音跟《切韵》系统有着严整的对应关系,其中《切韵》具备重纽的八个韵,有五个韵的高丽译音按照重纽 A、B 类的不同而不同,这五个韵是支、祭、真、仙、盐(参聂鸿音《〈切韵〉重纽三四等字的朝鲜译音》,1984)。由此可知,重纽确实是客观存在的。

十、安南译音中也存在着重纽

安南译音是指我国唐朝时候传入越南的大批汉字读音,这些汉字读音又叫"汉越语"。在安南译音中,重纽 A、B 两类的唇音字具有不同的声母,例如:

	重纽 A 类	重纽 B 类
支韵	卑俾臂脾裨婢避 ti 弥渳 zi	碑彼陂皮被 pi 靡糜 mi
脂韵	比妣庇屁琵批鼻 ti	悲鄙惫秘痞备 pi 眉嵋楣美魅 mi
祭韵	敝蔽弊獘幣 te	
真韵	宾滨槟傧频濒牝 tən 民泯 zən 必泌毕 tət	彬斌贫 pən 岷旻闽敏悯闵虭 mən 笔 put 密宓 mət
仙韵	鞭便 tien 篇偏 tʻien 缅面 zien 瞥 tet 滅 ziet	变辩辨卞汴弁 pien 免勉娩冕 mien 别 piet
宵韵	標飙 tieu 渺眇妙藐 zieu	表裱俵殍 pieu 廟描 mieu
侵韵		禀 pəm 品 fəm
盐韵		贬 piem

上述例字表明，在安南译音中，汉语重纽 B 类字的唇音声母仍然保持其唇音的征性，而汉语重纽 A 类字的唇音声母则变成了舌齿音。当然，这种情况并不是跟汉语无关的纯粹越南语语音现象，也不意味着汉语重纽 A、B 类的对立是声母的不同。这种情况的造成是由于汉语重纽 A、B 类具有不同的韵母，对声母产生了不同的影响，在进入越南语之后，又受到越南语语音系统及其演变的制约，从而使重纽两类字的声母发生了不同的变化（参潘悟云、朱晓农《汉越语和〈切韵〉唇音字》）。也就是说，安南译音中重纽 A、B 类唇音字的对立，实际上是体现了《切韵》时代中古汉语的语音特征。

十一、现代方言汕头话、厦门话等也存在着重纽的对立

在现代汕头话、厦门话和福州话等方言中，至今仍有一些字音反映了中古重纽的区别。例如：

支韵	开口 A 类	开口 B 类			合口 A 类	合口 B 类
	企	寄	骑	蚁	规	诡
汕头	kʻi	ki, kia	ki, kia	ŋi, hia		
厦门	kʻi	ki, kia	ki, kia	gi, hia		
福州					kie	kʻui

真韵	开口 A 类		开口 B 类				合口 A 类	合口 B 类	
	紧	因 一	巾	银	僅	乙	均	菌	窘
汕头	kin	in iət	kuɯn	ŋuɯn	kuɯn	yt	kuɯn	kun	kʻun
厦门	kin	in	kun	gun					
福州	kiŋ	iŋ	kyŋ	ŋyŋ	kœyŋ		kiŋ	kʻuŋ	kʻuŋ

又如上海话中"一"读 Iʔ，"乙"读 iIʔ，也是重纽的对立。这种重纽的对立，应该是源于中古汉语。我们认为中古重纽 A 类具有 j 介音，B 类具有 i 介音，j 是一个舌位较前、开口较小、音色较亮的强介音，i 是一个舌位较后、开口较大、音色较暗的弱介音，到现代方言中，强介音 j 总是吞没原来的主元音或者 u 介音，弱介音 i 则不能吞没原来的主元音或者 u 介音。

第三节 再论重纽的音值

关于重纽 A、B 两类的音值问题,首先我们认为元音不同说是不可取的。邵荣芬先生《切韵研究》指出,人们拟订《切韵》的音值总是从《切韵》每韵只有一个主元音这一总的假定出发,"如果把《切韵》置于同一韵中的重纽两类看作是主要元音的不同,就破坏了这一假定。但是就给《切韵》订音来说,这一假定应该是不容破坏的"。邵先生的这一意见是完全正确的。《切韵》一书的著述目的有二:一是为审音正音服务("切韵"二字就有正确规范语音之意。参王显《〈切韵〉的命名和〈切韵〉的性质》,1961),二是为作文写诗分韵检字服务。《切韵》既然把审音正音作为目的之一,其韵部的分合必然十分精细。《切韵》的一个韵部中可以有一个韵母,也可以有两个、三个乃至四个韵母,这两个或两个以上的韵母之间的区别并不在于主元音,而是在于韵头。尽管韵头(例如 i 或者 u)或多或少会对主元音发生影响,使主元音发生前高或后低的变化,但是在《切韵》作者的音感上,这些主元音仍然属于同一个音,用现代的话来说,就是它们仍然属于同一个音位。一旦韵头使主元音发生的变化,大到足以令《切韵》的作者认为已经属于两个不同的音,那么作者就必然把它们分裂为两个韵部。这也就是《切韵》支、脂、微等之所以不分韵,痕、魂、咍、灰之所以分韵的原因。由此可知,重纽 A、B 两类既然被置于同一个韵部之中,其主元音就必然相同,那么元音不同说也就不可取了。董同龢因为重纽 A、B 两类往往来源于上古不同的韵部,例如支韵重纽 A 类来自上古支部,B 类来自上古歌部,因此替重纽两类构拟了不同的主元音。其实,从上古到中古,重纽 A、B 两类是逐渐合而为一的,这种逐渐合并的过程,也就是重纽 A、B 两类主元音逐渐接近,乃至最后完全相同的过程。例如在《说文解字》的读若中,歌部支韵字和支部支韵字大多已经合流:

    鬲(支部)读若妫(歌部)

    孈(支部)读若䧟(歌部)

    摩(歌部)读若湄(支部)水

但也有极少数尚未合流:

    被(歌部)或读若水波之波(歌部)

前三例正是支韵重纽 A、B 两类,许慎用作读若,它们的主元音应该相同,末例"皱"字亦重纽 B 类字,但尚未与 A 类字音近。周法高认为,介音不同说"在方言中也没有什么有利的根据,对于上古音的拟构,也要多添一套介音"(《广韵重纽的研究》)。其实,元音不同说可以解释福州、汕头、厦门等地的方言现象,介音不同说同样可以解释这些方言现象。至于上古音的构拟,既然重纽两类分别来自不同的上古韵部(参董同龢《上古音韵表稿》,1948),那么也就没有必要"多添一套介音"。

其次,我们认为陆志韦、王静如早年关于重纽既是介音不同,又是声母不同的主张是有缺陷的。陆、王两先生根据谐声字、汉外对音和现代方言等证据,认为《切韵》重纽具有 p^w 和 p、k^w 和 k 的区别,同时又根据 p^w 和 p、k^w 和 k 构拟了介音 I 和 i。其实,既然有了 p^w 和 p、k^w 和 k,就没有必要再来一个 I 和 i,既然构拟了 I 和 i,就没有必要再来一个 p^w 和 p、k^w 和 k,从音位学的角度看,其中之一是多余的。而根据现代音韵学的观点,唇音字不分开合(参第七章),那么 p^w 和 p 的区别就不可能存在,因此陆、王之说显然以保留介音的不同为善。

李新魁先生认为重纽 A、B 两类是唇化声母与非唇化声母的不同,其根据主要是重纽 B 类字"几乎百分之百地用喉、牙、唇音字为下切字,而 A 类字则多数用舌、齿音字"(《重纽研究》)。李先生的这一设想自然很好,在重纽研究史上独创一格,不过我们要问,在汉语音韵学史上,有没有以喉牙唇音字为反切下字来反映声母的唇化与非唇化的先例? 比如"单 tan:端 tuan","端"字的声母由于 u 介音的同化必然是唇化的 t^w,在宋跋本《刊谬补缺切韵》中,"端,多官反",确实是用喉牙音字做反切下字,可是"湍"tuan 呢? 却是"他端反",用舌音字做反切下字了。同理,"干 kan:官 kuan","官"字的声母为 k^w,同书"官,古丸反",确实是用喉牙音字做反切下字,可是"贯"kuan 呢? 却是"古段反",又用舌音字做反切下字了。可见韵书的作者并不理会喉牙唇音与舌齿音的区别,他只是根据 u 介音的有无来挑选开合口的反切下字。《切韵》只有 i 介音的和谐现象(即根据被切字韵母是否包含 i 介音而挑选不同的反切上字),而没有 u 介音的和谐现象(即根据被切字韵母是否包含 u 介音而挑选不同的反切上字),看来《切韵》的作者根本不知道世间还有 p^w 与 p、k^w 与 k 的区别[①],那么替重纽构拟 p^w 与 p、k^w 与 k,岂不是强古人所难吗? 此外,说重纽 B 类字都用喉牙唇音字为反切下字,重纽 A 类字都

---

① 在魏晋六朝乃至《切韵》时代,只有元廷坚的《韵英》才知道这一区别,不过他是用反切上字来反映这一区别的。参赵元任《中古汉语的语音区别》。

用舌齿音字为反切下字,其实也不尽然。原本《玉篇》残卷重纽B类有106个反切,以喉牙唇音字为反切下字的有80个,占75%,重纽A类有43个反切,以喉牙唇音字为反切下字的有13个,占30%;王仁昫《刊谬补缺切韵》(宋跋本)重纽B类有204个反切,以喉牙唇音字为反切下字的有155个,占76%,重纽A类有122个反切,以喉牙唇音字为反切下字的有56个,占46%(参欧阳国泰《原本〈玉篇〉的重纽》,1987)。在我们看来,重纽B类之所以多用喉牙唇音字为反切下字,就在于它所处的韵中是自成一类,只能多以喉牙唇音字自身为反切下字,而重纽A类则与同韵的舌齿音合为一类,则自然除本身之外,还可用舌齿音字作为自己的反切下字。

当然,重纽B类毕竟和重纽A类同在三等韵中,它们之间音值毕竟很是相似,因此重纽B类也不免会把舌齿字误作自己的反切下字的,特别是当重纽A、B两类的界限逐渐泯灭的时候,这种情况会更多一些。不过,据观察,重纽B类大致上只跟舌齿字中的照二系(即庄组)、知系发生关系而跟其他舌齿字则比较疏远(参陆志韦《古音说略》,1947)。这种现象的发生实在是具有深刻的原因的。众所周知,照二系和知系在上古的形式是:*tsr-和*tr-,其中介音r到中古《切韵》时代并未遗失,而是经过了如下的演变过程(参许宝华、潘悟云《释二等》,1984):

$$*r > \gamma > \dot{\imath} > i$$

在《切韵》时代,介音r正好演变成ɨ,而此音正与重纽B类的介音ɨ相近,那么重纽B类把照二系和知系字作为自己的反切下字不是十分自然的吗?

这样看来,重纽A、B两类的区别,实在还是以介音不同说为妥,其音值应该是j和ɨ。

俞敏先生根据唐释慧琳《一切经音义》用汉语"乙"字对译梵文的r,推论慧琳读"乙"为ʔrid,读"一"为ʔyid,也就是说,重纽B类有r介音,重纽A类有j介音(《上古音学术讨论会上的发言》,1983,《等韵溯源》,1984)。郑张尚芳更进一步指出,重纽B类在亲属语言中的同源词也多有流音r,如武鸣壮语"阴"ram,藏文"禁"(法禁)khrims,"泣"khrab(《上古音构拟小议》,1983,《上古韵母系统和四等、介音、声调的发源问题》,1987)。我们认为唐代梵文的r和亲属语言的r并不是同一个历史层次上的东西。亲属语言的r应当是汉语重纽B类字的上古读音的反映;唐代梵文的r可能读如现代英语的r,是闪音,那么慧琳读"乙"为ʔrid,其r音还是近于ɨ。这样,重纽B类的音值才比较妥当和可信。

第七章

中古汉语的唇音字问题

第一节 钱大昕的功绩及其缺陷

中古汉语的唇音字问题主要是轻、重唇音的分化问题。关于这个问题,自从清代著名学者钱大昕提出"古无轻唇音"一说以来,汉语音韵学界绝大多数人是信奉其说的。但是由于钱氏只是证明轻、重两类唇音上古合为一类,而没有证明上古唇音声母究竟读如重唇还是读如轻唇,换言之,钱氏只是论证了音类,而没有论证音值,因此问题并没有彻底解决,长期以来仍有不少学者怀疑此说,批评此说。比如符定一的《联绵字典》就曾针锋相对地提出"古有轻唇音",近年来王健庵、敖小平二位学者又相继强调"古无轻唇音之说不可信",而提倡"古无重唇音"之说(参王健庵《"古无轻唇音"之说不可信》,1983,敖小平《"古无轻唇音不可信"补证》,1984)。由此可见,汉语轻、重唇音的分化问题仍然值得仔细探讨。

在清代学者的上古音研究中,钱大昕是独树一帜的。当许多人都致力于上古韵母研究的时候,唯独钱氏致力于上古声母,提出了著名的"古无轻唇音"、"古无舌头舌上之分"和"古人多舌音"的观点,这些观点基本上为音韵学界所接受。在证明"古无轻唇音"时,钱氏提出了大量的证据,概括起来有以下七个方面:

一、古书异文,如《诗经》"凡民有丧,匍匐救之",《礼记》引作"凡民有丧,扶服救之"。

二、汉魏反切,如晋《字林》:"邶,方代反。"

三、直音和读若,如《周礼》"设莞筵纷纯",郑众云:"纷读为豳。"《说文》:"膴读若膜。"

四、声训,如《释名》:"负,背也,置项背也。"

五、异读，如《广韵》阳韵"亡、芒、望"等十一字为轻唇音"武方切"，其中"芒"等五个字在唐韵有重唇音异读"莫郎切"。

六、重文，如《说文》"朋"、"鹏"为古文"凤"字。

七、方言，如"今吴人呼'蚊'如'门'"。

钱氏提出这七个方面的证据约有一百多条，数量是惊人的，但是，这只能说明轻唇音、重唇音这两个音类在上古有相似性。而确定中古两个音类在上古是否合一，仅仅指明相似是不够的，还必须从音位系统考虑，看这两个音类是否互补；同时，如果确定为同一音类，还须指明后代分化为两个音类的条件。正如陆志韦先生在《古音说略》中所说："古时实在没有轻唇，端知实在同声，然而不能单用经籍异文来证明，不管所举的例子有多少。"

当我们研究古代声韵系统时，音位学原理是不能不遵循的。宋跋本《刊谬补缺切韵》中的俟母，虽然属下只有两个小韵六七个字，而且《广韵》"俟"可以跟崇母系联在一起，但是李荣先生的《切韵音系》根据"俟"小韵跟"士"小韵的对立，还是把俟母作为一个独立的声母。相反的例子是《韵英》，此书不仅不同等第的字有不同的反切上字，而且开合口也使用不同的反切上字，因此《切韵》一个见母在这里就有八套反切上字。但是赵元任先生从音位学观点出发，认为这八套反切上字无疑是为了切得和谐些才区别使用的，它们完全互补，因而仍然把它们归于同一个声母（参赵元任《中古汉语的语音区别》，1941）。钱氏所提出的证据，证明了中古轻、重两类唇音在上古是极为相似的，它们可能是同一音位的两个变体，但这两个变体是否互补却并没有证明。此外，如果轻、重唇音上古同属一个音位，那么这个音位的音值如何，钱氏也没有证明。当然，钱大昕的发明是伟大的，由于他的发明，后人才得以如此迅速地步入上古声母的研究领域；但由于时代的局限，钱大昕的论证还是有重大的缺陷的。

第二节 轻、重唇音在上古的音类和音值

那么轻、重两类唇音在上古音位系统中是否相似，是否互补呢？其实，直到《切韵》系统，轻、重两类唇音音值仍然相似，出现环境仍然互补。《切韵》轻、重唇音大量互切，说明它们的音值是相似的；《切韵》轻唇音只出现在三等韵，重唇音只出现在前者范围以外的一、二、三、四等韵母中。谁也不能找到，在同一韵母之前会同时出现帮和非、滂和敷、并和奉、明和微的情况，这说明它们的出现环境是

互补的。既然如此,《切韵》的唇音声母就只能是一类;而既然《切韵》如此,那么上古的唇音声母当然也不分轻、重,因为两类声母上古分立,《切韵》合并,后代再分立,其间界限又始终分明,这是不可能的。

有人说:根据陈澧提出的"凡切语上字同用、互用、递用的,必属同一声类"的原则,可以把《广韵》的唇音切语上字归成方、芳、符、武、博、普、薄、莫八类,前四类和后四类之间并没有同用、互用、递用的例子,既然如此,只能认为它们在《切韵》音系中分属八个不同的声类(参敖小平前引文)。在古音研究中,我们的确需要大量采用陈澧的反切系联法,但是须知这种方法是有局限性的。陈氏自己在《切韵考》中曾说:"切语上字既系联为同类矣,然有实同类而不能系联者,以其切语上字两两互用故也。"为此,陈氏提出了"又音"的补救方法,他说:

> 如"多、得、都、当"四字,声本同类,"多",得何切,"得",多则切,"都",当孤切,"当",都郎切;"多"与"得"、"都"与"当",两两互用,遂不能四字系联矣。今考《广韵》一字两音者,互注切语,其同一音之两切语,上二字声必同类。如一东"涷",德红切,又都贡切,一送"涷",多贡切;都贡、多贡同一音,则"都"、"多"二字实同一类也。

但这样仍然是不彻底的,因为同一声类如果没有又音,还是可能系联不上的。同时,所谓"又音",既可能是同音异切,即读音相同,而反切用语不同,也可能是同字异读,即同一个字具有两种以上的读音,怎么能一概视为同类呢?这里唯一彻底的方法应该是音位学。李荣先生指出:"碰到这种情形(指同类而不能系联——引者),我们就看被切字出现的机会是互补的,还是有对立。"(《切韵音系》,1956)这种方法的例子已见上文。既然某些学者根本没有注意到音位学,他们的思想方法至今停留在一百四十多年前的陈澧时代,那么他们认为《切韵》有八类唇音声母的观点也就完全落空了。顺便说一下,陈澧系联《广韵》反切上字,并未能将明、微两母分开,因此《广韵》唇音字反切上字的系联结果并不是八类。

又有人提出,既然《切韵》不分轻、重唇音,那么为什么只见轻唇字切重唇字,而不见重唇字切轻唇字呢?这确实是亟待解释的。《切韵》有大量轻唇字切重唇字,如"卑",府移切,"鄙",方美切,"瞒",武安切,但重唇切轻唇的却总共只有十几个字,如"滥"小韵,匹问切(《广韵》同,《集韵》芳问切),"怖"小韵,匹伐切(《广韵》拂伐切,《集韵》弗伐切),这是否说明《切韵》时代轻重唇音已经分化?或者说明上古只有轻唇音,重唇音是后代逐渐产生的呢?我们认为不能。

第一,《切韵》唇音字的反切上字确有分组的趋势,一、二、四等为一组,三等为一组,但这种分组不是轻、重唇音的分组。陈澧《切韵考》早就说过:三十六字母的"帮、滂、并、非、敷、奉六类,亦与《广韵》切语上字分合不同"。这种情况用图表说明,就是:

《广韵》唇音反切上字	出 现 环 境	宋人三十六字母
博类、普类、蒲类、莫类	一、二、四等韵	
方类、芳类、符类、武类	除下栏以外的三等韵,以及尤、东₃韵的明母字	帮、滂、并、明
	东₃、锺、微、虞、废、文、元、阳、尤、凡十个三等韵(不包括尤、东₃韵的明母字)	非、敷、奉、微

如果《切韵》唇音反切上字已经按轻、重唇音分化,那么"方、芳、符、武"就不应再做不发生轻唇化的韵的反切上字。事实上,在宋跋本《刊谬补缺切韵》中,非轻唇化的支、脂、祭、真、仙、宵、侵、盐、庚₃、清、蒸、幽等 12 个韵 145 个重唇音小韵,用轻唇字做反切上字的有 68 个,用重唇字做反切上字的有 77 个,这是不能用轻、重唇音已经分化的说法解释的(参潘悟云《中古汉语轻唇化年代考》,1983)。

第二,《切韵》轻唇字切重唇字的现象基本上集中在上述 12 个韵之中,而这些韵中也存在同样多的重唇反切上字,这些韵除幽韵外全是三等韵,而许多音韵学家都证明幽韵也是三等韵(参董同龢《上古音韵表稿》,1945),因此实际上不应说"为什么只见轻唇字切重唇字",而应该说,在《切韵》非轻唇化的三等韵中,重唇字和轻唇字都可以做反切上字,其原因就在于它们都是三等字。

第三,仅仅根据轻、重唇音字互为异文或互为反切上字,确实既可以说古无轻唇音,也可以说古无重唇音。钱大昕的论断确有武断之嫌。不过,如果考虑到汉语方言的分化和发展史,特别是吴方言、闽方言的历史,例如历史学和语言学都认为闽方言直接继承了上古汉语的许多特点,它不是完全从《切韵》系统演变而来的,那就只能得出古无轻唇音的结论。否则就必须解释,为什么吴方言保留重唇字比北方方言多得多? 为什么吴方言文读是轻唇音,白读则往往是重唇音?为什么闽方言白读轻、重唇音不分? 同时,如果说重唇音是后代产生的,还必须解释轻唇变重唇的条件,这也是难以办到的。有人说:"声母由弱化而简化是汉语语音的声类发展总趋势,闽方言也不例外,而且表现得更突出","闽方言轻重唇不分,是按汉语语音一般发展规律演进而弱化简化的结果,并不是什么存古"(王健庵《"古无轻唇音"之说不可信》,1983)。照此推理,闽方言是走在汉语语音发展的最前列了,其次是吴方言,最落后的是北京音,而现今推广以北京音为标准音的普通话,则是与汉语语音发展方向背道而驰的了。同时,人们还要问,除轻、重唇音不分外,闽方言又有端、知不分的特点,这是否也是"按汉语语音一般发展规律演进而弱化简化的结果"?

第四,我们同意"古无轻唇音",反对"古无重唇音",还有一个证据,那就是梵汉对音,这个证据同时也解决了《切韵》乃至上古唇音声母的音值问题。在汉魏陈隋时代的佛经译音中,不但重唇字用来对译梵文的双唇音,如:

paramita	波罗密多("波",帮母字)
pahlava	朴桃("朴",滂母字)
abhipada	阿鼻婆陀("鼻、婆",並母字)
dharma	达摩("摩",明母字)

而且,轻唇字也用来对译梵文的双唇音,如:

purna	富啰拏("富",非母字)
pundarika	芬陀利迦("芬",敷母字)
yambu	阎浮("浮",奉母字)
namah	南无("无",微母字)

有人说,梵文没有轻唇音,所以不能证明汉语的轻、重唇音的问题。梵文的 v 究竟读作双唇塞音还是摩擦音,学者们还有争论,我们姑且不谈,但是如果当时汉语轻、重唇音已经分化,那么译音者为什么舍"补、布、部、步、模、奔"等重唇字不用,而用"富、浮、无、芬"等轻唇字来对译 pu、bu、ma、pun 呢?又有人说,"南"在"南无"中读"那",但不能说"南"古音"那",同理,也不能说"无"古音读 m。我们不知道这是一种什么推理。"南无"namah 又译作"那谟",na 受 m 的同化,就译成"南",这是译音者不同的听音结果,跟"无"读 m 有何相干呢?

总而言之,我们认为从上古直到《切韵》时代,轻唇音作为一个音类始终没有产生出来。同时我们也确认,从上古直到《切韵》时代,唇音字的音值应当是 p、p'、b、m,也就是后代所说的帮、滂、並、明。

第三节 轻、重唇音的分化时代和条件

上古既然只有重唇音没有轻唇音,人们自然会关心:汉语轻、重唇音是何时分化的?分化的条件是什么?分化的过程又如何?

自从唐末沙门守温的韵学残卷在敦煌被发现以后,人们根据其中所录三十字母只有一组唇音声母的事实,推定汉语轻、重唇音的分化在唐末尚未发生,有人甚至认为轻、重唇音的分化发生在12世纪。但是早在11世纪中叶邵雍《皇极经世天声地音图》中,轻唇字"夫、父、武、文"已经列在开列(一等),"法、凡、晚、万"已经列在发列(二等),说明当时轻唇字声母后的i介音已经消失,成为洪音字,跟轻唇字的现代形式相似了,因此可以确认当时轻、重唇音的分化已经完成。几乎跟邵雍同时,《集韵》(1039)则把《广韵》大部分轻、重唇混切的反切加以改正,其《韵例》云:"旧以武代某,以亡代茫,谓之类隔,今皆用本字。"此前三十二年,《广韵》的修订者虽然不愿过多改变《切韵》原貌,但鉴于实际语音的变化,还是在前四卷之末加注了"新添类隔今更音和切",这其中就改正了许多轻、重唇混切的例子。这一切都表明在当时实际语音中,轻、重唇音已经是两类音值不同、音位对立的声母了。事实上,更早的慧琳《一切经音义》(810)的反切中,轻、重唇音也已经截然不混(参黄淬伯《慧琳一切经音义反切考》,1930)。此书景审序云:"古来音反,多以旁纽而为双声,始自服虔,元无定旨。吴音与秦音莫辨,清韵与浊韵难明;至于武与绵为双声,企以智为叠韵,若斯之类,概所不取。近有元廷坚《韵英》及张戬《考声切韵》,今之所音,取则于此。"上文已经提及《韵英》反切的特点,慧琳为了区分轻唇音"武"和重唇音"绵"等,取则于《韵英》自然是十分妥当的。由此可知,汉语轻、重唇音分化的完成,当早在8世纪末9世纪初。而守温韵学残卷只有一组唇音声母,我们认为这可能带有存古的性质,或者是当时南梁方音的反映(参张世禄《国语上轻唇音的演化》,1936)。

至于轻、重唇音分化的开始时间,我们认为可能始于7世纪中叶。因为玄应《一切经音义》唇音字反切的系联表明,当时轻、重唇音已有分化的趋势(参周法高《玄应反切考》,1948)。在《大唐西域记》中,玄奘对于某些旧译的改动也表明这种分化已经开始(参施向东《玄奘译著中的梵汉对音和唐初中原方音》,1983)。例如:

ajitavati 阿恃多伐底河(旧曰阿利罗跋提河,讹也)

jivaka	时缚迦（旧曰耆婆,讹也）
vaksu	缚刍河（旧曰博叉河,讹也）
vasubandhu	伐苏畔度（旧曰婆薮盘豆,讹也）

在玄奘音中,"伐、跋"主元音均为 a,但译者宁可用具有 i 介音的三等字"伐",而不用无 i 介音的一等字"跋"来对译 va,可见其用意在于指明 v 是摩擦音。而我们今天看来,则正好表明"伐"字已由双唇塞音向唇齿擦音发展了。其他"缚、婆","缚、博","伐、婆"关系同此。

　　轻、重唇音分化的条件是什么？高本汉以来的音韵学家大多主张条件是三等合口。但此说成立有三个困难。第一,《切韵》同一个唇音字既可做开口字的反切下字,又可做合口字的反切下字,如"杀",所八切,"滑",户八切,唇音字"八"同时做开口字"杀"和合口字"滑"的反切下字。因此,赵元任在前引文中从音位学的角度提出唇音字不分开合的观点,这样一来,所谓"三等合口"的条件就成跛脚[①]。第二,即使承认唇音字有开合,也还有困难。因为在宋人韵图中有好几个韵是独韵,既非开口,亦非合口,此中就包括东$_三$韵、尤韵、虞韵等,既然是独韵,不存在 u 介音,又怎能说"合口三等"呢？有人说,重唇变轻唇的条件是合口三等,而后代变轻唇的字就是合口三等字。这样互为因果,实有循环论证的嫌疑。第三,重唇合口三等变为轻唇的发音原理是什么？王力先生说:"这是因为韵头 iu（＝y）是圆唇元音,它往往使牙床骨向前伸,以致上齿接触下唇,所以前面的双唇音变为唇齿音（轻唇）。"（《汉语语音史上的条件音变》,1983）可是,人的牙床骨向前伸,只能造成下齿接触上唇的结果,这可是怎样的一种唇齿音啊！汉语的轻唇音绝非如此。若要上齿接触下唇,牙床骨只能往后退,而不是向前伸,可见"合口三等"并不能解释轻唇音产生的发音原理。

　　鉴于以上种种,音韵学家们开始另寻轻唇音产生的条件。赵元任《中古汉语的语音区别》设想:"如果一个唇音字有一个高 i,后接一个央元音或后元音,它总是伴随着牙床位置的后移,于是就有下唇接触上齿的趋向,这就产生了唇齿音。"这一设想极具巧思,它符合重唇变轻唇的东$_三$、锺、微、虞、废、文、元、阳、尤、凡十

[①] 关于唇音字既可做开口字的反切下字,又可做合口字的反切下字,高本汉也注意到了这一点。他的《中国音韵学研究》设想这是因为中古唇音声母带有撮唇色彩。p^{w}a 跟 p^{w}ua 听起来差不多。但是这种设想实在近于狡辩。我们认为,既然开口唇音字跟合口唇音字听起来差不多,那就正好说明唇音字不分开合口,他的 w 完全是多余的。参第二章第二节。

个韵的情况①,但是还有三个障碍,即在高氏的构拟中,侵、蒸、庚三韵的音值也是 i 介音加央后元音,后代却没有变成轻唇音。

其实这三个障碍都可以克服。赵元任说:"在侵韵 iəm 和蒸韵 iəŋ 中,元音 ə 与上古音的研究结果很相符,但是就它们的中古音韵地位或跟现代方言的关系来说,把它们拟作 iem 和 ieŋ 亦无大碍。"(《中古汉语的语音区别》)实际上,在隋代诗文押韵中,臻摄痕、魂两韵跟殷、文两韵通押较多,而臻、真、谆三韵跟以上四韵通押极少(参李荣《隋韵谱》),因此,如果痕、魂、殷、文四韵的主元音为 ə,那么真韵就不当为 ə,音韵学家大多把真韵主元音拟作 e。侵韵跟真韵在现代方言中是完全平行(仅韵尾不同)或完全相同的韵,在隋代诗文中侵韵独用,但南北朝时侵、真通押却不少,因此侵、真两韵的主元音必定相近(参王力《南北朝诗人用韵考》)。既然如此,侵韵的主元音就应是 e。又,从南北朝一直到隋代的诗文押韵,蒸韵与登韵虽然同摄,但没有通押的例,故蒸、登的主元音不应相同。在周隋时代的梵汉译音中,真、侵、蒸大都对译梵文 i,如真韵字"民"对译 min,侵韵字"金"对译 kim,蒸韵字"兴"对译 hing,而登韵字"登"对译 tang(参尉迟治平《周隋长安方音初探》,1982)。因此,蒸与侵、真主元音相近,同样为 e。此外,高本汉把庚韵的主元音拟作 ɐ,这样庚韵当与唐韵(主元音 ɑ)接近,但是从南北朝到隋代的诗文押韵,庚都跟耕、清、青通押,跟清韵关系尤为密切,因此庚韵应该有前元音,我们拟作 a。

越过上述三个障碍之后,我们现在可以确认,汉语重唇音演变为轻唇音的条件就是 i 介音后接央后元音。

那么,为什么当重唇音 p、pʻ、b、m 后接 i 介音和央后元音时,就会变成轻唇音 f、v、m̩ 呢? 此中的音理是什么呢? 我们知道,当发音器官在发出前一音素时,已经作好发后一音素的准备,于是前一音素的发音往往会受到后一音素的影响而发生音变。当我们发 pi 音时,i 的舌位又高又前,紧接着是央后元音,舌位要迅速变得低而后,于是带动牙床骨迅速后退,结果使得上齿接触到下唇,p 变成了 f(参潘悟云《中古汉语的轻唇化问题》,1982)。当然,这里所说的音理仅仅造成音变的可能。一个音变是否成功,最终取决于使用该语言的社会,吴方言、闽方言至今犹存大量重唇音,就是这一缘故。

---

① 高氏的系统中微、阳两韵主元音为前元音 e 和 a,但微韵从上古微部(主元音 ə)来,现代闽语常读 ui,因此可改拟为 ə,阳韵从上古阳部(主元音 a)来,现代方言中大都读为央后元音,因此也可改拟为 ɐ。这样微、阳两韵的主元音也是央后元音了。

这里还要补充说明的是，正当东₃、锺、微、虞、废、文、元、阳、尤、凡十个韵按照 i 介音加央后元音的条件由重唇音变为轻唇音的时候，东₃韵和尤韵的明母却没有循规蹈矩变为微母，它们仍然保持原状。对于这一例外，周法高的解释是，在《玄应一切经音义》中尤韵明母字往往用侯韵字做反切下字，如"谋，莫侯反"、"矛，莫侯反"，所以《广韵》的尤韵明母字可能应是侯韵字，乃写者误入尤韵；而在《玄应一切经音义》和《慧琳一切经音义》中，东₃韵的明母字又往往有一等的又读，如"梦，莫贡反，蒙洞反"、"目，莫鹿反，莫六反"，"贡、洞、鹿"一等字，"六"三等字，可见东₃韵的明母字已经逐渐变为一等，当然不会再变成轻唇音了（《古音中的三等韵兼论古音的写法》）。陆志韦的解释是，东₃和尤韵的主元音都是 u，声母 m 跟 u 同化，把其中的 i 介音给吞没了，以后当然不能再变成轻唇音（《古音说略》）。潘悟云的解释是，明母后面的主元音 u 比起其他唇音声母后面的 u 来更为靠后，这种更为靠后的 u 跟前高的 i 更为不相容，由此造成 i 介音的失落，也就不能变成轻唇音了（《中古汉语的轻唇化问题》，1982）[①]。

第四节 轻、重唇音分化的过程

语言学原理告诉我们，一个音变并不是一朝一夕所能完成的，为了保证人们交际活动的正常进行，它只能采取渐变的方式，而不是突变的方式，因此重唇音并非一下子变成轻唇音的。

上文已经指出，《切韵》时代不分轻、重唇音，到 7 世纪中叶，轻、重唇音开始分化。这里所谓的《切韵》时代，依陆法言"昔开皇初"云云，当是公元 6 世纪末。《切韵》音系的框架是当时决定的。到 8 世纪末 9 世纪初，轻、重唇音的分化已经完成，而且非、敷两母也开始混同（参黄淬伯《慧琳一切经音义反切考》）。不过在邵雍《皇极经世天声地音图》时，奉母 v 尚未并入非、敷 f，因为在"四音"中，水行是非母字，火行是奉母字，水行与火行清浊对立，可见奉母仍然是 v：

	清	水	夫 法	□	飞
四音					
	浊	火	父 凡	□	吠

[①] 关于这个问题，邵荣芬《〈切韵〉尤韵和东三等唇音声母字的演变》（载香港大学《东方文化》（*Journal of Oriental Studies*），1991 年第 1 期；又载《邵荣芬音韵学论集》（首都师范大学出版社，1997 年））一文也有很好的论证。

而从1269年元世祖颁布的八思巴字中,可以看出汉语的非、敷、奉已经合为一类(参龙果夫《八思巴字和古官话》,1930),周德清的《中原音韵》(1324)也证实了这一点。

至于明母,演变为轻唇音的时间是比较迟的,在颜师古的《汉书》注中,帮、滂、并和非、敷、奉已经分化,但明和微相混。到8世纪末9世纪初,明母开始演变为微母ɱ,例如"无"由ma变为ɱio,因此晚唐时期一些诗人开始用"么"、"磨"来代替疑问语气词"无"。到《中原音韵》和《韵略易通》"早梅诗"(1442)时,微母又变为v,据陆志韦《记五方元音》(1947)所论,这个v要到17世纪才变为元音u。

这样,我们可以把重唇音演变为轻唇音的过程排列如下:

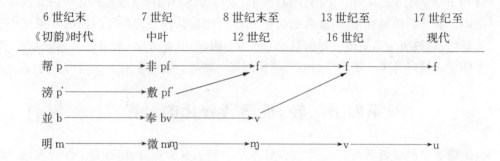

有人认为,从重唇音变为轻唇音的过程中,pf、pfʻ、ɱ的阶段是主观猜想,"因为域外译音和国内的方音中都找不到这样的例证"(史存直《汉语语音史纲要》,1981)。我们幸而知道西安和兰州都是有pf、pfʻ这样的发音,而上海话的"勿"实际上是ɱəʔ,所以世上有这样的音是无疑的。其次,在张参《五经文字》(776)中,轻、重唇音已经分化,而且非、敷基本不混(参邵荣芬《〈五经文字〉的直音和反切》,1964)。《五经文字》以当时的长安方音为取音准则,既然非、敷不混,就说明当时长安话非、敷有别,如果把非、敷拟为f、fʻ,在实际语音中恐怕难以区分。因此,我们认为非、敷在开始时仍以pf、pfʻ为妥。

最后,主张不是由重唇变轻唇,而是由轻唇变重唇的学者还有两个证据,我们在此一并加以分析。

有的先生曾经举《经典释文》的例子证明轻唇音发展为重唇音。他说:"陆氏在《书·禹贡》'蟓'字下已注'蒲边反',又云'徐,扶坚反';《诗·召南》'摽'字下已注'婢小反',又云'徐,扶小反'。如果当时轻重唇不分,这些切语就变成重纽性的同音异切。这是轻重唇音异音异切的明证。唇音重纽的出现,事实上就是由所谓类隔、由原来轻唇音改为音和的重唇音而引起的。"(参王健庵《"古无轻唇音"之说不可信》）首先，唇音字的类隔改为音和，只跟声母有关，如《广韵》"频"符真切，上平声卷末改为步真切；而重纽字却是同声母、不同韵母的字，如《广韵》"频"符真切，重纽"贫"符巾切，因此类隔改为音和跟重纽完全是风马牛不相及的两回事。即使我们承认重纽是声母的区别，如同李新魁先生认为重纽是唇化声母和非唇化声母的不同，也必须注意到，重纽所有的韵，不管是 A 类还是 B 类，没有任何一个是变成轻唇音的。既然如此，说重纽是"轻重唇音异音异切的明证"，岂非梦呓?! 如果说唇音的重纽 A、B 两类是轻、重唇音的区别，那么喉牙音的重纽 A、B 两类又是什么区别呢？其次，《经典释文》一字注有数音是否全都是"异音异切"？陆德明在其条例中说："其音堪互用，义可并行，或字有多音，众家别读，苟有所取，靡不毕书，各题氏姓，以相甄识。"陆氏说"音堪互用"，可见他的取音也有同音异切者，并非全属"众家别读"。举例来说，《经典释文》卷二："苊，履二反，又律秘反。"卷十一："涖，音利，徐力二反。"又："涖，徐音利，沈力二反。"这里所有的注音全是同音异切，陆氏不过"示传闻见"而已，怎么能看成异音异切呢？陆德明和徐仙民各自的语音系统中，轻、重唇音是否分化，不少学者已有专论（如蒋希文先生有《徐邈反切声类》，1984），怎么可以不顾他们的语音系统，仅仅凭个别反切上字的表面现象随便立论呢？

又有先生认为轻唇音变为重唇音的过程是方言混杂的结果，"许多开口三、四等字在《切韵》时代某方言中的发音同现代越南语相似，就是如同韵书的记载一样，读成 fi、fin、fiŋ、fiau、fian 一类的音。后来，由于受其他方言的影响，或者由于韵母或韵头 i 对声母的异化作用，这些字的声母才渐渐由 f 演化为 p 或 p'"（参敖小平《"古无轻唇音不可信"补证》）。我们认为这种看法不足取。在域外译音中，跟汉语有相似轻、重唇音区别的是汉越语，而汉越语轻、重唇音的分化跟汉语并无矛盾。的确，汉语确实有一部分重唇字在汉越语中也读作轻唇音，如"披"fi、"丕"fi、"翩"fien、"品"fam 等等，但这种情况基本上只限于滂母字。据马伯乐《安南语音史研究》，越南语的 p' 在 12 世纪以前已经跟轻唇音 f 合流，因此汉越语的滂母除一部分舌齿化变成 s、t、t' 以外，其余都变成 f，这是合于越南语语音发展规律的，并非汉语的现象。撇开这一点之后，我们可以说，汉越语中重唇字变轻唇字的范围跟汉语是完全相同的，即限于东三、锺、微、虞、废、文、元、阳、尤、凡十个三等韵（参潘悟云、朱晓农《汉越语和〈切韵〉唇音字》，1982）。汉越语的发生是在公元 10 世纪左右，当时汉语唇音已经分化，因此汉越语中唇音字的现象当主要源于汉语。同时，汉越语再一次证明，汉语轻、重唇音的分化具有严整的规律，根本不是什么方言混杂的结果。

第八章 上古汉语的复辅音声母

第一节 上古汉语有复辅音声母

上古汉语有复辅音声母,对于这一点,现在许多人都相信了。不过,也有一些音韵学家不信此道。例如1957年王力先生在《汉语史稿》(上册)的一条脚注中批评瑞典汉学家高本汉说:"最后,他在上古声母系统中拟测出一系列的复辅音,那也是根据谐声来揣测的。例如'各'声有'路',他就猜想上古有复辅音kl-和gl-。由此类推,他拟定了xm-、xl-、fl-、sl-、sn-等。他不知道谐声偏旁在声母方面变化多端,这样去发现,复辅音就太多了。例如'枢'从'区'声,他并没有把'枢'拟成kł-,大约他也感觉到全面照顾的困难了。"王力先生不相信复辅音声母说,因此他的《汉语史稿》只列有三十二个上古单辅音声母。直到1985年他的《汉语语音史》,除了增加了一个单辅音声母外,仍然坚持不承认上古汉语有复辅音声母。这样做的一个直接的后果,就是在他的《同源字典》(1982)中,许多明显的同源词不被判为同源,例如"老:考"(《说文》:"老,考也。"又:"考,老也。"藏文"老"rgas<*gras,安顺苗语kalu,Savina神父所记东京苗语Cro[①])、"址:基"(《说文》:"止,下基也。"又:"阯,基也。址,阯或从土。"参梅祖麟《跟见系字谐声的照₃系字》,1983)、"贪:婪"(《说文》:"婪,贪也。"又:"惏,河内之北谓贪曰惏。"段玉裁注:"惏与女部婪音义同。"参拙文《同源词研究和同源词典》,1988)等,因而上古汉语的同源词被表现得支离破碎,一盘散沙,不能形成若干个同源字族。同时,在被判为同源的词语中,又有许多不合音理的"邻纽",例如"命:令"(来明邻纽)、"处:所"(穿山邻纽,"穿"为章系声母,"山"为庄系声母,上古甚远)、"菑:灾"(庄精邻纽,王

---

① 转引自闻宥《孙海波〈古文声系〉序》。

氏系统中照系为 tɕ、庄系为 tʃ、精系为 ts)。即使如此,在极少数同源词上,他仍然不得不承认某些复辅音声母,例如"墨:黑",他说:"'黑'的古音可能是 mxək,故与'墨'mək 同源。"看来,王先生大约也"感觉到全面照顾的困难了"。

我们认为,根据目前的研究,上古汉语确实存在着复辅音声母,这至少有以下十二种证据。

一、谐声字

汉字的谐声一般具有五个原则,即:(1)上古舌根塞音可以互谐,也可以跟喉音(影、晓)互谐;(2)上古舌尖塞音(端知、透彻、定澄)可以互谐;(3)上古唇塞音可以互谐;(4)上古舌尖塞擦音可以互谐,也可以跟舌尖擦音(心、生)互谐;(5)上古鼻音(明、泥、日、疑)、边音(喻₄)、颤音(来)既不可以互谐,也不跟塞音、塞擦音和擦音互谐。凡是与这五条原则不相符合的谐声现象,都可能跟复辅音声母有关。例如:

筆/律 *pr-	禀/凜 *pr-	剥/录 *pr-
膚/盧 *pr-	風/嵐 *pr-	龐/龍 *br-
品/臨 *pʻr-	麥/來 *mr-	
降/隆 *kr-	檢/斂 *kr-	果/裸 *kr-
綸/侖 *kr-	禁/林 *kr-	各/路 *kr-
莒/呂 *kr-	悝/里 *kʻr-	泣/立 *kʻr-
柬/練 *kr-	京/凉 *kr-	兼/廉 *kr-
位/立 *gr-		
使/吏 *sr-	曬/麗 *sr-	
谷/浴 *kl-	益/溢 *ʔl-	激/敫 *kl-
頃/穎 *kl-	熒/營 *gl-	貴/遺 *kl-
邪/牙 *sŋ-	卸/午 *sŋ-	所/户 *sg-
楔/契 *skʻ-	元/完 *Ng-	岸/干 *Nk-
念/今 *Nk-	睦/逵/陸 *mgr-	繆/膠/廖 *mkr-
孌/變/戀 *spr-	數/屨/婁 *skr-	

二、声训

声训是以音同或音近的字为训,用作声训的汉字声母必定相同或相近;但是

如果声训中有不合于上述谐声原则的现象,则可能预示着有复辅音声母的存在。例如:

《释名》:尻,廖也(*k'r-)　　勒,刻也(*k'r-)
　　　　　廉,矜也(*kr-)　　裒溲,犹屡数(*gr-)
《说文》:阮,闻也(*kr-)　　咙,喉也(*gr-)
　　　　　泉,水原也(*sŋ-)　卿,章也(*kr-)
《毛传》:流,求也(*gr-)　　葭,芦也(*kr-)
　　　　　菺,蘭也(*kr-)　　穀,禄也(*kr-)

三、读若

《说文》读若有八百多条,用作读若的字必定音同或音近;但是如果读若中有不合于上述谐声原则的现象,则大多可能与复辅音声母有关。例如:

厱 k' 读若蓝 l　　　　　驫 l 读若慊 k'
桯 l 读若骇 g　　　　　绾 ʔ 读若鸡卵 l

四、反切

古代反切中也留有复辅音声母的遗迹。例如:

《经典释文·礼记音义》:廪,彼锦反,又力锦反(*pr-)
又《毛诗音义》:厐,鹿同反,徐扶公反(*br-)
《广韵》:驣,薄红切,又音龙(*br-)
又:悝,苦回切,又良士切(*k'r-)
《玉篇》:龐,步公切,又力容切(*br-)
又:綸,古还切,又力旬切(*kr-)
《类篇》:来,六直切,又讫力切(*k'r-)
又:禀,力锦切,又笔锦切(*pr-)

五、重文

作为重文的两个字读音完全相同,但所用声符不同,可能反映了复辅音声母的存在。例如《说文》:

烂/㶚(*kr-)　　霰/霓(*sk)
轙/䡅(*sŋ-)　　蠃/祼(*kr-)

六、异读

同字异读有相当大的一部分是由于上古复辅音声母的分化造成的。例如《广韵》:

樂,五教切,又卢各切(*ŋr-)
角,古岳切,又卢谷切(*kr-)
鬲,古核切,又郎击切(*kr-)
谷,古禄切,又余蜀切(*kl-)
示,巨支切,又神至切(*sg-)
疋,所菹切,又五下切(*sŋ-)
甮,匹皃切,又力嘲切(*pʻr-)
说,失爇切,又弋雪切(*sl-)

七、音注

古代的注音中也往往有上古复辅音声母的反映。例如:

《经典释文·周礼音义》:氂,旧音毛,刘音来,沈音狸,或音茅。(氂*mr-)

《礼记·内则》"濡鱼卵酱",郑玄注:"卵读为鲲,鲲,鱼子,或作𦝩也。"(卵*kr-)

《左传·昭公十一年》"城陈蔡不羹",孔颖达疏:"羹臐之字,音亦为郎。"(羹*kr-)

《史记·匈奴传》"左右谷蠡王",服虔曰:"谷音鹿。"(谷*kr-)
《汉书·古今人表》"黄帝乐官伶伦",服虔曰:"伦音鳏。"(伦*kr-)

八、异文

异文是同词异字现象,形成异文的两个汉字声母应该相同或相近;如果这两个汉字的声母不符合上文所说的谐声原则,那么很可能是复辅音声母。例如:

《易·夬》"苋陆",《释文》引蜀才本"陆"作"睦"。(睦*mr-)
《书·尧典》"宅西曰昧谷",《史记·五帝纪》"昧谷",集解引徐广曰:"一作柳谷。"(柳*mr-)
《诗经·氓》"體无咎言",《礼记·坊记》引作"履无咎言"。(體*kr-)
《诗经·采菽》"觱沸槛泉",《说文》"滥"下引作"觱沸滥泉"。(槛、滥*kr-)
《礼记·丧大记》"实于绿中",郑玄注:"绿当为角,声之误也。"(绿*kr-)
《左传·哀公二年》"战于铁",《公羊传》作"于栗"。(铁*kr-)
《史记·殷本纪》"炮烙之法",索隐:"烙一音阁。"《汉书·谷永传》作"炮格"。《荀子·议兵》"为炮烙刑",杨倞注:"烙,古责反。"(烙、格*kr-)

九、方言

上古汉语的复辅音声母在各地方言中应该有所反映,这种方言包括古代方言、现代方言,甚至域外方言。例如古代方言:

《尔雅·释器》:"不律谓之筆。"郭璞注:"蜀人呼笔为不律也。"《说文》:"聿,所以书也。楚谓之聿,吴谓之不律,燕谓之弗。"(筆*pr-)
《方言》四:"络头,帞头也。自关以西秦晋之郊曰络头,南楚江湘之间曰帞头。"《礼记·问丧》郑玄注:"邪巾貊头。"《释文》:"貊,本作袹。"(络*mr-)

又如现代方言:

福建厦门话"指"ki、"齿"kʰi、"枝"ki、"痣"ki、"记"ki(<*kr-)

福建邵武话"筹"sai、"螺"soi、"露"so、"雷"sui、"老"sa、"六"su(<*Cr-)
湖南瓦乡话"卵"(蛋)kon、"田"ly、"大"ly、"泣"lje、"来"zɛ(<*Cr-)

又如域外方言：

  汉越语 Sach(<*Cr-)洁也,从水歷声
     Sau(<*Cr-)六也,从六老声
     Sao(<*Cr-)星也,从星牢声
     Sang(<*Cr-)贵也,从巨郎声
     Trai(<*Cl-)历也,从歷吏声
     TrAm(<*Cl-)百也,从百林声
     Tren(<*Cl-)上也,从上連声
     Troi(<*Cl-)溺也,从水雷声

十、联绵词

汉语中有大批联绵词是由其他声母字和来母字组成的,这些联绵词反映了上古汉语的复辅音声母。例如：

霹雳 *pʻr-	螟蛉 *mr-	葫芦 *gr-
披离 *pʻr-	骨碌 *kr-	傀儡 *kʻr-
部娄 *br-	佝偻 *kr-	跳梁 *kʻr-
孟浪 *mr-	穹窿 *kʻr-	螳螂 *kʻr-
靡丽 *mr-	廓落 *kʻr-	粗鲁 *skʻr-
朦胧 *mr-	骷髅 *kʻr-	忓悢 *skr-
望羊 *ml-	窠𥣰 *kʻr-	逍遥 *sl-

十一、古文字

现代分为两个汉字的,古文字往往只有一个字形,其中不少反映了上古复辅音声母。例如甲金文中"禀/廪"同形(*pr-)、"來/麥"同形(*mr-)、"命/令"同形(*mr-)、"立/位"同形(*gr-)、"史/吏/事"同形(*sr-)、"虽/谁/唯/维"同形(*sl-)等等。

十二、亲属语言

汉语有许多亲属语言,由于上古汉语的复辅音声母是来自于原始汉藏语,因此这种复辅音声母在亲属语言中必然也有所反映,而且能够与汉语互相印证。例如:

  藏语 "牙"so   (比较汉语"牙/邪")
     "门"sgo   (比较汉语"户/所")
     "凉"grang (比较汉语"凉/京")
     "泣"khrab (比较汉语"泣/立")
     "晒"srad   (比较汉语"曬/麗")
     "浴"khrus (比较汉语"谷/浴")
  壮语 "笠"khroop (比较汉语"泣/立")
     "来"ma   (比较汉语"來/麥")
     "盐"klu   (比较汉语"監/鹽")
     "谷"luuk (比较汉语"谷/浴")
  泰语 "肤"pluak (比较汉语"膚/盧")
     "头"klau   (比较汉语"骷/髏")
     "变"plien (比较汉语"變/戀")
     "盐"klɯa (比较汉语"監/鹽")

由此可见,上古汉语复辅音声母的存在实在是无可怀疑的事实。唐兰曾经用"声母的转读"来解释以上一些现象(《中国文字学》,1949),但是如果"声母的转读"数量如此之多,范围如此之广,则上古汉语还能有"声母"存在吗? 一种语言,可以让人随心所欲地胡乱发音,这还能称之为"语言"吗? 显然"声母转读说"是不能令人首肯的,这种议论是不能成立的。

第二节 带 r 复辅音声母的组合类型

我们认为,上古汉语具有大量的复辅音声母,证据主要是汉语的谐声系统和汉藏系语言的比较;而在所有的复辅音声母中,由颤音 r 跟其他辅音结合而成的组合占据了很大的比重,这同样可以从谐声系统和汉藏系语言的比较得到证明。

例如谐声系统有以下表现：

果裹_k 课颗窠_k：裸倮_l
各格胳閣_k 貉_h：路洛赂略絡烙_l
束谏揀_k：闌煉練棟_l
監鑒_k 檻_ɣ：藍籃濫覽檻_l
京景_k 鯨黥_g：凉諒掠_l
泣_k 位_ɣ：立粒笠_l
品_p：臨_l
麥_m：來莱麳_l
稟_p：懍廪凜_l
睦_m：逵_g：陸_l
繆_m：膠_k：瘳_ṭ：戮廖寥_l
挛_s：彎_ʔ：蠻_m 變_p：戀變孌樂鑾鸞_l
數藪_s：屦_k：妻篲屢僂螻鏤摟縷_l

这里的注音代表各字的中古声母。中古来母为 l，其上古音值为 r，我们可以看出，绝大部分来母字跟其他声母有谐声关系，它们在当初必定是带 r 的复辅音声母。这种复辅音声母在汉藏系语言中也可印证。例如：

兼，藏文 glem-pa　　　鑾，泰语 phruan
凉，藏文 grang　　　蓝，泰语 khraam
筆，藏文 h-brud　　　笠，壯语 kloop
曬，藏文 srad　　　绿，苗语 mplu
逵，藏文 h-grul　　　挛，景颇语 marun

从谐声系统（如"曬"从麗声）和古籍记载（如《尔雅·释器》"不律谓之笔"）来看，这里的汉字原先都具有带 r 的复辅音声母，它们在汉藏系其他语言的同源词也正好是带 r 或 l 的复辅音，因此，带 r 复辅音声母的大量存在是可以确认的。

在汉藏系语言中，藏缅语族的复辅音声母是比较丰富的。这个语族的复辅音声母大多由二至三个音素组成，在藏文则也有四个音素组成的。其主要类型有三种:(1)由前置辅音加基本辅音构成,如 sp、rb、nd、lŋ、mv、ɦn 等;(2)由基本辅音加后置辅音构成,如 pr、br、khl、phr、kl、tr、bl 等;(3)由前置辅音加基本辅音再加后置辅音构成,如 sql、ŋgr、sphr、mbr、nbl 等。至于由两个同类的基本辅音构成的复辅音声母,如 pk、bd、mn 等则极为少见(参孙宏开《藏缅语若干音变探源》,1983)。因此,我们认为上古汉语带 r 复辅音声母虽然可能有各种组合类型,但是这样一种复辅音声母,即由两个或两个以上的塞音或塞擦音组成的复辅音声母,则是不可能存在的。例如:

缪$_m$:膠$_k$:瘳$_i$:廖翏$_l$

根据这种谐声关系,把它们的上古音构拟为 mktl-看来是不妥当的。同时,在藏缅语中由两个前置辅音连用,后接一个基本辅音的现象也极难见到,因此上古汉语中像 smp、znk 这样的复辅音声母也是不可能存在的。例如:

蠻$_m$:變$_p$:攣$_s$:縊$_l$

根据这种谐声关系,把它们的上古音构拟为 smpl-看来也是不妥当的。mktl-、smpl-这样的辅音组合从音理上来说可能性也不大,因为它们既难发音,又难以收听。

那么,像上述这样两组谐声字,它们的上古声母究竟如何呢?如果仅从谐声关系考虑,这两组谐声字可以有以下几种构拟方式:

1. 缪*mkr-／膠*mkr- ⎫ 翏*mkr-　　蠻*mpr-／變*mpr-(spr-)／攣*spr- ⎫ 縊*mpr-(spr-)

2. 缪*mr-／膠*kr- ⎫ 翏*mkr-　　蠻*mr-／變*pr-／攣*sr- ⎫ 縊*mpr-(spr-)

3. 缪*mr-／膠*kr- ⎫ 翏*r-　　蠻*mr-／變*pr-／攣*sr- ⎫ 縊*r-

$$
4.\ \left.\begin{array}{l}\text{缪}^*\text{mkr-}\\ \text{膠}^*\text{mkr-}\end{array}\right\}\text{翏}^*\text{r-}\ \left.\begin{array}{l}\text{蠻}^*\text{mpr-}\\ \text{變}^*\text{mpr-(spr-)}\\ \text{攣}^*\text{spr-}\end{array}\right\}\text{戀}^*\text{r-}
$$

这里两组谐声字各有四种构拟方式,我们实在无法就此决定取舍。即使比较简单的"各:路"谐声,也会令人不知所措。董同龢就说过:"我们觉得古代带 l 的复声母的出现,当有三种可能的型式,……A,各 kl-:路 l-; B,各 k-:路 kl-; C,各 kl-:路 gl-。至于我们古语中究竟是哪一种型式,或者是不是三种型式都有,就现有材料,则又无法决定。"(《中国语音史》)董氏当时取此态度诚然是正确的,不过,随着汉藏系语言比较研究的不断深入,我们认为解决的办法还是有的。那就是参照上述谐声字在上古经典中的表现,参照它们的中古音,参照它们在其他汉藏系语言中同源词的形式。例如"缪"ˀm,上古假借为"摎"k、为"樛"k、为"纠"k①,在中古《集韵》中又有居虬切一读,可见其上古音当为 *mkr-。"膠"k 上古假借为"谬"m②,在中古《集韵》中也有女巧切一读,当是 m 变来,故其上古音亦为 *mkr-。而"翏"字中古只有来母一读,上古假借为"戮"l③,故其上古音当为 *r-。"蠻"m 字在上古典籍和汉藏语言中似乎没有特别的启示,故只能构拟为 *mr。"變"p,藏文 sprul,故上古音可构拟为 *spr-。"攣"字《玉篇》有啬患切和力员切两读,其上古似应作 sr-,但是《广韵》记载了它的一个同源字——"顡",武延切,又景颇语"孪生"marun,则其上古音当是 *smr-。最后"戀"字,上古通"蠻",甲骨文"征戀方",即"征蠻方",故其上古音当是 *mr-。这样,上述两组谐声字就应当构拟为:

$$
\left.\begin{array}{l}\text{缪}^*\text{mkr-}\\ \text{膠}^*\text{mkr-}\end{array}\right\}\text{翏}^*\text{r-}\ \left.\begin{array}{l}\text{蠻}^*\text{mr-}\\ \text{變}^*\text{spr-}\\ \text{攣}^*\text{smr-}\end{array}\right\}\text{戀}^*\text{mr-}
$$

至于"瘳"、"窥"两字,我们认为合于 *kr->t-、*pr->t-之例,详下文。

显而易见,这里的构拟不一定是确定不移的结论,随着新材料的发现,这里

---

① 《汉书·外戚传》:"即自缪死。"颜注:"缪,绞也,音居虬反。"《礼记·檀弓》:"衣衰而缪绖。"郑注:"缪读为不樛垂之樛。"《史记·贾谊传》:"夫祸之与福兮,何异纠缪。"贾谊《新书》:"威之与德,交若缪缪。"
② 《方言》三:"膠,诈也。"《广雅·释诂》二:"膠,欺也。"《文选》左太冲《魏都赋》:"牵膠言而喻侈。"
③ 《尚书·汤誓》:"予则孥戮汝。"

的构拟可以修改,但是构拟的原则却是确定的。

这里需要补充说明的是,我们为什么总是把颤音 r 置于 p、k 等辅音之后而不是之前?按照排列组合来说,构拟成 rmk-或者 mrk-、rsp-或者 srp-也未尝不可,而在藏文中,正是有 rd-、rg-这样的形式。我们之所以如此,是基于以下的认识:(1)李方桂曾经假设藏语有 rgy-＜*gry-的移位音变,如"盐",藏文 rgyam＜*gry-(见李方桂《汉语和台语》,1976);(2)包拟古曾经指出,藏语 r 和央后元音之间会产生一个塞音成分,如"马",藏文 rta＜*ra(见包拟古《原始汉语和汉藏语》,1980)。这两说虽然尚需证明,但看来藏文 rd-、rg-的形式并非上古就有的。(3)汉语有相当一部分的联绵词来自上古带 r 复辅音的音节,其中大多是来母置于其他辅音声母之后,例如"朦 m 胧 l"、"傀 kʼ 儡 l"。虽然也有一些是来母置于其他辅音声母之前,但它们并不是最早的形式。例如"蜷 l 蛄 k"源于"果 k 蠃 l",是腰细而腹圆垂之意,《方言》十一"或谓之蛄蜷"可证;又《左传·昭公二十五年》宝龟名"偻 l 句 k",实源于背曲之"痀 k 偻 l";又车篷名"隆 l 屈 kʼ"源于"枸 k 篓 l",《方言》九"车枸篓……南楚之外谓之篷,或谓之隆屈"可证;又"萝 l 菔 b",王国维《尔雅草木虫鱼鸟兽名释例》认为是"苻 b 娄 l"、"蒲 b 卢 l"的倒语。

由此可见,带 r 复辅音声母的组合类型虽然多种多样,但其主要成分是 r,r 跟后面的韵母组成了各谐声字族的主要语音特征,每一谐声字族中的谐声字依据本字族的语音特征联系在一起。在 r 之前可以出现唇音、塞音、鼻音和擦音,在它们之前还可以有鼻音或擦音前缀。跟 r 结合在一起的辅音可以是零、一个或两个,三个以上则是极为少见的,而擦音前缀往往也只限一个。这里还应指出的是:(1)跟藏缅语族比较,汉语的带 r 复辅音声母中的 r 是基本辅音,而不是后置辅音;(2)如果在一个谐声字族中虽然有二等字但没有来母字,则不属此例,如"江"为二等字,它是以舌根音 k 和后面的韵母为主要语音特征而跟"工、空"等谐声,它的 r 是介音,即后置辅音;(3)我们认为上古没有塞擦音加 r 形成的复辅音声母,理由详第九章。

第三节　带 r 复辅音声母的演变规律

上古汉语既然具有复辅音声母,一个很自然的问题就是,复辅音声母是如何分化、脱落,或者演变的?对于本章来说就是,带 r 复辅音声母是如何分化、脱落,或者演变的?

高本汉在构拟"各:洛"一组谐声字的时候,故意把"洛"拟作*gl-,以表明由于汉语全浊声母失落的总趋势，"洛"由*gl-变为中古的l-；并遵循此法，把所有跟唇音声母谐声的来母字都拟成*bl-，跟舌根音声母谐声的来母字都拟成*gl-，跟舌头音声母谐声的来母字拟成*dl-。高氏此说自然有一定的道理，表面上看来也无往而不利，但实际上仍有许多困难。董同龢就曾经质疑：像"龍：龐：寵：襲"一类谐声中，"龍"到底是bl-还是gl-？除董氏所说外，"鬲"、"樂"等一字两读的情况，构拟也颇费斟酌；"蒹"、"蘼"上古同为一物，把前者拟为kl-，后者拟为gl-，似乎也不尽合理；"立"、"位"甲骨文同为一字，前者构拟为gl-，后者是中古匣母字，上古归群母，也构拟为gl-，似乎又陷于自相矛盾；《汉书》中的地名"楼兰"，依高说当作gloglam，事实却是kroraimna。高本汉以后，其他学者对此也续有探索，但收效甚微。陆志韦先生只好说："我们单知道'各'跟'路'的上古音都是喉牙音加上来母，至于'各'的中古音何以作k-？'路'何以作l-？简直没有法子查考。暂时只可把话说得含混一点，谐声字既然不是一种纯粹方言的材料，'各'跟'路'尽可以同是从kl-变出来的，只是方言假借，变成不同的音而已。"（《古音说略》）这样的结论实在不能令人满意。19世纪西方历史语言学的一个重大成果，就在于证明了语音演变的规律性，认为语音演变必定有规律，任何例外都是有原因的。既然如此，那么汉语复辅音声母当然也应该有它自己的演变规律。

那么汉语带r复辅音声母的演变又具有怎样的规律呢？我们认为有以下五种。

第一，由具有复辅音声母的单音节，通过增加元音而变为具有单辅音声母的双音节。例如"壶"上古具有复辅音声母*gr-，增加元音后变成"葫芦"ɣ-l-；"孔"上古具有复辅音声母*kʰr-（泰语"孔"正作kloŋ），增加元音后变成"窟窿"kʰ-l-；"角"上古具有复辅音声母*kr-（"宫商角徵羽"之"角"又作"觮"，从录l-声；又"角里"之"角"读l-），增加元音后变成"角落"k-l-；"笔"上古具有复辅音声母*pr-（"笔"初文作"聿"，聿声字有"律"l-），增加元音后变成"不律"p-l-；"风"上古具有复辅音声母*pr-（"风"的同谐声字有"岚"l-；又"风"字彝语作brum，朝鲜语作palam），增加元音后变成"孛缆"、"飞廉"、"毗蓝"、"焚轮"p-l-；"蜾"上古具有复辅音声母*kr-（"果"的同谐声字有"裸"l-），增加元音后变成"蜾蠃"k-l-，等等。

不过，在古代文献中具有复辅音声母的单音节和具有单辅音声母的双音节几乎是同时存在的，我们认为后者是由前者演变而来，其根据就是：(1)汉字的体制是一字一音节，如果在谐声时代"风"字念pərəm，那就打破了这一体制，这是无法令人接受的；(2)这些双音节词的第一个音节多为入声字，表明第一音节原先的发音是极为短促的，这正是复辅音声母的特征；(3)这种演变方式普遍存在于汉藏语系的其他语言中，如泰语"昆虫"malɛɛŋ，来源于原始台语*mlɛŋ，"种子"malet，来源于原始

台语 *mlet,又如彝语"箫、笛"pilu,比较仡佬语"芦笙"plu,"中间"kalo,比较缅甸语 kra,又如独龙语"水獭"suram,比较藏文 sram,"三"asum,比较藏文 gsum。

第二,上古带 r 复辅音声母依照"等"的不同而有不同的分化,它们在二等字中总是失落 r,而在一、三、四等字中则大多失落其他辅音声母。这种情况可以下表所示为例。

一等	二等	三等	四等
藍籃覽濫	監檻鑒	鹽	
蘭欄爛瀾讕	柬揀諫		練煉楝
䜌鑾鸞欒攣	蠻孿彎	戀孌	
嫪	膠	戮廖	寥
來萊賚	麥		
	埋霾薶	里狸理鯉	
洛路賂落駱	格客額		

更为有趣的是,许多以一字两读的形式表示古代有 *pr-、*kr-等复辅音声母的字,到中古时代总是一、三、四等留下 r 声母,而在二等失去 r 声母。例如"覈",《广韵》麦韵古核切 k-,锡韵郎击切 l-;"樂",觉韵五角切 ŋ-,铎韵卢谷切 l-;"綸",山韵古顽切 k-,谆韵力迍切 l-;"角",觉韵古岳切 k-,屋韵卢谷切 l-。

当然,这里一、三、四等中都有一些例外,如"各"k-是一等字,"謬"m-、"變"p-是三等字。产生这些例外的原因可能是因为复辅音声母并非依照唯一的模式演变,其中也可能有别的演变律在发生作用。在二等字中,例外则出乎意料地少,雅洪托夫曾经说过,在董同龢的《上古音韵表》中只有三个是二等来母字,而其中只有一个常用字:"冷"(见雅氏《上古汉语的复辅音声母》,1960)①。

第三,由舌根音或唇音跟 r 组成的复辅音声母演变为舌尖塞音,即 *kr>t-、*pr->t-等。李方桂先生在《上古音研究》一书中曾经替跟舌根音谐声的照₃系声母构拟了 *krj->tɕ-、*k'rj->tɕ'-等形式,这种构拟是极其出色的。这种语音变化在汉藏系其他语言中也是普遍存在的,如藏文"滋味"bro,拉萨话 tso,藏文"船"

---

① 据汪维辉《东汉——隋常用词演变研究》(南京大学出版社,2000 年)的考证,"冷"字的可靠书证最早可上溯到西汉,此前文献中的"冷"字其实都是"泠"字。"泠"是四等字,符合我们这里的规律;"冷"字晚出,不符合语音演变规律也是情有可原。

gru,拉萨话 tʂu,又如缅甸文"鸡"krak,仰光话 tɕeʔ,缅甸文"搞下"kʰla,仰光话 tɕʰa,又如苗语"五",高坡方言 pla,先进方言 tʂi,"鼠",高坡方言 plu,先进方言 tʂua,等等,不过,我们认为,不但有 *krj->tɕ 这种形式,而且还有 *kr->t 这种形式。这样不仅在音位系统上可以补李方桂的不足,而且能够解决汉藏系语言比较中的一些疑案。例如"笠",原始台语为 *grjəp(比较汉语"立"l-:"位"g-),龙州壮语为 kip,傣语 kup,而莫家话则为 tup,水话为 tjum,榕江侗语为 təm。又"头",原始汉藏语为 *klug(比较汉语"骷髅"kl-),藏文为 klad,达让僜语为 kɹu,仡佬语为 klo,泰语为 klau,傣雅 look,而傣仂则为 duuk。又"皮肤",原始汉藏语为 *prjag(比较《说文》"膚 p-,籀文臚 l-"),泰语为 pluak,侗语、水语和毛南语为 pi,但莫家话则为 da。又"鱼",原始台语为 *prag,泰语为 pla,龙州壮语为 pja,榕江侗语为 pa,黎语为 la,但锦屏侗语则为 ta。

汉语中这样演变的例子也是大量的。例如"周"为照₃字,同谐声的"惆"为去秋切,溪母字,则依李方桂的构拟,"周"的上古音为 *krj-;而"雕"从周声,又"雕",藏文 kʰra,门巴语 kʰrA,僜语 glang,黎语 gaau,景颇语 gala,故"雕"的上古音亦为 *kr-,而其中古音则是 t-。又如"占"为照₃字,同谐声的"钻"中古有巨淹切群母一读,则依李方桂的构拟,"占"的上古音为 *krj-;而"點"从占声,又"點",临高话、拉珈语读为 lam(黑色),故"點"的上古音亦为 *kr-,而其中古音则是 t-。又如"潭"从覃声,《说文》指出"覃"为"咸"g-省声,又"潭",武鸣壮语 kum,泰语 lum,仫佬语 lam,故"潭"的上古音当为 *gr-,而其中古音则为 d-。又如"白",中古二等字,依雅洪托夫的意见,上古当有 r 介音,又"白",景颇语 pʰoɹ,缅甸语 pʰju(<*pʰr-),基诺语 pɹu,故"白"的上古音当为 *br-;而"魄"从白声,中古又为二等字,则其上古音亦为 *pʰr-,但其中古又有他各切一读,则是 *pʰr->tʰ-。

我们认为 *kr->t-、*pr->t- 是汉语的一条重要的演变规律,不如此设想便不能解释许多现象。首先,谐声系统中"贪"tʰ-从"今"k-声,"答"t-从"合"g-声,"唐"d-从"庚"k-声;又"屈"kʰ-、"咄"t-同谐,"堪"k-、"湛"d-同谐、"照"tɕ-、"羔"k-同谐需要作此设想。其次,《说文》"读若"中"棽 l-读若潭 d-"、"奎 l-读若逐 ḍ-"、"匋 d-从缶包 p-省声,读与缶 p-同"、"榆 l-读若《易》卦屯 d-"等等,也需要作此解释。再次,古人注解如《周礼·司几筵》郑注"纯 ʐ-读为均服之均 k-",《汉书·地理志》如淳注"郫 l-音䴤躅之䴤 t-"、颜注"郫 l-音持益反 d-",《汉书·韩安国传》服虔注"逗 d-音企 kʰ-",《汉书·成帝纪》苏林注"劭 ʐ-音翘 kʰ-"等,也需要作如此设想。最后,现代方言如潮州方言中"埋"读 tai、"款"读 tʰoŋ、"枝"读 ki、"痣"读 ki、"到"读 kau、"齿"读 kʰi 等等,也必须设想 *kr->t-、*pr->t- 等,才能作出合理的解释①。

第四，由舌根音或唇音跟 r 组成的复辅音声母演变为擦音 s、z 等，即 *kr->s-、*pr->s-、*gr->z-、*br->z-等。在闽西北方言中，有一部分中古来母字被读为清擦音 s 或 ʃ（以下一律写作 s），例如："笋"（米笋），邵武读 sai，"李"（李子），邵武读 sə，"露"，邵武读 so，"雷"，建阳读 sui，"里"，将乐读 se，"癞"，明溪读 sue，"蓝"，政和读 saŋ，"笼"，永安读 saŋ 等等（见李如龙《闽西北方言来母字读 s 的研究》，1983）。1971 年梅祖麟、罗杰瑞认为：(1)这些方言的来母字大多读 l，少数读 s，从中古的声韵母看不出有分化为 l 和 s 的条件，因此来母 s 声字来源于上古；(2)从谐声、经籍异文和汉藏语言比较看，这些来母 s 声字上古大都有复辅音声母，例如："露"从路声，"路"又从各声，表明上古声母为 *kr-，广西全州瑶语"路"正作 kla，越南语"路"为 sa，而马伯乐早已指出越南语 s<*Cr-，因而来母 s 声字的成因是 s<*lh<*Cr-（《试论几个闽北方言中的来母 s 声字》）。我们完全同意梅、罗两氏的意见，并认为这是带 r 复辅音声母的演化规律之一。这种现象不仅存在于闽西北方言中，而且存于闽南泉州话中（如泉州话"泪"、"瀨"、"瘻"的声母为 s-）、湖南瓦乡话中（如瓦乡话"来"、"梨"、"漏"声母为 z-、"聋"、"留"、"两"声母为 ts-）、越南语中（如越南语"力"suc，"莲"sen，"六"sau，越南字喃"䏯"sao，星也，从星牢声，"輪"sɔn，碌也，从朱仑声）和壮侗语、苗瑶语中（如壮侗语"菜"，壮语 plak，布依语 piik，傣语 pʻak，而临高话 sak；壮侗语"刀"，泰语 pʻra，壮语 pja，佯黄语 ʔba，侗语 lja，而剥隘话 ɕa；苗瑶语"鼻"，高坡苗语 mplu，新村瑶语 blut，而养蒿苗语 zɛ）。

Cr->s-规律的确认，在汉藏语言比较中有着重要的意义，许多本来无法判为同源的字词，可以由此建立同源关系。例如贝内迪克特《汉藏语言概论》认为汉语的数词只有从"二"到"六"，以及"九"同一般的藏-克伦语词根对应，其他并不对应。但我们认为汉语的"八"也同其他汉藏系语言对应。壮侗语的"八"，壮语 pet、paat，侗语 pet，毛南语 pjaat，仡佬语 vla（<*pla），显然是同汉语"八"*pret 对应的。藏语 brgjad，嘉戎语 wurjat（<*brjat）也应该视为与汉语对应。景颇语的 tsat，根据 *pr->t-、*spr->ts-的规律，显然也与汉语对应。而苗语的 za、zi，瑶语的 ɕet、ɕi，缅语的 ʃiʔ，阿昌语的 ɕet 等等，根据 *Cr->s-的规律，毫无疑问也应与汉语的"八"对应。又如王力《同源字典》以为"头"、"首"同源，语音上为定审邻纽相转。我们认为定母和审母音不近，不合谐声原则，实际上此例应视为

---

① 如果是照三系跟见系的谐声系列，那么实际上应该是 *kl->t-、*pl->t-，详第九章。

*kr->t-,"骷髅"与"头"同源,*kr->s-,"骷髅"又与"首"同源。又如十二地支之一"丑",傣语 Ahom 方言读 plao,德宏方言读 pau,布依语 pjɛu,根据*pr->t-的规律,可以确认与汉语"丑"*tˊ-同源,也与毛南语 tˊu、黎语 tui 同源,而根据*pr->s-的规律,又可确认与壮语 ɕau、临高话 səu、侗语 ɕu、水语和毛南语的 su 同源。其中毛南语的两读,跟汉语的"角"有 k-、l-两读相似,应该具有同一来源。又如"土",《庄子·让王》"土苴"之"土",《经典释文》读为行贾反,则其上古音为*gra,民间有"土圪垃"、"土坷垃"之语,正是上古音之遗留。又"土",僜语 kɯlai,石门苗语 la,川黔滇苗语 lua,景颇语 ka,则原始汉藏语确为*kra,根据*kr->t-之规律,演变为汉语的*tˊa,养蒿苗语的 ta,又根据*kr->s-的规律,演变为藏文的 sa、门巴语的 sa。又如"来",汉字与"麦"同谐声,甲骨文为麦子象形,则其上古音当是*mr-。"来",壮语、布依语、傣语、侗语均作 ma,彝语、傈僳语、哈尼语、缅甸语均作 la,布努瑶语、湘西苗语作 lo,证明原始汉藏语当是*mr-。以后依*mr->t-之理,演变为水语、毛南语的 taŋ(阴阳对转),养蒿苗语的 ta,勉语的 taai,依*mr->s-的规律,又演变为景颇语的 sa。

第五,带 r 复辅音声母由于各方言区域的不同而有不同的演变。复辅音声母在各方言中的演变各不相同,这在许多少数民族语言中可以清楚地看到。例如苗语:

古苗语	养蒿	吉伟	高坡	复员
毛*pl-	lu	pi	plo	
白*ql-	lu	qwə		qlo
桃子*Gl-	len	qwa	tla	Glei
魂*bl-	lu	pjə	pla	vlo
槽*ql-	loŋ	coŋ	tlaŋ	qloŋ

高坡方言和复员方言都是复辅音声母尚未分化的例,养蒿方言掉落其他声母留下 l,吉伟方言则掉落 l 留下其他声母。我们认为上古汉语的带 r 复辅音声母有与此相似的演变情况。例如《尔雅·释草》:"蒹,薕。"邢疏:"蒹,一名薕。郭云似萑而细,高数尺,江东呼为薕。《诗·秦风》云'蒹葭苍苍',陆机云,蒹,水草也,坚实,牛食令牛肥强,青徐人谓之蒹,兖州辽东语也。"由此看来,蒹、薕上古同为一物,其语音形式当为*kriam,以后在江东方言中掉 k 留 r,变成"薕"liam,在青徐、兖州、辽东方言中掉 r 留 k,变成"蒹"kiam。又如《尔雅·释器》:"不律谓之笔。"藏文"笔"h-brud,上古"笔"当为复辅音声母*pr-。《说文》:"聿,所以书也。

楚谓之聿,吴谓之不律,燕谓之弗。"由此看来,"筆"字到许慎时,吴地方言仍是复辅音声母 *pr-,或者已由复辅音声母的单音节转为单辅音声母的双音节,而楚地方言中则失落 p 而留下 r,以后发展为喻四字的"聿",而燕地方言则相反,失落 r 而留下 p,以后"弗"发展为轻唇音 f。又如《仪礼·大射》:"奏狸首间若一。"郑注:"狸之言不来也。"是"狸"上古有复辅音声母 *pr-。《方言》卷八:"貔,陈楚江淮之间谓之狌,北燕朝鲜之间谓之㹮,关西谓之狸。"由此看来,"狸"字后来在陈楚江淮一带失落 p 留下 r,读成"狌",在关西方言中与此相似,读成"狸",而在北燕朝鲜方言中则失落 r 留下 p,读成"㹮"。又如《方言》卷三:"陈楚之间凡人兽乳而双产谓之釐孳,秦晋之间谓之健子,自关而东,赵魏之间谓之孪生。"按"孪"上古当有复辅音声母 *smr-,后来在陈楚和秦晋方言中失落 s 留下 r,而成为"釐"、"健",而在关东和赵魏方言中则失落 r 留下 s,而成为"孪",郭璞注此字为苏官反。在《广韵》中"孪"仅审母 s 读,现代普通话读 luán,当是来源不同。又"力",全州瑶语 kˈlaʔ,勉话 kˈlaʔ,越南语 suc(<*Cr-),《周易》"革卦",马王堆帛书作"勒卦","勒"字从革力声,是"力"的上古音为 *kr-。又马王堆帛书《老子》甲本"棘"通作"朸","朸"字从木力声,《集韵》有竭忆、六直两切,是"力"音 *kr-的又一证。《方言》卷六:"踂,膂,力也。东齐曰踂,宋鲁曰膂。"由此看来,在扬雄时代,"力"字在东齐方言中掉 r 留 k,读为"踂",在宋鲁方言中掉 k 留 r,读为"膂"。

以上我们提出了汉语带 r 复辅音声母的组合类型,以及带 r 复辅音声母的五种演变规律,由于汉语历史悠久,演变剧烈,这里提出的组合类型可能不尽正确,五种演变规律之间也可能有交叉现象,这都有待于今后更加深入的讨论。

第九章

中古舌齿音声母的上古来源

第一节 问题的提出

中古汉语的舌齿音声母,包括舌音端、透、定、泥(舌头音)和知、彻、澄、娘(舌上音),齿音精、清、从、心、邪(齿头音)和照、穿、床、审、禅(正齿音)。一般认为,中古的端、透、定、泥,上古仍然是端、透、定、泥;中古的知、彻、澄、娘只出现于二、三等,跟只出现于一、四等的端、透、定、泥正相互补,它们在上古音中又混用甚多,因而中古的知、彻、澄、娘上古并于端、透、定、泥之中,它们的分化是由于知组声母后 r 介音的影响(参李方桂《上古音研究》),当然,泥、娘两母在中古音中也是不分的。中古的精、清、从、心、邪,上古仍然是精、清、从、心、邪;中古的照、穿、床、审、禅,实际上包含两类,即照$_2$的庄、初、崇、生和照$_3$的章、昌、船、书、禅,根据黄侃和董同龢的理论,庄组只出现于二等(三等的庄组字从二等变来),跟只出现于一、三、四等的精组正相互补,它们在上古音中又混用甚多,因此中古的庄组上古并于精组之中,而章组,虽然上古跟端组、知组混用甚多,但因为它只出现于三等,跟知组三等冲突,因而中古的章组到上古仍然是章组,只是其音值有所变动(参杨剑桥《汉语音韵学讲义》第四章第六节)。这一过程可以表述如下:

$$^*t、t'、d、n \longrightarrow \begin{cases} t、t'、d、n \\ \mathrm{ʈ}、\mathrm{ʈ}'、\mathrm{ɖ}、\mathrm{ɳ} \end{cases}$$

$$^*\mathrm{ʈ}、\mathrm{ʈ}'、\mathrm{ɖ}、\mathrm{ɕ}、z \longrightarrow \mathrm{tɕ}、\mathrm{tɕ}'、\mathrm{dʑ}、\mathrm{ɕ}、z$$

$$^*\mathrm{ts}、\mathrm{ts}'、\mathrm{dz}、\mathrm{s}、z \longrightarrow \begin{cases} \mathrm{ts}、\mathrm{ts}'、\mathrm{dz}、\mathrm{s}、z \\ \mathrm{tʃ}、\mathrm{tʃ}'、\mathrm{dʒ}、\mathrm{ʃ} \end{cases}$$

不过,从谐声、通假、异读、现代方言和汉藏语言的借词或同源词看,中古汉

语舌齿音的上古来源恐怕没有这么简单。首先,从谐声字看,端、知、章三组关系密切,有时它们更与见组字发生联系,例如:

端组	知组	章组	见组
多(端)	哆(知)	侈(昌)	黟(影)
滇(端)	镇(知)	真(章)	幀(溪)
獨(定)	濁(澄)	燭(章)	
貂(端)	超(彻)	韶(章)	
耽(端)	沈(澄)	枕(章)	
答(端)		拾(禅)	合(匣)

这当中章组又似乎特别跟见组联系密切,例如(前字为章组,后字为见组):

川(昌)/训(晓)　　氏(章)/祇(群)
支(章)/妓(见)　　出(昌)/屈(溪)
殳(禅)/股(见)　　只(章)/枳(见)

跟见组字联系密切的又有精组字,例如(前字为精组,后字为见组):

井(精)/耕(见)　　佥(清)/检(见)
造(从)/告(见)　　四(心)/呬(晓)
飒(心)/泣(溪)　　楔(心)/契(溪)
岑(崇)/今(见)　　俟(崇)/矣(匣)

而这当中又有端、知、章、精、见组都有联系的,例如:

端(端)/惴(章)/揣(初)/赒(匣)
碓(端)/椎(澄)/錐(章)/淮(匣)/崔(清)

其次,从古音通假看,端、知、章三组之间当然关系密切。例如《诗经·周南·汝坟》"惄如调饥","调"(定母)通"朝"(知母);《诗经·大雅·棫朴》"追琢其章","追"(知母)通"雕"(端母);《史记·秦始皇本纪》"昭滑、楼缓",《战国策·楚策》"昭"(章母)作"卓"(知母);长沙马王堆汉墓所出帛书《战国纵横家书》"赵"

（澄母）均写作"勺"（章母）。同时，这三组与精组、见组也多有牵涉，例如《诗经·周颂·丝衣》"载弁俅俅"，"载"（精母）通"戴"（端母）；《诗经·大雅·桑柔》"逝不以濯"，《墨子·尚贤》引作"鲜不以濯"，"逝"（禅母）通"鲜"（心母）；《周礼·春官·司几筵》"设莞筵纷纯"，郑司农注："纯读为均服之均"，"纯"（禅母）通"均"（见母）。又精组和见组也有牵涉，例如《吕氏春秋·任地》"棘者欲肥，肥者欲棘"，高诱注："棘，羸瘠也。""棘"（见母）通"瘠"（从母）；《史记·孝文帝本纪》"而列侯亦无由教驯其民"，正义："驯，古训字。""驯"（邪母）通"训"（晓母）。

再次，从异读和现代方言看，这几组声母之间也颇有联系。例如厦门话的章组字有读如端组和见组的：

翅 ti　　注 tu　　沈 tiam　　唇 tuŋ
齿 kʻi　　指 ki　　枝 ki　　痣 ki

湖南涟源话也有许多章组字读如见组的，如"春"读 kʻun、"战"读 kĩ 等。同时，中古"车"有尺遮切（昌母）和九鱼切（见母）两读，"臭"有尺救切（昌母）和许救切（晓母）两读，"枳"有诸氏切（章母）和居纸切（见母）两读，"郝"有施只切（书母）和呵各切（溪母）两读，"攩"有他朗切（透母）和胡广切（匣母）两读，"篲"有徐醉切（邪母）和于岁切（匣母）两读，"還"有似宣切（邪母）和户关切（匣母）两读，"芍"有七雀切（清母）、都历切（端母）、张略切（知母）、市若切（禅母）和胡了切（匣母）五读，等等。

最后，从汉藏系语言和其他语言的汉语借词看，这几组声母之间的关系也是不言而喻的。例如古汉越语中，汉语章组字常读为舌根音：

针 kim　　正 gieng（正月）
纸 giəy　　种 giog（种类）①

少数知组字和精组字也读为舌根音，如"槌"（澄母）giui，"床"（崇母）giyɐng。又，在越南的字喃中，有一些字读作舌根音，却用汉语的端、知、章三组字作为声符，如：

Gia，老也，从老，茶声

---

① 越南语的 gi 现在读作 z，但古代来源于 k。参王力《汉越语研究》。

Giəu, 富也, 从巨, 朝声
Giay, 鞋也, 从木, 持声
Gien, 苋也, 从艹, 廛声
Giən, 怒也, 从心, 陣声
Giup, 助也, 从助, 執声
Gio, 篮筐也, 从竹, 都声
Giot, 雨滴也, 从口, 突声
Gioi, 修补也, 从扌, 隊声
Giat, 插也, 从扌, 質声
Gium, 助也, 从土, 森声

又,端组字"塘",全州瑶语 glaŋ,"跳",汉越语 kʽieu,佤语 gʽrau,"担",克慕语 klam,景颇语 kʽap,"脱",藏文 glod(解脱),缅文 klwat(解脱,脱落),佤语 glot(脱出),"踏",藏文 glebs(踩踏),"读",藏文 glog(诵读),"梯",仡佬语 klai(梯子),侗语 kwe(梯子);知组字"雉",普沃语、斯戈语 kʽliʔ,"肘",藏文 gru(手肘),"肠",全州瑶语 klang,佤语 krauɯŋ,"长",佤语 glaŋ;章组字"整",藏文 gliŋ(完整,整个),"正"佤语 kreŋ(端正),"煮",缅文 kʽjak(烧煮),拉祜语 ca,"舟",藏文 gru,"赤",藏文 kʽrag(血),"收",藏文 sgrug(收集);精组字"接",藏文 sdeb(＜*sgleb),景颇语 kʽap(接上),缅文 kʽlup(缝,缔结),"坐",藏文 sdod(＜*sglod),崩龙语 kɔi,"象",藏文 glaŋ,等等。

由此可见,端、知、章、精等组声母的上古形式实在值得进一步探讨。

第二节 跟舌根音谐声的舌齿音声母

我们先讨论章组跟见、溪、群、晓、匣五母的谐声。请看下面各例:

① 支汥枝(章)/妓(见)歧汥(群)
    ↓
    榰(见)

② 只枳衼(章)/枳(见)
    ↓
    嘻(匣)

③ 旨(章)/稽(见)耆(群)
　　　↓
　　嗜(船)著(书)

④ 臣(禅)/臤(溪)坚(见)
　　　↓
　　肾(禅)

⑤ 照(章)/羔(见)
　　　↓
　　穚(章)

这里值得注意的有两点：(1)"汥"、"枳"等既有章组读音，又有见组读音，它们在上古应该声母相同；(2)箭头所指出的字属于转换互谐的现象。董同龢曾经提出，像"民 m-/昏 x-/缗 m-"这种转换互谐的现象是绝对不宜用 xm-或 mx-这种复辅音声母来解释的，因为当"昏"从"民 xm-"接受了 x-声母后，作为"昏"声的"缗"就不应该再有 m-声母(参《上古音韵表稿》)；同理，这里的转换互谐也不宜用复辅音声母 tk-或 kt-来解释。1971 年李方桂的《上古音研究》替跟舌根音谐声的章组构拟了 *krj-、*kʻrj-、*grj-这样的复辅音声母，认为 *krj->tɕ-、*kʻrj->tɕʻ-、*grj->dʑ-，我们认为，从汉藏语言比较以及现代汉语方言来看，这种构拟原则上是正确的。例如：

　　　舟(章)/貈(匣母)

"舟"，藏文 gru，嘉戎语 ʒgru，纳西语 gvlɯ，缅文 hle，武鸣壮语 ɣu，龙州壮语 lɯ，侗语 lo，石门苗语 ŋghʱo(<*ŋglo)。苗语的 ɦ 当来自 l，试比较"蜗牛"Gɦey(<*Glw-)、"耳朵"mbɦə(<*mbr-)。壮语两个方言应有共同来源，可拟为 *Glu。由此可见，汉语"舟"的上古音确为 *klj-，"貈"的上古音当是 *gl-，所以古书与"貉" *kl-通假。又如：

　　　止趾(章)齿(昌)/企(溪)

甲骨文"止"是脚的象形，"脚"，缅文 kʻre，独龙语 xɹe，纳西语、哈尼语 kʻɯ，载佤语 kʻji。"齿"，壮语 kʻeu，毛南语 hiiu，汉语闽方言 kʻi。因此，汉语"止"的上古音应

当是 *klj-。同谐声的"址"*klj-跟"基"*k-同源。又如：

旨（章）/耆（群）

厦门话"指"为 ki,同谐声的"鮨"《集韵》有蒸夷切（章）和渠伊切（群）两读，并且有"鲯"和"鲖"的重文，故"旨"的上古音当为 *klj-。而"耆"者，老也，"老"，藏文 bgres，又 rgad（<*gr-），壮语 ke，又 laau，仫佬语 ce，又 lo，毛南语 ce，又 laau，布努语 ci，又 lu，各语言的前读当是"耆"字，后读当是"老"字，两字同源。又西汉译西域地名 Gridhrakuta 为"耆阇崛"，《大唐西域记》改译"姞栗陀罗矩吒"，可见"耆"的上古音当是 *glj-，故"耆"能与"黎"通假。如《尚书》"西伯勘黎"，《尚书大传》作"戡耆"。又《史记·周本纪》："明年败耆国。"正义："即黎国也。"古书"耆老"又作"黎老"、"犁老"、"梨老"，《方言》："梨，老也，燕代之北鄙曰梨。"这是复辅音声母分化之例：*glj-（耆）＞lj-（梨）。郭璞注："言面色如冻梨。"当是望文生义。"老"的上古音当是 *kr-，《说文》"考"、"老"互训，当是 *kr- 的分化。

我们说李方桂的构拟原则上正确，是指他的构拟尚有微疵。第一，由于章组大致上不跟来母谐声，而跟喻四较多谐声，上古喻四为 l，来母为 r（参第三章第三节），那么章、昌、船和禅母就以拟作 *klj-、*k'lj-、*glj- 为妥。这样才能顺利地解释如下的谐声关系：

佳（章）/淮（匣）/维（喻四）
只伿（章）/枳（见）/伿（喻四）
姬（喻四）/姬（见）/莐（章）
衍（喻四）/愆（溪）/餐（昌）

即：

*klj-（章）/*kl-（见）/*lj-（喻四）

第二，既然有 *krj-、*k'rj-、*grj- 等，那么从音位分布角度看，也应当有 *kr-、*k'r-、*gr-。事实上，跟见系发生谐声关系的不止是章组，往往同时还有端组、知组，它们跟章组应该有一个共同的来源。在李方桂的系统中，见组二等字是 *kr- 等，跟见组谐声的章组声母拟成 *krj- 等，而同时谐声的端组却依然是

*t-等，这是很不合理的。因此，我们认为，上古既有*klj-、*kʻlj、*glj-，又有*kl-、*kʻl-、*gl-，还有*klr-、*kʻlr-、*glr-。后面两组分别可以演变为端组和知组，即：

$$*kl- > t-,\ *kʻl- > tʻ-,\ *gl- > d-$$
$$*klr- > ṭ-,\ *kʻlr- > ṭʻ-,\ *glr- > ḍ-$$

这种现象可以在汉藏语言比较等方面得到证实。例如：

周(章)/凋雕(端)/惆(溪)

"雕"，鹰也，藏文 kʻra，门巴语 kʻrA，僜语 glaŋ，黎语 gaau，景颇语 gala，吉伟苗语 qwei，石门苗语 tlɯɯ。又"雕"，刻也，景颇语 krok，佤语 gʻlok，泰文 klɔŋ。由此可见，"雕"的上古音当为*kl-。"凋"，凋落，泰语 hiau，龙州壮语 heeu，剥隘话 leeu，侗语 tiu、ho 两读，水语 tiu，可见"凋"的上古音亦为*kl-。"周"与"纠"(见母)古书通假，《左传·襄公二十六年》"公孙周"，《史记·宋微子世家》作"公孙纠"，《史记·晋世家》"公子周"，《集解》引徐广曰："一作纠。""周"的上古音亦有 k 音，可为证据。又如：

頭(定)短(端)/竪(禅)/逗(澄)/欨(晓母)

"頭"，藏语 klad，达让僜语 kru，壮语 kjau（<*kl-），泰语 klan，仡佬语 klo，毛南语 ko，对比汉语"骷髅"，其上古音当是*klo-，与同源词"元"*ŋlon 为前缀交替。"短"，仡佬语 hɣən（<*hl-），越南语 lun，又读 chun（<*kl-），景颇语 katun（<*kl-），布努语 lun，苗语 loŋ，因此"短"的上古音为*klon，与同源词"脠"(邪母，短也)*loŋ 仅多一个 k。同谐声的"脰"(颈项)*klo，与"项"*graŋ 语音相近，"豆"(谷豆)*klo，与"荅"(小豆)*klop 语音也相近，分别同源。

第三，李方桂的*krj-等仅仅是替跟见系谐声的章组字构拟的，对于不跟见组谐声的章组字则仍旧以为来源于*t-等。其实那些不跟见组谐声的章组字可能也都来源于*klj-等。例如：

之(章)/志痣(章)

"痣",厦门话 ki,"志",藏文 rgjia(<*gr-)(标志)。又甲骨文"之"、"止"同源,上文已证"止"为*klj-,所以"之"的上古音亦为*klj-。又如:

詹(章)/擔(端)

"擔",泰文 haam,武鸣壮语 ɣaam,龙州壮语 haam,剥隘语 lɛɛm,景颇语 kˑlap,克慕语 klam(肩负),勉语 daam,独龙语 taam,仫佬语 kɣaap(<*kl-),可见"擔"的上古音当为*kl-,那么声符"詹"为*klj-。

此外,跟见组谐声的端组、知组字,其实也都来源于*kl-等,不管同谐声的字当中有无章组字。例如:

覃潭(定)/咸(匣)

《说文》指出"覃"为"咸"省声,"咸"为二等字,上古音为*gr-,故"覃"的上古音当为*gl-。《诗经·周南·葛覃》"葛之覃兮,施于中谷","覃"*gl-正与"延"*lan 通假。"潭",池塘也。"池塘",武鸣壮语 kum,龙州壮语 tˑum,泰语 lum,侗水语支大多为 tam,但仫佬语为 lam,字并当为"潭",故"潭"的上古音当为*gl-。《说文》:"婪,贪也,读若潭。""婪"的上古音为*gr-(比较同谐声的"禁"*kr-),正与"潭"的上古音相近,故为读若。又如:

天(透)/祆(晓)

汉代译"印度"hindu 为"天竺",又《释名》:"天,显也。"可见"天"当时读为*hlian。《史记·匈奴传》载祁连山一名"天山","祁连"gilian 与"天"古音相近,或本为汉语,非匈奴语也。又如:

貞(知)/鼎(端)

"貞"声字有"䞓"(彻),"䞓"或体作"䞓","㞢"声字多属见组,故"貞"声字上古可能读*kl-。"鼎",三足锅,越南语 kieŋ,佤语 kiaŋ,壮语 kiəŋ,傣语 xeŋ,又 keŋ。又古书"鼎"通"硎"(溪),《礼记·檀弓上》:"鼎鼎尔则小人。"《论语·子路》:"硁硁然小人哉。"可见"鼎"的上古音确为*klaŋ。

综上所述,我们认为所有的章组字都来源于上古的 *klj-、*kʻlj-、*glj-,而端组、知组也有一部分来源于 *kl-、*kʻl-、*gl-。这样,我们就能比较完满地解决本章一开始所提出的问题,即:

	上古＞中古		上古＞中古	
一四等	t-	t-端	kl-	t-端
	tʻ-	tʻ-透	kʻl-	tʻ-透
	d-	d-定	gl-	d-定
二等	tr-	ṭ-知二	klr-	ṭ-知
	tʻr-	ṭʻ-彻二	kʻlr-	ṭʻ-彻
	dr-	ḍ-澄二	glr-	ḍ-澄
三等	trj-	ṭ-知三	klj-	tɕ-章
	tʻrj-	ṭʻ-彻三	kʻlj-	tɕʻ-昌
	drj-	ḍ-澄三	glj-	dʑ-船禅

从上表可以清楚地看出,章组为何跟端组、知组谐声,而到了中古又为何跟知组三等形成对立。当然,这里 *kl-、*klj- 等的演变趋势并不限于表中所立出的方式,它们也可能分化演变为见组、喻₄等。例如闽方言的演变方式"齿"*klj->k-、"痣"*klj->k- 就与此不同。这种复辅音声母的不同演变方式,可参见本书第八章。

跟舌根音声母谐声的齿音声母实际上还有一组,那就是精组,同时,章组当中也还有审母尚未论及①,它们的情况将在下文论述。

第三节　跟唇音、鼻音谐声的舌齿音声母及其他

章组除了跟见、溪、群、晓、匣等舌根音声母谐声以外,还有少数跟帮、滂、并等唇音声母,精、清、从、心、邪等齿音声母,以及泥、日、疑等鼻音声母谐声。端、知两组也有类似的谐声关系。

章组、端组和知组跟唇音声母的谐声,反映了上古具有 *pl-、*pʻl-、*bl- 等

---

① 此外还有禅母。李方桂《上古音研究》认为船母和禅母在上古和中古均不易分开,本文取此说,故上表将船、禅两母合在一处。

复辅音声母的形式,这种形式同样可以有如下的演变形式:

	上古＞中古	
一四等	pl-	t-端
	pʻl-	tʻ-透
	bl-	d-定
二等	plr-	ṭ-知
	pʻlr-	ṭʻ-彻
	blr-	ḍ-澄
三等	plj-	tɕ-章
	pʻlj-	tɕʻ-昌
	blj-	dʑ-船禅

举例来说,

白(並)伯(帮)魄(滂)/魄(透)

"白"、"伯"都是二等字,上古当有 r 介音。"白",泰文 prak,景颇语 hpʒo(＜*hpl-),"伯",泰文 braʔ(伯爵),可见"白"的上古汉语应作*br-。"魄"从白声,其上古音则为*pʻl-。以后*pʻl-＞pʻ-,为"魂魄"之"魄",*pʻl-＞tʻ-,为"落魄"之"魄"。又如:

芍的勺杓(端)/芍(知)/勺灼鹝(章)芍杓(禅)/豹杓勺(帮)䏿筠炂(並)/炂(来母)/芍茢(匣)

在这个谐声系列中,值得注意的是一字两读甚至三读四读,它们的意义相同,当同出一源。同时,"灼"为章母而"䏿"为并母,"杓"为端母、禅母,而"茢"为匣母,这种谐声也尤有趣味。我们认为,它们的原始形式应是:"杓"*pl-,"芍"*gl-,"灼"*bl-等。它们能够互相谐声的原因是 l 跟韵母组成的词根都相同或相近,而 p、g 等作为词的前缀可以互相交替。"豹"的上古音当是*pr-,与*pl-等语音相近而同谐声。"䏿"字有一个异体"瓟"。《说文》:"瓟,小瓜也,从瓜交声。蒲角切。"徐铉想不通,认为"交非声"。其实从瓜交声的,上古音为*kr-,从瓜勺声的,上古音*pr-,两字词根相同而k与p交替。《说文》又云:"瓞,㼌也,从瓜失声。"这是*kr->t或*pr->t之例,此字的重文"瓟"从瓜弗声(並母),可知这一构拟不误。

关于章组跟精组声母的谐声,我们注意到,在具有这种关系的谐声系列中精组声母字一般要大大少于章组声母字,而同时谐声的又往往有端组、知组、见组等。既然章组是*klj-等,端组是*kl-等,知组是*klr-等,那么跟章组等谐声的精组就应当是*skl-、*sklr-、*sklj-等,它们跟中古声母的关系有如下表:

	上古>中古	
一四等	skl-	精
二等	skr-	庄
三等	sklj-	精

举例来说:

殄(定)/诊(知)/诊胗骖(章)/胗(见)/骖(来)/参(心)

在这个谐声系列中,"诊"、"胗"和"骖"的一字两读预示着它们的上古音应是*kl-或*kr-等。现在看"参"字,此字读作心母时音义跟"三"相同。朱骏声《说文通训定声》说"参"从晶㐱声,"㐱"则从人(像星光下垂)三声。金文"参"作𠫵和𠫵,"三"是声符。又"骖",驾三马也,其义在三,"犙",三岁牛也,其义也在三,"三"、"参"同源。"三",藏文 gsum (<*sgum),嘉戎语 kʻsum (<*skum),武鸣壮语、榕江侗语 saam,水语、锦屏侗语 haam,由此可见,"三"的原始形式应是*sklum。"三",缅文 tʻum,仫佬语 taam,则符合于*kl->t之例;养蒿苗语 pi,复员苗语 pzi (<*pl-),则是前缀 k 和 p 的交替,石门苗语 tsi 则是由*spl-变为齿头音声母,跟汉语"参"由*skl-变为"参加"之"参"(清母)相似。由此可见,"参"的上古音确为*sklum。

同时,如果谐声系列中没有端、知、章组,只有精、见组,那么精组声母仍然应该是*skl-等。例如:

歲(心)/劌(见)

《说文》"歲"从步戌声,但是甲骨文"歲"作㦵,从戉声,金文"歲"作𢧑,从步戉声,《释名》:"歲,越也",可见"歲"确实从步戌声,其语源义为时间的逾越。"戌",中古喻三字,上古归匣母,可见"劌"字读见母是可信的。藏文 skyod-pa(<*skr-)意为行走、逾越、时间之逝去,正与汉语"歲"音义切合,可见"歲"的上古形式应是 *skl-(参梅祖麟《四声别义中的时间层次》、《汉藏语的"岁、越","还(旋)、圜"及其相关问题》)。

其次,如果章组、端组和见组的谐声系列中又有跟鼻音声母的谐声,那么这可能反映了原始汉语具有一种鼻音前缀,其形式是 *mkl-、*nkl-、*ŋkl-等,这种鼻音前缀可以合并写作 *N。在同一个谐声系列中,如果既有鼻音声母字,又有擦音声母字,那么这反映了上古鼻音前缀 *N 跟擦音前缀 *s 的交替。例如:

占(章)/點(端)/鉆(群)/拈(泥)

"點",《说文》:"小黑也。"黑色,壮语 dam,黎语 dam,水语 ʔnam(<*ʔl-),侗语 nam(<*l-),临高话 lam,但是德宏傣语 lam,西双版纳傣语 kam,故其原始形式为 *klam,壮语等的形式合于 *kl->t-的规律。上古汉语"點"是谈部字,各语言的主元音和韵尾正相符合,因此,上古汉语"點"当为 *klam。根据上文所述,同谐声的泥母字"拈"应当是 *nklam。"拈",毛南语 njem,临高话 hum,跟汉语韵尾相合,主元音相近,壮语、布依语 nap,主元音相合,韵尾对转,而西双版纳傣语 kep,德宏傣语 jip(<*l-),韵尾对转,声母预示古代形式为 *kl-,再加上以上各语的 n 音,说明"拈"的古代形式确实是 *nklam。黎语 tsem 则来自 *sklam,*s 跟 *n 交替;侗语 ȶip 则符合于 *kl->t-之例。

最后,章组声母中还有一个书母尚未论及。李方桂已经替书母构拟了 *hrj-的形式,我们认为,除了把 r 改为 l 以外,这个构拟完全是可信的。例如中古"葉"字有书涉切(书母)和与涉切(喻四)两读,前读乃"葉公好龙"之"葉",后读乃"枝葉"之"葉",两读上古同源。叶子,藏文 lo-ma,独龙语 lap,门巴语 lə-mA,僜语 lap,景颇语 lap,勉语 noom(<*l-),因此,"葉"字上古确为 *hljap。

当然,这里还应该指出的是,如果谐声系列中只有端组、知组、见组和来母,而没有照三(章组)、喻四等,那么这一系列的上古音就应该是 *kr-、*pr-等。例如:

龍瀧(来)/龔(见)/龐(並)/寵(彻)/瀧(山)

"龓"是见母字而从龍声,其上古音当是 *kr-。"龐"是並母字而从龍声,《诗经·小雅·车攻》:"四牡龐龐。"《释文》:"鹿同反,徐扶公反。"《汉书·地理志》"都龐",应劭注:"龐音龍。"故其上古音为 *br-。"龍"字上古通"龐",《水经注·钟山》:"都龐之峤"为"五岭之第三岭也"。《后汉书·吴祐传》"今大人逾越五领",李贤注引邓德明《南康记》:"大庾,一也;桂阳甲骑,二也;九真都龐,三也;临贺萌渚,四也;始安越城,五也。""龍"又通"尨",《周易·说卦》传:"震为雷,为龍。"宋朱震《汉上易传》:"郑康成读龍为尨,取日出时色杂也。"《周礼·春官·巾车》:"革路龍勒。"《释文》:"龍如字,戚音尨。"《周礼·考工记·玉人》:"上公用龍。"郑玄注:"郑司农云:龍当为尨,尨谓杂色。"《左传·哀公二年》:"公孙龍税焉。"《释文》作"公孙尨"。"龍"字《集韵》有卢钟切和莫江切两读,又"龖",藏文 nbrug,嘉戎语 rmok (<*mr-),景颇语 puʒen (<*pr-),吉卫苗语 zˌaŋ,炯奈瑶语 ŋkjaŋ,勉语 kuŋ。综上所述,"龍"的上古汉语应为 *mbruŋ,藏文的 n、炯奈瑶语的 ŋ 为鼻音前缀变来,炯奈瑶语、勉语的 k 为 b 的交替形式。汉语"瀧"的山母一读,反映了擦音前缀 *s 跟鼻音前缀 *m 的交替。"寵"字彻母而从龙声,上古又通"龐",《集韵》"龐,都龐县,在九真,或作寵",由此可见,"寵"字上古音为 *br-,以后依 *br->t-之例,演变为中古彻母字①。关于 *kr->t-、*pr->t-,详第八章。

---

① 关于"龍"字的上古音,尉迟治平有《说"龙"》一文(载《语言研究》1993 年第 2 期),材料甚富,论述甚详,可参。

第十章

上古韵部的分合问题

第一节 古韵分部的怀疑

关于上古汉语韵母系统的研究,早在1917年王国维就有过一番评价。他在《两周金石文韵读序》中说:"古韵之学,自昆山顾氏,而婺源江氏,而休宁戴氏,而金坛段氏,而曲阜孔氏,而高邮王氏,而歙县江氏,作者不过七人,然古音廿二部之目遂令后世无可增损。……古韵之学则谓之前无古人,后无来者,可也。"(文载《观堂集林》卷八)王氏说古韵学前无古人,后无来者,自然是片面之词。因为在顾炎武、江永等七人之后,至少还有章太炎和王力的脂微分部说(章说参靳华《论章太炎的古音学》一文,1985)、黄侃和董同龢的谈添盍帖分四部说(黄说见《黄侃论学杂著》,董说见《上古音韵表稿》)等等。但是上古汉语韵母系统总的格局当时已经确定则是事实,王念孙、江有诰的古韵22部,如果把入声韵部从阴声韵部中分离出来,也已经达到30部左右,跟今人的分部差不多了。因此,目前汉语音韵学界共同的结论是上古韵部30部左右。例如王力先生定先秦29部、战国30部(《汉语语音史》,1985),罗常培和周祖谟定《诗经》音31部、汉代音27部(《汉魏晋南北朝韵部演变研究》,1958),李方桂分上古音22部,如果分出入声9部,亦为31部(《上古音研究》,1971),董同龢分上古音22部,如果分出入声9部,亦为31部(《上古音韵表稿》)。我们认为,《诗经》音和汉代音都是31部,这31部是:之、职、蒸、幽、觉、冬、宵、药、侯、屋、东、鱼、铎、阳、歌、祭、月、元、支、锡、耕、脂、质、真、微、物、文、叶、谈、缉、侵(参张世禄、杨剑桥《音韵学入门》,1987,杨剑桥《〈说文解字〉读若研究》,1987)。

不过,近几年来有一些学者却对上古音分30部左右表示了极大的怀疑,他们认为上古韵部并没有这么多,许多已经分立的韵部实在应当合并起来。例如于省吾先生《释甶、目兼论古韵部东冬的分合》一文提出,孔广森把"雕、雁、饔"三字列入东部,"宫、躬、穷"三字列入冬部,但是这六个字均以甶为声,上古当同为一部。又如黄绮《论古韵分部及支脂之是否应分为三》一文认为,"从周秦以来一直到两汉,反映支、脂、之三部不分的资料比《诗经》和《楚辞》更为广泛得多",并说自己关于支、脂、之不分为三的证明,"对探索其他韵的分部可能也有些普遍意义"。又如史存直《汉语语音史纲要》一书(1981)认为祭部、侯部、支部都不是独立的韵部,东、冬两部应该合并,真、文两部应该合并,"这样一来,周秦古音的舒声韵一共就只有十四个独立韵部(之、脂、歌、鱼、幽、宵、阳、耕、蒸、东、元、真、侵、谈)和两个非独立韵部(侯、支)了"。这样就提出了一个问题,那就是:这些有关的韵部在上古究竟是分还是合?

第二节 历史的回顾

在汉语音韵学史上,清代是一个极为辉煌的时代。在将近三百年的时间内,古音学家们一代接着一代,孜孜不倦地探求上古音韵的奥秘。他们一是具有正确的历史观,知道语音是不断发展的,明了文字的形、音、义之间的关系,二是具有严格的科学态度,推崇实事求是,提倡互相论难,重材料,重证据,因此他们提出的"支、脂、之三分"等古韵分部的主张,都经受住了历史的检验。

以段玉裁的"支、脂、之三分说"为例,段氏此说的诞生是在1767年,在此之前,乾隆庚辰年(1760),段氏进京赴考,见到了顾炎武的《音学五书》,从他惊叹顾氏考据之广博来看(《寄戴东原先生书》),他当时已经全盘接受了顾氏的学说与研究方法。癸未年(1763),段氏拜戴震为师,又得知江永《古韵标准》一书及其主要内容。尤为重要的是,他看到了江氏的见解和顾氏不同,江氏在真元分部等方面的发明,在段氏的思想上产生了革命性的作用。丁亥年(1767),段氏因《古韵标准》的启发,细绎《诗经》三百篇,终于发现支脂之三分、真文分部和侯部独立的事实,并提出了古韵十七部的见解。

对于段氏的发现,开始时其师戴震虽然"闻而伟其所学之精"(《六书音均表·序》),但只是嘉奖段氏的好学精神而已,其内心实在并不相信。直到癸巳年(1773)春,戴氏寓居浙东,取顾炎武《诗本音》,逐章逐句对段氏"支、脂、之三分说"进行审核,后又"讽诵乎经文",终于承认此说为"确论"(《戴东原先生来书》)。当年十月底,戴氏写信给段氏,说:"大著辨别五支六脂七之,如清、真、蒸三韵之不相通,能发自唐以来讲韵者所未发。"这时,离段氏发明之初已经六年了。戴氏承认"支、脂、之三分说"以后,后来的古音学家们也都赞同此说。

清代发明支、脂、之三分的,除段氏以外至少还有三人,那就是王念孙、江有诰和牟应震。据王氏《寄江晋三书》云:"念孙少时服膺顾氏书,年二十三入都会试,得江氏《古韵标准》,始知顾氏所分十部犹有罅漏,旋里后,取三百五篇反复寻绎,始知江氏之书仍未尽善,辄以己意重加编次,分古音二十一部,未敢出以示人。及服官后,始得亡友段君若膺所撰《六书音均表》,见其分支、脂、之为三,真、谆为二,尤、侯为二,皆与鄙见若合符节,唯入声之分合,及分配平上去,与念孙多有不合。"是王氏亦有支脂之三分之发明,而且这是在不知段说的情况下独自发明。另据葛其仁所撰《江晋三先生传》,江氏分支、脂、之为三,"嗣得段茂堂先生《六书音均表》,持论多合,益自信",这就是说,江有诰也是独自发明了"支、脂、之三分说"。又据牟应震《毛诗奇句韵考》序言云:"余之考古音也,始于丁卯。屏绝诸韵书,取证于经。分庚、阳为二,与顾氏说合,则喜。既分真、元为二,侵、覃为二,与江氏说合,则益喜。既分支、脂、之为三,与段氏说合,虽未读段氏书,或不大谬,则亦喜。"由此可知,牟氏也有"支、脂、之三分"的发明,虽然时间较晚(丁卯年为1807年),但是是他独力完成的。

在上述这一段历史中,有以下三点值得注意:(1)"支、脂、之三分"其实不是段氏一人的发明,而是清代好几个古音学家的共同认识,这种共同认识显然是比较全面和正确的;(2)段、王、江三人都是学习了顾炎武的《音学五书》和江永的《古韵标准》之后,才发明"支、脂、之三分"的,这就是说,"支、脂、之三分"的发现并不是偶然的,而是顾炎武和江永的科学思想和正确方法的必然产物,是汉语音韵学发展的必然结果;(3)戴氏是在严格审核的基础上接受"支、脂、之三分说"的,也就是说,"支、脂、之三分说"已经经受住了人们的检验,是可以信赖的。由此可见,如果我们所根据的材料仍然和清儒一样是《诗经》和群经韵文,所依据的方法仍然是归纳排比,那么要想推翻"支、脂、之三分说"谈何容易!其他韵部的分合,如真文分部、侯部独立等也同样如此,如果没有新的材料和新的方法,清代学者经过深思熟虑和反复论难而得出的结论,是很难加以推翻的。

第三节 从方法论看古韵部的分合

对于有些上古韵部的分合,音韵学家们也并非是毫无分歧的。例如对于段玉裁的真文分部和侯部独立,戴震始终没有同意,王念孙和江有诰则完全同意,而在现代学者中赞成与反对也各有人在。此中是非究竟如何,我们想从音韵学方法论的角度来加以讨论。

大家知道,清代学者所据以研究的韵文材料大都相同,但是他们的古韵分部却有多有少,产生这种现象的主要原因是方法上的是非、高低、优劣之分。我们认为,这种方法上的差异大致有以下几个方面。

一、对于《诗经》等韵文的韵例有不同的看法

古代韵文如何押韵,本没有明文规定。西方有押头韵,中国有押尾韵,有些民族又有押腰韵的形式;同样押尾韵,又有所谓连句韵、隔句韵、交韵、抱韵、富韵、贫韵之别。因此说某处入韵某处不入韵,完全是靠参互比较,从经验中得出。例如《诗经·邶风·谷风》一章"采葑采菲,无以下体;德音莫违,及尔同死",段玉裁认为"菲、体、死"为韵,王力认为"菲、违"微部字为韵,"体、死"脂部字为韵,如依段氏,就看不出脂微分部的事实,显然王力先生是对的。

二、对于换韵与否有不同的看法

韵文的章节之间是连韵还是换韵,也没有严格的规律。例如《诗经·鄘风·相鼠》,顾炎武和江永都以为一章"皮、仪、仪、为"为韵,二章"齿、止、止、俟"与三章"体、礼、礼、死"为韵,但段玉裁、王念孙、江有诰则认为一、二、三章各自为韵,一章是歌部字,二章是之部字,三章是脂部字,二章和三章换韵。显然,段、王、江的看法为优。

三、在离析唐韵方面有彻底、不彻底之分

例如顾炎武虽然创立了离析唐韵以求古韵的方法,但他未能完全贯彻,而把《广韵》从真至仙 14 个韵全部并合成为古音第四部。江永却能看出其中先韵字可离析为二,其一与真谆等韵合为一部,其二与元寒等韵合为一部,由此分顾氏的第四部为真、元两部。显然,江氏的做法较顾氏更为彻底。

四、在语音系统性方面有不同的处理

王力先生指出,古音学家分为考古派和审音派,两派对于古音韵部的处理各有不同。例如顾炎武看到古音入声字多与阴声字为韵,于是一反中古入声韵配阳声韵之旧,将入声韵与阴声韵相配(《广韵》侵覃以下九韵除外),这是纯粹依照古韵实际归纳的结果;而戴震则以为,"有入者,如气之阳,如物之雄,如衣之表;无入者,如气之阴,如物之雌,如衣之里"(《答段若膺论韵书》),首创阴、阳、入三

分法,将入声韵部独立出来,作为阴声韵和阳声韵对转的枢纽。显然,从音理上来说,后者的做法更为合理,反映古代韵母系统的实际更为清晰。

五、有的古音学家能够利用韵部与韵部之间关系的远近来区分韵部

例如孔广森的东冬分部,王念孙初不以为然,他认为《诗经·小雅·蓼萧》四章皆每章一韵,孔广森把第四章一分为二,以"浓、冲"为韵和"雝、同"为韵,较为牵强;又《诗经·邶风·旄丘》三章以"戎、东、同"为韵,孔广森谓"戎"字不入韵,"东、同"东部字为韵,亦颇为武断,因而不同意孔说(见王氏《寄江晋三书》)。及至江有诰告诉他:"孔氏之分东冬,人皆疑之,有诰初亦不之信也。细细绎之……东每与阳通,冬每与蒸侵合,此东、冬之界限也。"(《复王石臞先生书》)王念孙这才相信了,并在他晚年所作的《合韵谱》中,改从孔广森东冬分部之说,增立了冬部,从而使他的古韵分部增至22部①。东、冬两部在跟其他韵部的关系中分别具有不同的性格特征,江有诰据此确认东冬分部之说,显然,这种方法较为科学。

六、对于合韵的处理有不同的做法

例如江有诰见到《楚辞》中质(《广韵》的质、栉、屑韵)、术(《广韵》的术、物、迄、没韵)两部字分用有5例,合用有7例,遂将质、术两部合为脂部的入声。但是王念孙认为,《广韵》至、霁、质、栉、黠、屑、薛七韵中,凡是从至、从质、从吉、从日等的字,在《诗经》中独用有38例,群经中独用有20例,《楚辞》中独用有6例,因而它们可以独立成为一部(即至部)(《答李方伯论古韵学书》)。他批评江氏云:"足下谓质非真之入是也,而合质于术以承脂,则似有未安。《诗》中以质术同用者,唯《载驰》三章之'济、闷',《皇矣》八章之'类、致',《抑》首章之'疾、戾',不得因此而谓全部皆通也。"(《寄江晋三书》)各家古韵分部都有合韵,问题在于要能够区别特殊与一般,个别与全体,不能因为一二偶然合韵之例而并合本来有别的韵部,显然,王氏的处理略胜一筹。

以上六种方法的差异,其是非、高低和优劣大多十分清楚,正因为如此,所以几百年来,古音学家们的认识能够逐渐趋同一致,而最后大都承认上古韵部为30部左右。现在既然人们对段玉裁等古音学家的分部有分歧意见,那么就让我们

---

① 王念孙《与丁大令若士书》云:"弟向酌定古韵凡廿二部,说与大著略同,唯质、术分为二部,且质部有去声而无平上声,缉、盍二部则并无去声,又《周颂》中无韵之处,不敢强为之韵,此其与大著不同。"按丁氏分东冬为二部,王氏未有异议,此亦可见王氏已接受孔氏之说。

来检查一下，这些分歧意见在方法论上的得失如何。

一、关于段玉裁的真文分部

史存直先生指出，《诗经》中真部独用 73 例，文部独用 29 例，真文合韵 5 例，《楚辞》中真部独用 4 例，文部独用 10 例，真文合韵 8 例，两者合计，真部独用 77 例，文部独用 39 例，真文合韵 13 例。史先生的结论是："合韵的例子并不算少，……所以应该合并。"(《汉语语音史纲要》)我们认为，即使依照史先生的统计，真文两部独用共 116 例，合韵 13 例，合韵数占独用数的 11%，那么合韵与独用之比仍然是一个指头与九个指头之比，怎么能以少害多，得出"应该合并"的结论呢？同时，据我们的检查，《诗经》中真部独用 65 例，文部独用 27 例，真文合韵 4 例，即《诗经·卫风·硕人》二章"倩、盼"为韵、《诗经·小雅·正月》十二章"邻、云、慇"为韵、《诗经·周颂·烈文》二章"人、训、刑"为韵和《诗经·大雅·既醉》六章"壶、年、胤"为韵，《楚辞》中真部独用 5 例，文部独用 12 例，真文合韵 6 例，与史先生的统计不同。因此，实际上合韵数占独用数的比例将更为缩小(只占 9%)，这样，从押韵看，真文分部完全是正确的。

其次，江有诰曾云："段氏之分真文，……人皆疑之，有诰初亦不之信也。细细绎之，真与耕通用为多，文与元合用较广，此真文之界限也。"(《复王石臞先生书》)据王念孙《合韵谱》，真部与耕部合韵《诗经》9 例，群经 26 例，《楚辞》9 例，合计共 44 例，文部与耕部合韵《诗经》2 例，群经 1 例，合计共 3 例；真部与元部合韵《诗经》1 例，群经 4 例，《楚辞》2 例，合计共 7 例，文部与元部合韵《诗经》3 例，群经 6 例，《楚辞》3 例，合计共 12 例。这里真部在与耕部的关系中表现出与众不同的特性，文部则无此特性，我们正可根据不同的合韵关系把真部和文部区分开来。如果认为真文不能分部，那么我们又如何解释这种韵部之间不同的合韵关系呢？

关于段氏的真文分部说，戴震也是不同意的。戴氏不同意真文分部(还有幽侯分部)的原因，在他的《答段若膺论韵书》的长篇信件中讲得颇为清楚。他说："以正转之同入相配定其分合，而不徒持古人用韵为证，仆之所见如此"，"江先生分真已下十四韵，侵已下九韵各为二，今又分真已下为三，分尤、幽与侯为二，而脂、微、齐、皆、灰不分为三、东、冬、锺不分为二，谆、文至山、仙虽分而同入不分，尤、幽、侯虽分而同入不分"。他是强调从语音的系统性角度考虑古韵的分合，批评段氏真、文分为二部，脂、微等却不分，幽、侯分为二部，幽、侯的入声却通用不分，因此主张"宁用陆德明古人韵缓之说"。平心而论，戴氏的批评是切中要害的,但其结论则是错误的。从语音的系统性出发,并不是要跟押韵系统的归纳结果相对立,而是应该相辅相成。因此,正确的结论应该是真文分部以后,是否考虑脂微也加以分部,侯部独立以后,是否考虑侯部的入声也加以独立,而不是相反去取消真文分部。我们看到,后来王念孙、江有诰主张侯部有入声,王力主张脂微分部,正是沿着这样一个逻辑认识去做的,从而更加完善了古音学的研究。

二、关于段玉裁的侯部独立说

史存直先生指出,《诗经》中鱼部独用181例,幽部独用113例,侯部独用27例,鱼侯合韵6例,幽侯合韵4例,《楚辞》中鱼部独用66例,幽部独用26例,侯部独用3例,鱼侯合韵0例,幽侯合韵1例,两相合计,鱼部独用共247例,幽部独用共139例,侯部独用共30例,鱼侯合韵共6例,幽侯合韵共5例。其结论是"侯部并不是独立的韵部,而是摆动于鱼幽两部之间的一群字:在某些方言里这群字属于鱼部,在另一些方言里这群字属于幽部"(《汉语语音史纲要》)。我们认为,根据史先生的统计,幽、侯两部独用共169例,合韵仅5例,合韵数占独用数的3%不到,鱼、侯两部独用共277例,合韵仅6例,合韵数占独用数的2.8%,如果由此得出"侯部并不是独立的韵部"的结论,我们简直不知道,要达到怎样的要求才算是独立的韵部?看来,史先生的办法是把合韵数与单独一个用例较少的韵部的独用数加以比较的,即幽侯合韵5例,就把它跟侯部独用30例比较,比率为16.7%,认为合韵数高了。但是,如果这样比较的话,那么据史先生的统计,《诗经》宵部独用49例,幽宵合韵12例,合韵数占独用数的24%,难道宵部还能独立吗?又,《诗经》蒸部独用21例,蒸侵合韵3例,合韵数占独用数的14.3%,难道蒸部还能独立吗?又,《诗经》耕部独用57例,耕真合韵3例,群经耕部独用54例,耕真合韵17例,《楚辞》耕部独用20例,耕真合韵7例,三者相加,耕部独用131例,耕真合韵27例,合韵数占独用数的20.1%,难道耕部还能独立吗?从方法论来看,这难道不是以一二偶然合韵之例来并合本来有别的韵部吗?循此以往,最终我们将不得不退回到顾炎武的十部甚或更少为止,而把江永以降所有的古音学家的研究成果全部抹杀。这样,还有什么清代古音学可言呢?

论者又谓,周祖谟先生的《两汉音韵部略说》证明西汉时候侯部已经不是一个独立的韵部,这从另一个侧面说明周秦时代侯部也不是独立的。我们不知道这是一种什么推理。"龙生龙,凤生凤,老鼠儿子会打洞",难道西汉时候侯部不能独立,就能证明周秦时候侯部也不独立吗?同时,我们还想提请大家注意邵荣芬先生的文章《古韵鱼侯两部在前汉时期的分合》(1983),此文提要指出:"一、鱼侯两部的通押并不多,没有超出韵部划分的一般限度;二、鱼部与歌部往往通押,而侯部与歌部则绝不相通。"我想,根据这两条证据,侯部在西汉的独立想必是不成问题了,那么用它来证明周秦时所谓侯部的不能独立,想必也是不合适的吧!

三、关于孔广森的东冬分部说

首先需要指出的是,于省吾先生反对东、冬分部的文章,虽然是依据了新的材料——甲骨文,但是他把音系的时代搞错了。清代学者所谓的上古音,主要是指《诗经》音。《诗经》的时代大致是公元前11世纪到公元前6世纪,即从西周初期到春秋中叶;而甲骨文所处的时代则是公元前14世纪到公元前11世纪,即从盘庚迁殷以后到纣王亡国。时代不同,语音系统当然会有所变动,更何况对于商代音系,目前音韵学界还没有明确的结论。据赵诚对于甲骨刻辞和商代铜器铭文的调查,商代音系有如下特点:(1)清声母和浊声母不分,如"鳳:風"、"白:百"、"禽:今"、"字:子"、"豆:登"、"祀:司"等等,都同为一字;(2)阴声韵和入声韵多有不分,如"大:太:達"、"異:翼"、"后:毓"等等,都同为一字;(3)阳声韵和入声韵多有不分,如"宀:宅"、"丙:匹"、"元:兀"等等,都同为一字;(4)阴声韵和阳声韵多有混同,如"矢:寅"、"豆:登"、"妻:敏"等等,都同为一字;(5)商代可能不分四声(《商代音系探索》)。因此,于先生的意见如果是针对商代音系而设,那是完全可能成立的,但是如果用来证明《诗经》音系,那就很难使人接受了。

其次,史存直先生指出,《诗经》东部独用49例,冬部独用11例,东冬合韵5例,《楚辞》东部独用10例,冬部独用6例,东冬合韵2例,两者相加,东部独用共59例,冬部独用共17例,东冬合韵共7例,结论是东、冬不能分立。我们认为,东冬合韵数只占独用数的9.2%,东、冬分立应该是可以的。史先生又说,"就谐声关系来看,《广韵》'东董送''冬宋''锺肿用''江讲降'这四组韵之间有切不断的关系",因此东、冬不宜分部(《汉语语音史纲要》)。我们不明白这话是什么意思。讨论上古韵部,尽管可以利用《广韵》韵部加以上推,但是鉴于顾炎武创立的离析《唐韵》法是古韵研究的重要方法,我们绝对不能用《广韵》韵部来范围、束缚古韵的分部。从谐声关系看,凡是从東从同从丰从充从公从工等等的字都属东部,凡是从冬从眾从宗从中从虫从戎等等的字都属冬部,两部之间的畛域十分清楚,哪里有什么"切不断的关系"!至于东、冬两部的字到中古时混入同一个韵部中,那又有什么妨碍呢?

四、关于段玉裁的支脂之分部

对于段氏此说,黄绮先生的反对似最为激烈,他在文章中列出了《诗经》、《楚辞》、群经用韵、金文、《说文》读若等等材料中许多支、脂、之不分的例证。不过，仔细检查下来，其中多有不可靠或学界意见分歧者。例如黄先生以为《诗经·周南·葛覃》"归、私、衣、否、母"为韵，但段氏以为"归、私、衣"脂部平声字为韵，"否、母"之部上声字为韵，这是古诗换韵之例；又黄先生以为《诗经·邶风·静女》"荑、异、美、贻"为韵，但王力先生以为"荑、美"脂部字为韵，"异、贻"之部字为韵，这是古诗交韵之例；又黄先生以为《诗经·大雅·皇矣》"比、悔、祉、子"为韵，但段氏以为"类、比"脂部入声字为韵，"悔、祉、子"之部上声字为韵，这又是古诗换韵之例，这些例子中，谁是谁非应该是十分清楚的。对于《诗经·大雅·皇矣》一例，黄先生还特意加了一个脚注，说"比"必是与"悔"等押韵，"比"字不能一字独立为韵，古代无此韵律。事实上，"比"字明明可以与上文"类"字为韵，这是一查原文就清楚的。黄文还列出了金文中支、脂、之不分的大量例证，在这里，黄先生判断韵脚的情况如何呢？遗憾得很，也是问题不少。且举一二来看看：

　　《王孙遗诸钟》：余□龚桱辟畏忌趩趩，肃哲圣武惠于政德，忞于威义诲□不飤，阑阑龢钟用匽以喜，用乐嘉宾父兄及我朋友，……

这里有下划线和·处的为王国维判出的韵脚，黄氏相同。但黄氏首韵是一个古体的"迟"字，此字就是王国维这里释读的"辟"字。由于黄氏以此字入韵，遂使这一段本来清清楚楚以职部字和之部字为韵的金文，变成了脂、职合韵。更为奇怪的是，黄先生竟以歌部字"义"字入韵；虽说他准备另文讨论，但我们总担心他如果连"武、钟、兄"等字都入韵，那么上古韵部非搅成一锅粥不可。又：

　　《郘钟》：惟王正月初吉丁亥，郘□曰余翼公之孙郘伯之子，余颉□事君余兽孔武，作为余钟玄镠铲铝，大钟八肆其宠四堵，……

这里已经标出的还是王国维的韵读，黄氏相同。但黄氏另有"聿（肆）"（脂部）字与"亥、子"（之部）合韵，我们搞不明白，这是一种什么韵律？"亥、子"都在大停顿处，"聿（肆）"在相隔20字和两个鱼部韵之后的小停顿处，如果此字入韵，那么"君、钟"为何不入韵？由于在黄文中这样的例子比比皆是，黄先生的结论显然要大打折扣。黄先生还批评清代学者探索古韵分部，违背"诗歌押韵的基本格律"，"不是实事求是的态度"，我想，对于这种不负责任的论辩作风，如果段玉裁地下有知，岂不是要抗议？

反对支、脂、之三分的论者又往往用《说文》读若中支、脂、之合韵的例子来否定段说。但是据笔者的统计,《说文》读若中本字与读若字所结成的有关韵部关系如下表所示(材料取自笔者的硕士论文《说文读若研究》,1982),数字是结成这种韵部关系的读若条数。

均为支部	均为脂部	均为微部	均为之部	为支脂合韵	为支微合韵	为支之合韵	为脂微合韵	为脂之合韵	为微之合韵
43	28	23	30	5	5	1	3	0	1
均为锡部	均为质部	均为物部	均为职部	为锡质合韵	为锡物合韵	为锡职合韵	为质物合韵	为质职合韵	为物职合韵
14	6	14	11	0	0	0	0	3	0

从表中可见,即使在东汉《说文》读若中支、脂、之三部的区分也是很清楚的,少数合韵并不妨碍三部之间大限的存在,论者因少数合韵而否定大部的分立,实在有失偏颇。

论者又认为在《诗经》的异文中,已经"透露出战国以后,尤其到了汉代,这三部已有某些相通的地方"(向熹《〈诗经〉异文分析》)。但是据我的考察,《诗经》异文(指齐诗、鲁诗、韩诗三家诗异文)并没有突破目前学界的古音分部范围,《诗经》异文之古音分部仍为 31 部,即之、职、蒸、鱼、铎、阳、支、锡、耕、幽、觉、冬、宵、药、侯、屋、东、歌、祭、月、元、微、物、文、脂、质、真、缉、侵、叶、谈,各部之间虽然并非毫无纠葛,但是它们的合韵还是在正常范围之内(参拙文《〈诗经〉异文之古音分部》,1991)。这里将有关韵部的异文情况列表说明如下,表中的数字为结成这种韵部关系的异文条数:

均为支部	均为脂部	均为微部	均为之部	为支脂合韵	为支微合韵	为支之合韵	为脂微合韵	为脂之合韵	为微之合韵
14	36	34	36	3	0	1	7	0	0
均为锡部	均为质部	均为物部	均为职部	为锡质合韵	为锡物合韵	为锡职合韵	为质物合韵	为质职合韵	为物职合韵
10	15	5	10	1	0	0	3	2	0

由此可见,《诗经》异文仍然支持段玉裁的支、脂、之三分说。论者之所以会得出支、脂、之不分的结论,除了那些抱有成见,故意见木不见林的人以外,是由于他们没有进行详尽的统计分析,见到一些合韵的例子,就以为大部情况就是如此。

其实,由于先秦两汉诗文延续时代甚长,涉及地域甚广,要找几十、上百条合韵的例子并不困难,把这些合韵之例集中在一起,大吹大擂,是不难造成一种韵部不能区分的态势的。但是如果把所有的例证全部罗列出来,合韵之例顿成少数,真相就会大白于天下。

论者又谓段玉裁既已提出"一声可谐万字,万字而必同部,同声必同部"的主张,但又往往把同谐声的字分配在不同的韵部,如"此"在十五部(脂部),而"斐、挈、鉴"在十六部(支部),因此"要说之、脂、支三部自唐以前分别最严,实在有点不可信了"。对此,我们认为,自从陈第提出"时有古今,地有南北,字有更革,音有转移"以后,人们都已经知道语音有时代的差别和地域的差别。段玉裁是有语音发展的观点的,所以他一方面说"要其始,则同谐声者必同部",一方面又有"古谐声偏旁分部互用说"(均见《六书音均表》),认为在最早时候(谐声时代)相同谐声的字必定相同韵部,但是由于语音的演变,在《诗经》时代已经出现了少数同谐声者不同部的情况。由于这种认识,他根据《诗经》押韵的实际,把"求"声放在幽部,而把同谐声的"裘"放在之部,把"每"声放在之部,而把同谐声的"侮"放在侯部,如此等等。段氏的这种处理都是极为实事求是的。如果了解了段氏的这种思想认识,那么我们就不会奇怪,为什么段氏把"此"声放在十五部(脂部),而在《说文解字注》中又认为"雌"属于十五、十六部(脂部、支部)。在《诗经》中,"此"声字大多与脂部字押韵,段氏把它们置于脂部当然合理,但是"雌"字,段氏《六书音均表》指出本音在十五部,《诗经·小雅·小弁》与"伎、枝、知"为韵,是"此"声字转入十六部的开始。因此,段氏注"雌"为十五、十六部,正是对于汉语语音发展演变的正确描写。而对于"斐"等汉代后起字,段氏直接注为十六部,更是对于当时"此"声字所在韵部的客观描写。需要指出的是,当"此"声转入支部以后,脂部仍然存在,两韵部之间的变动交流,并不妨碍它们之间大限的存在。因此,段氏的这一处理,并非如论者所谓是段氏"对支、脂、之三分也有些摇摆",由此也无法得出"要说之、脂、支三部自唐以前分别最严,实在有点不可信了"的结论。①

当然,由于研究水平和材料的局限,段氏对于少数字的归部确有疑惑。例如"麗"字,先秦未用作押韵字,段氏《说文解字注》归为脂部,而《六书音均表》归入支部。也有一些字的归部混乱,可能是由于笔误或刻印错误。例如"侮"字,《说

---

① 其实不要说支、脂、之三部自唐以前分别最严,就连重纽 A、B 两类仅仅是 j 和 i 的区别,唐人也分得清清楚楚。《文选》陆士衡《挽歌诗》"妍姿永夷泯"句,罗振玉影印日本金泽文库古本《文选集注》引唐公孙罗《音决》云:"泯,避讳,亡巾反,又泯之去声,他皆放此。"为了避李世民的讳,只要把"泯"(《广韵》弥邻切,重纽 A 类 mjen)读成亡巾反(重纽 B 类 mien)就可以了,可见分别之细。

文解字注》在五部（鱼部），《六书音均表》在四部（侯部），当以四部为准。但是少数字的混乱并不妨碍整个系统的建立，并不能作为支、脂、之不分的根据。

总而言之，清代学者在古韵分部上所取得的重要成就，不但基本上是能够成立的，是反映了清代古音学高度的研究水平的，而且是高本汉以来的现代音韵学赖以立身并进一步发展的坚实基础，是值得我们深入研究和全面继承的宝贵文化遗产。至于他们学说中的缺陷与谬误，例如忽视周秦古音中的方音现象等，当然也是值得我们注意的。努力避免这种种缺点和谬误，是当代音韵学的任务之一。

第十一章

上古汉语的声调

第一节 前人研究的回顾

关于上古汉语的声调问题,前人多有论述。明代陈第在《毛诗古音考》中首创"古诗不必拘于后世四声"之说,成为我国音韵学界研究上古汉语声调的先声。清代朴学大盛,上古汉语声调的研究也大有进展。先是顾炎武在《音学五书·音论》中主张"古人四声一贯",以为古人虽有四声,但四声可以并用,"上或转为平,去或转为平上,入或转为平上去";江永附和此说,其《古韵标准·例言》云:"四声虽起江左,案之实有其声,不容增减,此后人补前人未备之一端。平自韵平,上去入自韵上去入者,恒也;亦有一章两声或三四声者,随其声讽诵咏歌,亦自谐适,不必皆出一声。"以后,段玉裁著《六书音均表》,认为古四声不同于今韵,"周秦汉初之文,有平上入而无去,洎乎魏晋,上入声多转而为去声,平声多转为仄声,于是乎四声大备,而与古不侔",因而首创"古无去声"说。同时又有孔广森,谓"入声创自江左,非中原旧读"(《诗声类·序》),因而创"古无入声"之说。再后,江有诰以为"古人实有四声,特古人所读之声与后人不同"(《再寄王石臞先生书》),并在《唐韵四声正》一书中一一指明其古今声调不同者;王念孙晚年所作的《合韵谱》亦主此说。最后有夏燮《述韵》一书,总结王念孙、江有诰的理论,以群经、诸子、楚辞、秦刻石等四声分用之例,确认上古汉语实有四声,而将上古汉语声调的研究划上一个阶段性的句号。

夏燮的"古有四声"之说目前为音韵学界许多人所承认,其原因在于夏氏论述精当,令人折服。其说主要论据有三:(1)古人的作品,往往连用五韵六韵乃到十几韵,均为同一声调,而其他声调不相杂糅。例如《诗经·小雅·楚茨》

二章连用11韵均为平声,《尚书·洪范》"六三德"以下连用14韵均为入声。(2)《诗经》中一诗之内同为一部的韵字,按四声不同而分用不乱。例如《诗经·大雅·泂酌》共三章,分别以上、平、去声为韵,《诗经·鄘风·墙有茨》共三章,分别以上、平、入声为韵。(3)同为一字,分见数处而声调相同。例如"享"、"飨"上古为平声,《诗经》凡10见,皆不与上、去声同用,"庆"上古为平声,《诗经》凡7见,《易经》凡12见,皆不与上、去声同用。以夏氏此说观察,顾炎武、江永显然失之粗疏,段玉裁之说似应重加考订,而孔广森的意见更是囿于方音的表现。

不过,"古有四声说"虽然能大致解释上古汉语的声调现象,而于下述诸问题尚难圆通:(1)上古四声的来源如何?四声之从无到有是否为同时发生的现象?(2)为什么上古冬部、蒸部仅有平声,而无上、去声,侵部有平、上声而无去声,真部有平、去声而无上声?(3)如何解释谐声字中阴声字去、入相关者众,阳声字平、上、去相关者众?(4)如何解释《诗经》用韵中去、入相押,平、上、去相押的现象?(5)中古的上、去声在上古有读平声的,而中古的平声上古却无读上、去声的,为什么?有鉴于此,后世学者对于上古声调续有探讨,其中主要有黄侃的"古有平入二声说"(《音略·略例》)、王国维的"阴阳上去入五声说"(《观堂集林·五声说》)、魏建功的"阴阳入三声说"(《古音系研究》)、陆志韦的"平上长去短去入五声说"(《古音说略》)、王力的"上古汉语舒促二声说"(《汉语史稿》上册)等,可见上古声调的研究尚无定论,仍有继续探讨的必要。下面我们试图从上古声调的分布特征、谐声系统的声调统计、《诗经》押韵,以及汉藏语言比较等方面,来作进一步的探讨。

第二节 上古声调的分布特征

音位有分布特征,上古汉语既有声调,则声调音位亦应有分布特征。古人虽然没有这样的名称,但是这种研究则早已有之。如江有诰《唐韵四声正》卷首云:古韵廿一部中,"其四声具备者七部,曰之曰幽曰宵曰侯曰鱼曰支曰脂;有平上去而无入者七部,曰歌曰元曰文曰耕曰阳曰东曰谈;有平上而无去入者一部,曰侵;有平去而无上入者一部,曰真;有去入而无平上者一部,曰祭;有平声而无上去入者二部,曰中曰蒸;有入声而无平上去者二部,曰叶曰缉。"江氏此论,颇得王念孙赞同,以后夏燮所述亦大致相同。且将江氏论述列表如下:

声调＼韵部	东	中	蒸	侵	谈	阳	耕	真	文	元	歌	支	脂	祭	叶	缉	之	鱼	侯	幽	宵
平	+	+	+	+	+	+	+	+	+	+	+	+	+	+			+	+	+	+	+
上	+			+		+	+		+	+	+	+	+				+	+	+	+	+
去	+			+	+	+	+		+	+	+	+	+	+			+	+	+	+	+
入														+	+	+	+	+	+	+	+

表中，阳声韵各部无入声匹配，这是常理。但是冬(中)、蒸、侵、真、祭诸部的声调分布情况与其他各部不同，对此必须作出解释。上古每一韵部之中包含许多韵母，而以如此众多的韵母，却不能具备所有声调，必有其深刻的原因。

汉代人作诗极注意声调，平、上声与入声字押韵十分罕见，去入通押亦不多，且限于少数几个字，平上通押、上去通押均不多（参罗常培、周祖谟《汉魏晋南北朝韵部演变研究》），因此，对两汉声调的统计可能更有意义。罗常培、周祖谟《汉魏晋南北朝韵部演变研究》一书统计的两汉声调分布如下：

声调＼韵部	之	幽	宵	鱼	歌	支	脂	祭	蒸	冬	东	阳	耕	真	元	谈	侵
平	+	+	+	+	+	+	+		+	+	+	+	+	+	+	+	+
上	+	+	+	+	+	+	+	+	+		+	+	+	+	+	+	+
去	+	+	+	+	+	+	+	+	+		+	+	+	+	+	+	+

两汉与先秦比较，蒸部增加了去声，真部平上去三声亦已俱全。其次，罗常培、周祖谟又指出："阳声韵上去声字除元部外都不很多，到魏晋以后阳声韵的上去声字就多起来了。"再次，夏燮《述韵》说，《诗经》音东、耕、歌三部上去归平者多，祭、宵两部去入通用者多，而我们看到两汉时代不仅东、耕、歌三部，连宵部在内平上去三声的分别也已经很严。由此三者可见，汉语的声调是在逐渐发展的，有些韵部起初只有平声或入声，以后又增加了上声和去声，这可能正反映了整个上古汉语声调的发展过程。如果我们对照一下南北朝乃至《切韵》时代——这个时代甚至每一个韵母都具备平上去入四声，只是少数几韵由于字数过少，被韵书合并了一些——那么这个发展过程就更清晰。因此，我们认为合理的推测是：上古汉语的声调当为两大类，以后世平、上、去三声归为 A 类，去、入两声归为 B 类（去声一分为二），而个别韵部四声不具备的原因乃在于声调发展的不平衡性。所以，《诗

经》时代东、谈、阳、耕、文、元、歌、支、脂、之、鱼、侯、幽、宵诸部,已由 A 类声调分化出平、上、去三声;支、脂、之、鱼、侯、幽、宵、祭诸部,已由 B 类声调分化出去、入两声;冬、蒸两部尚未分化,仍为 A 类;侵、真两部为正在分化之中的 A 类声调。由 A、B 两类声调分化为平、上、去、入四声,其最后完成大约在东汉末年至魏晋时代,因为段玉裁说:"洎乎魏晋,上入声多转而为去声,平声多转而为仄声,于是乎四声大备,而与古不侔。"上文也已经指出,《切韵》时代四声已经很整齐了。

第三节 韵文和谐声系统中的声调

上古汉语声调分为 A、B 两大类,此种推测可在韵文和谐声系统中得到证实。

一、阳声韵

《广韵》阳声韵悉以入声相配,但自顾炎武离析《唐韵》始,至段玉裁为止,除侵、覃以下九韵尚未论定以外,其余阳声韵不与入声韵有关的事实均已得到公认。后来江有诰又进一步论证说:"缉、合九韵之配侵、覃,历来举无异说。有诰则谓平入分配,必以《诗》、《骚》平入合用之章为据。支部古人用者甚少,《诗》、《易》、《左传》、《楚辞》仅三十九见,而四声互用者十之三;今考侵、覃九韵,《诗》、《易》、《左传》、《楚辞》共五十七见,缉、合九韵,《诗》、《易》、《楚辞》、《大戴》共二十二见,并无一字合用者,即遍考先秦两汉之文亦无之。检《唐韵》之偏旁,又复殊异,盖几于此疆尔界,绝不相蒙,乌能强不类者而合之也?"(《寄段茂堂先生书》)王念孙也说:"今案缉、合以下九部当分为二部。遍考三百篇及群经、楚辞所用之韵,皆在入声中,而无与去声同用者;而平声侵、覃以下九部,亦但与上、去同用而入不与焉。然而缉、合以下九部本无平、上、去明矣。"(《与李方伯论古韵书》)这就是说,上古的用韵情况说明阳声韵与入声韵是无关的。

在段玉裁的《诗经韵谱》、《群经韵谱》中,阳声韵与入声韵却有七个字合韵。但即此七个字,也并非尽为合韵,兹辨析如下。

(1)"螣",蒸部字,《诗经·小雅·大田》以韵"贼",《说文》引作"去其螟蟘",这是蒸职对转之例,不属合韵。

(2)"怛",段氏以为元部字,谓《诗经·齐风·甫田》以韵"桀",《诗经·桧风·匪风》以韵"发、偈"。但是"中心怛兮",《汉书·王吉传》引作"中心悬兮","悬",《广韵》曷韵字,则"怛"为入声字无疑,《广韵》"怛"亦为曷韵字,故此处"怛"

不当作为元部字,当阳入对转为月部,"桀、发、偈"均月部字,此例不得谓合韵。

(3)"生",耕部字,段氏谓《诗经·大雅·绵》以韵"瓞"。然该诗首章:"绵绵瓜瓞,民之初生,自土沮漆,古公亶父,陶覆陶穴,未有家室。"当以"瓞、漆、穴、室"为韵,均为质部字,"生"字不入韵,不属于合韵。

(4)"程",耕部字,段氏谓屈原《怀沙》以韵"匹"。朱熹认为"匹"为"正"之误,"正、程"正叶,当是,此例亦非。

(5)"极",职部字,段氏谓《易·未济·象传》以韵"正"。考初六象传云:"濡其尾,亦不知极也",九二象传云:"九二贞吉,中以行正也。"朱熹曰:"'极'字未详,考上下韵亦不叶,或恐是'敬'字之误。"王引之曰:"'正'与'极'不得为韵,窃疑'正'当为'直',传写者误书作'正',而韵遂不谐矣。"两说并通,此例亦不属合韵。

(6)"秩",质部字,段氏谓《诗经·小雅·宾之初筵》以韵"筵"。按此诗首章:"宾之初筵,左右秩秩。笾豆有楚,殽核维旅。……"王力认为"楚、旅"鱼部字为韵,"秩"字不入韵,则此字亦非合韵。

(7)"实",质部字。段氏谓《易·蒙·象传》以韵"顺、巽",又《易·泰·象传》以韵"愿、愿、乱"。按《易·泰·象传》的原文是:"拔茅征吉,志在外也。包荒得尚于中行,以光大也。无往不复,天地际也。翩翩不富,皆失实也。不戒以孚,中心愿也。以祉元吉,中以行愿也。城复于隍,其命乱也。"高亨《周易大传今注》以为"实"当与"外、大、际"合韵,此说或是。又顾炎武《音学五书·易音》卷二"实"字下云:"夫子传《易》,四用此字,于《蹇》于《鼎》皆合,《蒙》与'顺、巽',《泰》与'愿、乱'为韵,盖不可晓,或古又有此音。"则"实"与文部字、元部字为韵,或系方音之故。

由上可知,在整个《诗经》、群经的韵文系统中,阳声韵和入声韵界限分明,两者合韵只是微不足道的极少几个例子。

阳声韵和入声韵互不关涉,这在谐声系统中同样如此。王国维说:"阳声诸部字其于形声以平声为声者十之八九(如蒸、冬二部,殆全以平声为声,东部以平声为声者亦过于十之九),而阴声诸部字,则以上、去、入为声者乃多于平声,此事一披归安严氏《说文声类》亦自了然。"(《观堂集林·五声说》)我们认为,不仅阳声韵谐声字没有以入声字为其声符的,而且在阳声韵声符的全部谐声字中,入声也是极少见的。以往人们常说:谐声系统中,阴声韵去入相关者多,阳声韵平上去相关者众。但是究竟多到何等程度,众到何等地步,尚无精确的统计。笔者因此利用沈兼士《广韵声系》一书所载的谐声系统,依照周祖谟《诗经韵字表》所立

31 韵部及其声符字,制成《谐声系统声调统计表》共 31 幅,因篇幅所限和排印困难,这里只举蒸部一表为例说明之:

谐声系统声调统计表(蒸部)

声符 \ 谐声字字数 \ 声调	平上去	入	声符 \ 谐声字字数 \ 声调	平上去	入
興	4		朋(崩)	24	
升	5		乘	9	
夌(凌)	29	棱	厷	17	
丞(承蒸)	15		禹	4	
徵	5		凭	2	
兢	1		灷(朕腾)	36	縢
黽	13		乃(仍孕)	11	
仌(冰馮)	7		肯	1	
登	45		熊	1	
曾	39		弓	6	
亙(恒)	14		瞢(夢)	32	
雁	7		轟	1	

上表中,蒸部声符的谐声字共 331 个,其中入声字仅 2 个。需要说明的是,"棱"有平入两读,其入声一读乃因小徐本误为"读若棘"而来(说见沈兼士《广韵声系》),上古无此读音。"縢"有平上入三读,其义均为縢蛇,入声一读可能是方言现象。《公羊传·隐公五年》何休注:"登来读言得来,得来之者,齐人语也。""登、縢"古音同在蒸部,"得"在职部,可知方言有读蒸部字对转为职部的。排除了这两个字,可知蒸部声符的谐声字与入声无关。

跟蒸部相似,其他阳声韵部的谐声字中,也是平、上、去三声的字占绝大多数,入声字只是少数几个字。例如元部声符的谐声字共 2 117 个,其中平声字 907 个,上声字 544 个,去声字 578 个,而入声字仅 88 个,入声字仅占全部谐声字的 4%。而且这些入声字有相当一部分具有阳声异读,如"掐",《集韵》又音乌版切,"斡",《集韵》又音古缓切,"姐",《康熙字典》又音得案切,因此这些字的入声读法,有许多是方言现象。由此可知,元部声符的谐声字也跟入声无关。因此我们可以肯定,在谐声系统中阳声韵平、上、去三声相关,而与入声韵无关,显然,阳声韵声符的谐声字的平、上、去声全部是由上古 A 类声调分化而来的。

二、阴声韵

关于阴声韵,自从戴震立泰部、王念孙立至部、章炳麟立队部以后,在《诗经》押韵中,阴声韵歌部、脂部、微部与入声的界限已经十分清楚。据我们的统计,《诗经》押韵歌部独用 63 例,祭月部独用 60 例,歌月合韵 0 例,脂部独用 38 例,质部独用 33 例,脂质合韵 5 例,微部独用 67 例,物部独用 4 例,微物合韵 1 例。由此可见,在押韵系统中,歌、脂、微三部与入声基本无关。这一情况在谐声系统中同样得到反映,例如歌部声符的谐声字共 1080 个,除 3 个入声字以外,其余全部为平上去声字,而祭月部声符的谐声字共 1220 个,除 7 个平上声字以外,其余全部是去、入声字,脂部、质部、微部、物部的情况分别类似。需要指出的是,脂部、微部声符的谐声字中,入声字似乎多了一些,但是据我们的看法,声符"至"的谐声字平、上声仅 10 个,去声 15 个,入声竟有 41 个,因此声符"至"实在应归入质部,这样只作这一个变动,脂部入声字就将减少近一半左右;与此相似的还有声符"自"(去声 13 个,入声 6 个)、"執"(去声 9 个,入声 11 个)、"隶"(去声 20 个,入声 3 个)等,都值得怀疑。在微部中,声符"气"的谐声字平、上声共 5 个,去声 16 个,入声竟有 35 个,声符"内"的谐声字去声 12 个,入声 31 个,声符"卒"的谐声字上声 3 个,去声 28 个,入声 25 个,声符"孛"的谐声字去声 4 个,入声 27 个,这些声符也应归入物部,做了这样的变动以后,微部声符的谐声字中的入声字也将大大减少。于是,根据这样的结果,我们可以认为,歌部、脂部和微部的声符的谐声字的平、上、去声是由上古的 A 类声调分化而成,祭月部、质部和物部声符的谐声字的去、入声是由上古的 B 类声调分化而成。

谐声系统声调统计表

韵部 \ 谐声字字数 \ 声调	平	上	去	入
歌部	575	322	180	3
祭月部	4	3	483	730
脂部	385	161	241	94
质部	7	7	94	476
微部	415	199	384	140
物部	9	7	115	396

从《诗经》押韵来看,阴声韵与入声韵关系比较密切的是之、宵、幽、侯、鱼、支

六部(参王力《上古汉语入声和阴声的分野及其收音》一文),在这六部中,平上去声和去入声之间似乎难于划清界限,高本汉曾经想这样做,然而未获成功。但是从谐声系统来看,由于谐声时代早于《诗经》时代,所以阴声韵和入声韵的交叉情形显得特别少,我们即使从《广韵》的谐声字来观察,它们之间的界限也是十分清楚的。例如之部和职部,之部声符的《广韵》谐声字共1046个,其中平声477个,上声288个,去声228个,入声53个。在53个入声字中,有20个字有阴声异读,它们读为入声可用阴阳入对转和方言现象来解释,另外声符"意"的谐声字平上声仅5个,去声3个,而入声竟有10个,声符"異"的谐声字平上声仅3个,去声5个,入声竟有8个。如果把声符"意、異"归入职部,那么之部声符的谐声字中,入声字就只剩下15个,这与一千来个平、上、去声字相比是微不足道的,可见之部确实与入声韵无关。而在职部声符的谐声字中,上声2个,去声68个,入声389个,可见职部又与阴声韵无关。由此我们可以得出结论,之部声符的谐声字的平、上、去声是由上古的A类声调分化而来,职部声符的谐声字的去、入声是由上古的B类声调分化而来。我们对其他阴声韵部的考察结果也同样如此。总而言之,各阳声韵部所有的平、上、去声都来自上古的A类声调,各阴声韵部的平、上声和一部分去声也都来自上古的A类声调,各阴声韵部的另一部分去声和各入声韵部所有的入声都来自上古的B类声调。这当中虽然有少数字音可能因为阴阳对转和方言转音的关系,会发生一些例外的变动,但总的格局和规律应该是清楚的。

第四节 上古去声的来源

王念孙在《与李方伯论古韵书》中说:"去声之至、霁二部及入声之质、栉、黠、屑、薛五部中,凡从至从寔从質从吉从七从日从疾从悉从栗从㳣从畢从乙从失八从必从卩从節从血从徹从設之字,及'閉、實、逸、一、抑、別'等字,皆以去、入同用而不与平、上同用。"为此,王氏将至部独立,成为他古韵分部的一个特色。但是他虽然将至部独立,却认为至部有去、入二声,而未加深讨。

我们认为,从至部声符的《广韵》谐声字来看,平声仅4字,上声仅7字,去声49字,入声362字,入声占全部字数的85.8%,仅此就已说明,至部在谐声时代完全是入声韵,到《诗经》时代才逐渐分化出去声。

与此相似的是祭部。上文我们把祭部和月部合并在一起统计,如果分开,那么祭部声符的《广韵》谐声字,平声仅2字,上声仅1字,去声380字,入声208字,月部声符的《广韵》谐声字,平声2字,上声2字,去声103字,入声522字。由此可见,祭部在谐声时代也完全是入声韵,只是到《诗经》时代才逐渐分化出去声。因此,从入声分化出去声,这是去声字的一个来源。

我们从四声别义中也能看出去声的来源。所谓四声别义,即古人所谓"读破",这是指同一个词,由于具有不同的词汇意义和语法意义,因而造成声调的不同。周祖谟先生《四声别义释例》(载《问学集》)一文列举了汉代经籍中的大量实例,指出:"有由平声变为上去二声者,有由入声变为去声者。其中由平变入,或由入变平者,则绝少。"事实上,周文所举共113字,由平变去者63字,由上变去者38字,由平变上者4字,由入变去者8字,而平、上变入或由入变平、上者,绝无。由此可知,上古平、上声与入声截然为二,互不相关;四声别义主要是去声别义,去声别义的去声有来自入声的,更多的则来自平、上声,因此,由平、上声分化出去声,这是去声的另一个来源。

关于上古去声的来源,如果从汉藏语言比较的角度来看,则问题可能更为明显。例如:

　　字,藏文 btsa-ba(生育)
　　志,藏文 rgya(<*gr-)(记号,目标)
　　雁,缅文 ŋan(鹅)
　　灿,藏文 mtsʻar-ba(光明,美丽)
　　钝,藏文 rtul-ba(迟钝,不锋利)
　　洞,藏文 doŋ(深洞)
　　梦,缅文 hmaŋ(做梦)

以上汉语的去声字,都同源于汉藏系其他语言的阳声韵字和阴声韵字,表明汉语的这些去声字来源于平声。

　　雾,藏文 rmugs-pa,泰文 mɔok
　　慕,缅文 mak(渴望)
　　帽,藏文 rmog(头盔),泰文 muak
　　肺,泰文 pɔot
　　盖,藏文 gebs-pa,又 bkab(盖上)
　　射,藏文 rgyag(*<gr-)(投掷)

嗽，藏文 sud-pa（咳嗽）

未，傣语 mut，又 fat（地支名）

以上汉语的去声字，都同源于汉藏系其他语言的入声韵字，表明汉语的这些去声字来源于入声。

又如"答"（缉部）和"对"（微部去声）是汉语的一对同源词，上古音"答"* təp，"对"* tuəps＞tuəbs＞tuəs＞tuəi。与此同源的是藏文 btab，又 gtab（回答，解释），btub，又 gtub（配合，匹配）。

又如"二"，一般认为上古属脂部去声，但它的《广韵》谐声字 6 个，全为去声，故从谐声系统看，"二"原来可能是从平声而来，也可能是从入声而来。在藏缅语族中，"二"字为：藏文 gȵis，墨脱门巴语 ȵik，缅文 hnit，又 hnis，阿昌语 sek，嘉戎语（kə）nies，这些形式都跟汉语"二"同源，可见"二"最早是从入声 niet 或 niek 而来。①

又如"自"，一般认为上古属脂部去声，但"自"声的《广韵》谐声字只有 13 个去声 6 个入声，没有平上声，故从谐声系统看，"自"原来可能是从入声而来。《说文》："自，鼻也，象鼻形"，"皇，……自读若鼻。"甲金文"自"正作鼻形，则"自"即"鼻"的本字。"鼻"，汉语许多方言至今读入声，《广韵》失收（仅有去声一读），则"自"最初亦为入声。"自"，从母，"鼻"，并母，上古音可能是 * brit，以后 * brit＞dzid＞dziei，即为"自"，* brit＞bit，即为"鼻"。在苗瑶语中，"鼻子"为养蒿 zɛ，青岩 mpjou，高坡 mpluɯ，老书村 bjut，新村 blut，可见"鼻"的上古音确为 * brit，而养蒿苗语和老书村瑶语的形式恰如汉语的"自"和"鼻"，实有异曲同工之妙！

又如"四"，一般认为上古属脂部去声，但《集韵》记载关中方言有入声一读（悉七切）。又此字甲金文作鼻出气象形，实即"呬"的本字。《说文》："东齐谓息为呬，从口，四声。"杨树达《积微居小学述林》云："呬训息而从四，从四犹之从自也。毛传云：自目曰涕，自鼻曰泗。按泗为鼻涕字，从水四，亦假四为自。"因此"四"上古当与"自"、"鼻"同为一字，其音亦为 * brit。在藏缅语族中，"四"字为藏文 bẑi，傈僳语 li，独龙语 bli，纳西语 lo，景颇语（ma）li，又 lit，缅文 le，米基尔语p'li，彝语 li，门巴语 pli，珞巴语（a）pi。在苗瑶语中，"四"字为先进 plou，宗地 pi，炯奈 ple，标敏 pləi，唔奈 tsi，勉语 pjei。由此可见，"四"的上古音确实是 * brit。藏文"四"为 bẑi（＜* br-），"打喷嚏"为 sbrid-pa，其词义引申、文字孳乳之迹与汉

---

① 关于"二"的上古音，还可参见刘宝俊《论原始汉语"二"的语音形式》（载《语言研究》1990 年第 1 期）。

语"四"、"呬"同。

从汉藏系亲属语言的声调情况看,古藏语没有声调,说明直到藏语分化出去之时,汉藏母语尚未产生声调。黎语跟侗台语族有同源对应关系的声调只有平、上、入声,去声无法对应,说明在三千多年前的新石器时代,黎族由大陆迁往海南岛时,大陆语言已经有了平、上、入声,而去声尚未产生(参罗美珍《黎语声调刍议》)。而侗台语族、苗瑶语族跟汉语的声调有全面的对应关系,说明到了后代,汉语已经全面产生平、上、去、入四声。

不过,据有人统计,《诗经》1 679 个押韵单位中,四声分押的平声为 714 个,上声 284 个,去声 135 个,共 1 380 个;同时我们看到,在《诗经》中,从平、上声来的去声字跟从入声来的去声字也已经混押,例如《诗经·大雅·文王》"帝、易"为韵,"帝"是从平声来的去声字,"易"是从入声来的去声字,《易·颐卦》"贵、类、悖"为韵,"贵"是从平上声来的去声字,"类、悖"是从入声来的去声字①,因此可以确认,在《诗经》时代去声这一调类已经形成,只是去声字的数量并不是很多。特别是像祭部,在《诗经》中独用 22 例,与入声月部合韵 18 例,说明祭部虽然已经独立成部,但是仍有部分字还停留在入声阶段。一直到《切韵》前夕,其中的祭、泰、夬、废四韵的字才完全从入声演变为去声。正由于此,因为它们新来乍到,所以《切韵》缺乏与之相配的平、上声韵,而在汉魏时期的梵汉对音中,这几韵的字也常用来对译梵文的入声音节,如"制"jet、"卫"pat、"贝"pat、"世"sat 等等。

同时,我们知道藏语的声调是后起现象,在书面藏语建立的初期——公元 7 至 8 世纪并无声调对立的迹象,直到今天,甘青一带的藏语也还没有产生声调系统,而川滇藏一带则已产生。人们认为古藏语有丰富的前缀音和辅音韵尾,在长期演变中,由于声母清浊对立的消失,前缀音的脱落和辅音韵尾的简化,使得语音系统中区别手段大为减少,于是作为一种补偿手段,声调就应运而生。从语音演变上看,声调作为补偿手段产生出来并非偶然,因为前缀音脱落和辅音韵尾简化后,音节为要保持原来的长度,就必定产生元音的松紧或长短,以后紧或短元音演变成高的声调,松或长元音演变成低的声调。汉语的声调可能也正经历了这样一个过程,因为在谐声时代汉语确实具有许多复辅音声母,从谐声时代(或者更早)一直到东汉,正是复辅音声母大批失落的时代,也是许多入声字脱落塞音韵尾而转入去声的时代。

---

① 王力《古无去声例证》认为"帝、贵"都是古入声字,不确。《广韵》"帝"声字平声 9 个,去声 12 个,入声无;"贵"声字平声 18 个,上声 6 个,去声 35 个,入声无,因此"帝、贵"不可能是古入声字。

综上所述，我们认为，关于上古汉语的声调，应该区分谐声时代和《诗经》时代两个不同的时期。在谐声时代，汉语的声调只分为两类，这两类称为"平、入"或"舒、促"或"长、短"，何者为宜，尚可研究。或者这两类根本不能称为声调，因为这时这两类的主要区别还在于辅音韵尾的不同。而到了《诗经》时代，四声已经产生，到魏晋时代，四声已经大备。由此可见，沈约、周颙等人的发明四声，也是时代使然，并非我们的上古祖先特别无知吧。

第十二章

近代汉语的唇音合口问题

第一节 《中原音韵》唇音字的开合口

近代汉语的代表文献是《中原音韵》,一般认为,在《中原音韵》全部十九个韵部中,有十个韵部分开合口,这十个韵部是:江阳、齐微、皆来、真文、寒山、先天、歌戈、家麻、车遮、庚青。由于《中原音韵》没有反切注音,也不标明音值,同时,由于这十个韵部的唇音字没有开合口的对立①,那么十分自然的问题就是,这十个韵部的唇音字究竟应该列在开口之中呢还是列在合口之中?对于这个问题,杨耐思《中原音韵音系》、李新魁《〈中原音韵〉音系研究》、王力《汉语语音史》、宁继福《中原音韵表稿》诸书虽然具体处理稍有不同,但都有把唇音字列在合口之中的,并替这些唇音字构拟了 u 介音。这就是说,《中原音韵》唇音字虽然在音位上没有开合口的对立,但在实际音值上仍然存在开合口的区别。兹将他们的有关构拟简单列表如下:

《中原音韵》韵部	例字	杨耐思	李新魁	王力	宁继福
江阳	帮	paŋ	paŋ	paŋ	puaŋ
齐微	杯	puei	puei	puei	pui
皆来	败	pai	pai	pai	pai

---

① 邵荣芬《〈中原音韵〉音系的几个问题》指出,《中原音韵》中唇音字唯一的开合对立的例子是歌戈韵"入声作平声"栏里的"薄"和"跛"两个小韵,但是因为卓从之《中州乐府音韵类编》中只有"跛"小韵,没有"薄"小韵,这是卓氏有意删改的结果,因此"薄"和"跛"的对立不应存在。笔者同意邵先生这一看法。不过另需指出的是,齐微韵中有两套似乎是对立的唇音字,如"篦"和"杯",由于各家都认为齐微韵有两个主元音——i 和 e,"篦"属 i,"杯"属 e,因此它们实际上也不对立。

续表

《中原音韵》韵部	例字	杨耐思	李新魁	王力	宁继福
真文	奔	puən	pun	pun	puən
寒山	班	pan	pan	pan	puan
先天	边	piɛn	piɛn	piæn	piɛn
歌戈	波	puo	puo	puɔ	puo
家麻	巴	pa	pa	pa	pua
车遮	别	piɛ	piɛ	piæ	piɛ
庚青	崩	pəŋ	pəŋ	pəŋ	puəŋ

此外，王力、宁继福替桓欢的唇音字也构拟了 u 介音，如"半"puən，虽然这一韵部本身并没有开合口的对立。

对于这个问题，邵荣芬先生则有不同的看法。他认为这十个韵部的唇音字没有开合的对立，而《切韵》时代唇音字不分开合，现代北京话的唇音字也不分开合，如果认为《中原音韵》唇音字有合口，则在汉语语音史的演变上很难解释。例如：

《切韵》　　《中原音韵》　　现代北京话
杯 pɒi ————→ puei ————→ pei

因此，邵先生主张《中原音韵》的唇音字仍然一律置于开口之中，也就是说，《中原音韵》唇音字不但在音位上没有开合口的对立，在实际音值上也没有开合口的区别（参邵氏《〈中原音韵〉音系的几个问题》）。

以上两种意见，究竟以何者为是？我们的想法是，我们必须首先依据与《中原音韵》同时代的材料来确认《中原音韵》的唇音字在实际上有无开合口的区别，然后再来设法解释唇音字从《切韵》到《中原音韵》到现代北京话的历史演变。而唇音字在实际音值上有无开合口的区别，从《中原音韵》本身是无法探求的，在这一方面，"内部分析法"没有用武之地。例如宁继福先生认为《中原音韵·正语作词起例》中的"网有往"是 vuaŋ 和 uaŋ 的区别，因而替江阳韵的唇音字构拟了 uaŋ 韵母（《中原音韵表稿》）。实际上，"网有往"也可以理解成 vaŋ 和 uaŋ 的区别。因此，唇音字的实际音值只有从当时的其他材料中设法求得。

关于当时的其他材料，首先有《蒙古字韵》。在《蒙古字韵》中，上述十一个例字的读音是：

阳部（帮）baŋ　　　　　支部（杯）bue

佳部（败）baj　　　　真部（奔）bun

寒部（班）ban（半）bon

先部（边）bèn　　　　歌部（波）buo

麻部（巴）ba（别）bè

庚部（崩）bhiŋ①

从《蒙古字韵》中可以看到，《中原音韵》齐微韵的"杯"、真文韵的"奔"和歌戈韵的"波"都明显有一个 u 音在内。

其次，在朝鲜崔世珍《四声通解》所引的《洪武正韵译训》"正音"中，上述各字的读音是：

邦 paŋ　　　杯 pui　　　败 pai　　　奔 pun

班 pan　　　半 puən　　　边 piən　　　波 puə

巴 pa　　　别 piət　　　崩 pɨiŋ

我们也可以看到，《中原音韵》齐微韵的"杯"、真文韵的"奔"、歌戈韵的"波"和桓欢韵的"半"都明显有一个 u 音在内。

《蒙古字韵》成书于 1269 至 1297 年间，与《中原音韵》时代相近。《洪武正韵译训》成书于 1455 年，但书中所记录的"正音"乃是中国《洪武正韵》(1357) 的读音，另有"俗音"与之相对，记录 15 世纪时的中国读音，因此，《洪武正韵译训》"正音"的时代亦与《中原音韵》相近。

关于当时的其他材料，我们还找到了元熊忠的《古今韵会举要》(1292)。熊忠此书表面上仍然沿袭传统的 107 韵的平水韵，其反切也沿用《集韵》，但书中的韵内小注却标明了每一个字所属的"字母韵"，这种字母韵乃是当时实际语音的忠实记录。例如书中标明平水韵东韵的"公、空、东、通"等字属于"公字母韵"，"弓、穹、穷、嵩"等字属于"弓字母韵"，登韵的"肱、朋、弘"等字属于"公字母韵"，庚韵的"觥、盲、横"等字也属于"公字母韵"，这就是说，平水韵东韵的一部分、登韵的一部分和庚韵的一部分，在当时的实际语音中读音已经混同，都读为"公字母韵"。现在我们来看一下上述唇音字在《古今韵会举要》中的情况（注音依竺家宁《韵会阴声韵音系拟测》和《韵会阳声韵字母韵研究》）：

---

① 《蒙古字韵》八思巴字的转写依照那斯图、杨耐思的《蒙古字韵校本》(民族出版社，1987 年)。

帮　　与"纲、康、当、仓"等同属冈字母韵(aŋ),不属光字母韵(uaŋ);
杯　　与"恢、魁、追、堆"等同属妠字母韵(uei),不属羁字母韵(ei);
败　　与"债、晒、隘"等同属盖字母韵(ai),不属乖字母韵(uai);
奔　　与"昆、敦、尊、村"等同属昆字母韵(uən),不属根字母韵(ən);
班　　与"颜、删、潺"等同属干字母韵(an),不属关字母韵(uan);
半　　与"灌、锻、钻、换、乱"等同属贯字母韵(on);
边　　与"牵、煎、先、燕"等同属坚字母韵(ien),不属涓字母韵(yen);
波　　与"戈、窠、梭、窝、和"等同属戈字母韵(uo),不属歌字母韵(o);
巴　　与"牙、衙、叉、沙"等同属牙字母韵(a),不属瓜字母韵(ua);
别　　与"揭、跌、彻、折"等同属讦字母韵(ie?),不属厥字母韵(ye?);
崩　　与"登、能、增、恒"等同属揗字母韵(əŋ),不属公字母韵(uŋ)。

由此可以看到,《中原音韵》齐微韵的"杯"、真文韵的"奔"和歌戈韵的"波"都和其他合口字同类,不与开口字同类,它们明显带有 u 介音。

综合以上各种材料,我们认为《中原音韵》齐微、真文和歌戈三个韵部的唇音字带有 u 介音,应该列入合口一类中,而江阳、皆来、寒山、先天、家麻、车遮六个韵部的唇音字不带 u 介音,应该归入开口一类中。

这里还需要讨论的是桓欢和庚青二韵。

(1) 桓欢韵。在上面的对音材料中,"半"字一作 on,一作 uən,令人难以决断。不过在现代汉语方言中,《中原音韵》寒山和桓欢两韵的唇音字确有区别,例如(注音依北京大学中国语言文学系语言学教研室《汉语方音字汇》):

	寒 山					桓 欢				
	班	攀	反	板	办	搬	潘	盘	满	半
扬州	pæ̃	p'æ̃	fæ̃	pæ̃	pæ̃	puõ	p'uõ	p'uõ	muõ	puõ
苏州	pE	p'E	fE	pE	bE	pø	p'ø	bø	mø	pø
长沙	pan	p'an	fan	pan	pan	põ	p'õ	põ	mõ	põ
南昌	pan	p'an	fan	pan	p'an	pɔn	p'ɔn	p'ɔn	mɔn	pɔn
广州	pan	p'an	fan	pan	pan	pun	p'un	p'un	mun	pun
厦门	pan	p'an	pIŋ	pan	pan	puã	p'uã	p'uã	muã	puã
福州	paŋ	p'aŋ	peiŋ	peiŋ	paiŋ	puaŋ	p'uŋ	puaŋ	muaŋ	puaŋ

我们可以看到，桓欢韵在好几个方言中都含有 u 音，虽然这个 u 不必都来自《中原音韵》，但其由来甚早是可以肯定的，因此，我们以为《中原音韵》桓欢韵可以拟作 uɒn。这样构拟还有一个好处，就是不必再为扬州、广州、福州等地的 u 另找原因了。

（2）庚青韵。奇怪的是，在上面的对音材料中，庚青韵都没有 u 音，《蒙古字韵》的 hi 实际音值为 ə。《中原音韵》"崩、烹、荣"等 29 字在庚青韵和东锺韵重出，有鉴于此，一般总是将庚青和东锺的音值构似得很相似，例如 uəŋ、iuəŋ 和 uŋ、iuŋ。但是我们觉得，如果庚青和东锺音值确实很接近的话，那么重出的字就不应该只是 29 字。同时，uəŋ 和 uŋ，iuəŋ 和 iuŋ 确实很接近，但是重出的"倾"字呢？"倾"在庚青韵是平声阴齐齿呼 iəŋ，在东锺韵是平声阴齐齿呼 iuŋ，两音并不相近。因此，我们认为这种重出应当也是文白异读的现象，如同鱼模韵和尤侯韵的重出、歌戈韵和萧豪韵的重出一样，庚青韵的唇音字不妨置于开口之中，读为 pəŋ。

第二节　近代汉语唇音合口的来源

以上我们已经替近代汉语的一部分唇音字构拟了合口成分 u，现在要问，这个 u 到底是从何而来？

关于中古汉语《切韵》的唇音字，赵元任、李荣都曾经主张"唇音不分开合口"，从而把高本汉设置在唇音声母后面的 u、w 都取消了，笔者也十分赞同这种做法（参本书第二章第二节和第七章）。现在我们讨论近代汉语唇音合口的来源，能否改变一点原来的看法，认为这个 u 早在《切韵》中就已经存在了呢？看来这是值得考虑的。

我们看《切韵》唇音字的走向，凡是开合口不分韵的韵部中，唇音字既用开口字为反切下字，也用合口字为反切下字；而凡是开合口分韵的韵部中，如果原来的主元音是央后元音，那么唇音字总是跟着合口韵部走，而且除了用唇音字作为其反切下字以外，又只用合口字作为其反切下字，如果原来的主元音是前元音，那么唇音字就跟着开口韵部走。这一点，验之故宫本王仁昫《刊谬补缺切韵》，毫无例外[①]。验之《广韵》，《广韵》开合口分韵的韵部，在《切韵》痕魂、哈灰分韵的基

[①] 似乎有一个例外，即哈韵和灰韵开合口分韵，大多数唇音字跟灰韵走，但是"㟝、啡、䅦"三个小韵跟哈韵走，而且与灰韵的"裴、佁、妹"对立。不过，高本汉、赵元任、李荣等已经证明哈韵的这三个小韵不可靠。参李荣《切韵音系》第 81 节。

础上,又增加了真谆、寒桓和歌戈分韵。其中真谆的主元音为前元音,唇音字确实都是跟着开口韵真韵走。谆韵韵末有一个"砏"小韵,应该是误入,其反切为"普巾切",说明是真韵字,《集韵》已经改正,陈澧《切韵考》卷四据明刊本和顾亭林刊本改为"普均切",反而改错了。而寒桓和歌戈的主元音属于央后元音,在从《切韵》到《广韵》的分韵过程中,这几个韵的唇音字的反切下字如果不符合上面所说的规律,那么必定会随着分韵的发生而加以改动,《广韵》如果改之未尽,就由《集韵》来完成①。例如(凡非唇音字或非合口字,以·标志):

	《切韵》	《广韵》	《集韵》
寒→桓	馚,北潘	北潘	逋媻
	潘,普官	普官	铺官
	盘,薄官	薄官	蒲官
	瞒,武安·	母官	谟官
旱→缓	粄,博管	博管	补满
	坢,——	普伴	普伴
	伴,薄旱·	蒲旱·	部满
	满,莫旱·	莫旱·	母伴
翰→换	半,博漫	博慢	博漫
	判,普半	普半	普半
	叛,薄半	薄半	薄半
	缦,莫半	莫半	莫半
末→末	拨,博末	北末	疧末
	鏺,普活	普活	普活
	跋,蒲拨	蒲拨	蒲拨
	末,莫割·	莫拨	莫葛(拨)
歌→戈	波,博何·	博禾	逋禾
	颇,滂何·	滂禾	滂禾
	婆,薄何·	薄波	蒲波
	摩,莫何·	莫婆	眉波

---

① 《集韵》虽然正确地改动了它们的反切,可是又把好几个唇音字小韵放错了韵部,例如把轸韵的"牝"小韵放到了准韵,把震韵的"傧"小韵放到了稕韵。这种开合口混置的现象还存在于其他各种声母的字当中,并不限于唇音字,其原因尚需研究。

哿→果	跛,布火	布火	补火
	叵,普可	普火	普火
	爸,普可	捕可	部可
	么,莫可	亡果	母果
箇→过	播,补箇	补过	补过
	破,普卧	普过	普过
	岜,——	——	步卧
	磨,莫箇	摸卧	莫卧①

由此我们可以这样说,在开合口不分韵的韵部中,唇音字确实不分开合口,唇音声母后确实没有 u 介音;而在开合口分韵而且原来的主元音是央后元音的韵部中,唇音字虽然原则上没有开合口的对立,但是唇音声母后有一个 u 介音②。

同时,如果我们观察一下隋唐时代的佛经译音,那么可以发现,魂韵唇音字总是对译 un,例如"奔"pun。由此可见,魂韵、灰韵的唇音声母后面早就有了一个 u 音,而桓韵、戈韵,到宋代也已产生了 u 音。诚然,我们在佛经译音中很少发现灰韵字,已经找到的几个则都是对译 ai,如"梅"mai。但是我们怀疑,也许梵文中根本就没有 puai 这样的音节,因此少数一二个灰韵字对译 ai 不能说明什么问题。

当然,对于上述分韵现象也可以作另一种解释,即认为痕魂、咍灰、寒桓和歌戈等根本不是开合口的对立,而是不圆唇元音和圆唇元音的对立,因而替魂、灰、桓、戈分别构拟主元音 u、ɔ 等,并取消它们的合口介音 u。李新魁的《汉语音韵学》(1986)就是采取这种解释的。说实在的,这种解释自有一定的道理,例如认为《切韵》的分韵原则是看主元音相同与否,主元音相同的不分韵,主元音不相同的必定分韵,既然寒桓、歌戈等分韵,那么它们的主元音自然应该不同。这当然是言之成理的,但是考虑到语言的系统性、元音的数量和语音发展史等因素,我们觉得这些韵似乎还是构拟为开合口对立的状态为好。当然我们也不否认,由于合口介音的影响,开合口对立的韵的主元音,其实际音值必然有所不同。1991年,李新魁先生在《中古音》一书中又提出,《广韵》把寒和桓、歌和戈、真和谆分为

---

① 馛,《集韵》述古堂本作"随嬎反",曹楝亭本作"遁嬎反",是。末,《集韵》述古堂本、曹楝亭本均作"莫葛反",《康熙字典》引作"莫拨反",是。

② "爸"字反切始终未改。该小韵仅此一字,《广韵》置于韵末,疑为添加字。《正字通》云:"夷语称老者为'八八'或'巴巴',后人因加'父'作'爸'字。"看来是个外来词,读音始终为 pa 或 ba,并非合口字。

两部,是由于《广韵》与《切韵》所据方言的不同,正如寒与桓的对立在现代北京话中是 an 与 uan 的对立,而在广州话中是 ɔn(＜an)和 un(＜ɔn)的对立。但是我们根据罗伟豪《〈广韵〉的合口呼与广州话的 u 介音》(1991)一文的考察,在广州话中,《广韵》合口字的 u 介音在舌齿音声母后已经消失,在舌根音声母后则大都保留,舌根音声母后的 u 介音在青年人当中往往丢失,在中老年人当中则往往保留,在日常口语中往往丢失,在旧时私塾中则往往保留,因此,可以认为,广州话在早年显然也是有 u 介音的,寒与桓的对立也应当是 an 与 uan 的对立。

这里还有一个问题,即唇音声母后的合口介音的产生原因是什么?李方桂《上古音研究》(1980)曾经指出,中古某些唇音后面的合口成分是在某种元音或某种情形之下产生的。潘悟云《中古汉语的轻唇化问题》(1982)进一步指出,"中古唇音后面的合口成分实际上是一种过渡音","如果主元音的舌位是非前的(即央后元音),同时韵尾的舌位是前的,那么唇音后面就会产生一个合口的成分"。我们认为这一解释是符合音理并且能够成立的。因为汉语唇音字的发音不管古今总是先在唇部爆破,然后再衔接后面的元音;如果这一衔接过程缓慢一点,同时后接元音是前元音,那么就可能产生过渡音 e(如 pi＞pei),如果后接元音是央后元音,那么就可能产生过渡音 u(如 po＞puo)。而如果后接元音是央后元音,同时韵尾的舌位靠后,那么由于韵尾的异化作用,过渡音 u 就不会产生(如 *pau＞puau,*paŋ＞puaŋ)。

按照这一解释来观察《切韵》音系,就可以发现,符合唇音声母后合口介音的产生条件的正是哈、痕、寒、歌四韵。当然,这里也有一个例外,那就是泰韵也符合合口介音的产生条件,但《广韵》并未分韵。不过,泰韵来自上古的入声韵,中古只有去声,情况也许有些特殊,况且其唇音字在广州话、厦门话和福州话中都有 u 介音,如"贝"读 pui、pue、puei,"沛"读 pʻui、pʻue、pʻuei,似乎说明泰韵的唇音声母后面后来也产生了 u 介音。

第三节 近代汉语唇音合口的消失及其他

近代汉语唇音声母后的合口介音是一个过渡音,由于后代唇音声母的展唇性,这个过渡音是不稳定的,容易丢失的,而当主元音由央后元音变为前元音时,这个过渡音尤其容易丢失。例如在徐孝的《重订司马温公等韵图经》(1606)中,灰韵的主元音已由 ɒ(或可拟为 A)变为 e,其唇音字"杯"就被置于开口呼中,u 介音丢失,而魂韵、戈韵的主元音仍为 ə、o,它们的唇音字"奔"、"波"就仍然留在合口呼中，u 介音仍然保存。而在金尼阁的《西儒耳目资》(1626)中，"杯、悲、贝、裴、霈"仍然标作 poei，"枚、每、妹"仍然标作 moei，这里的 o 和 e，陆志韦《金尼阁〈西儒耳目资〉所记的音》认为其实际音值应是 u 和 ə，也就是说，当主元音是 ə 时，u 介音就仍然保存。在《西儒耳目资》中，魂韵字"奔、本"标作 puen，"盆、喷"标作 pʻuen，桓韵字"半"标作 puon，"潘、盘、判"标作 pʻuon，"漫、满"标作 muon。《西儒耳目资》虽然作于《重订司马温公等韵图经》之后，但是它记录的是南京音，语音系统自然跟《重订司马温公等韵图经》有所不同，可能保留的唇音 u 介音要多一些。而到了清初的《字母切韵要法》(1701)中，"悲、贝、妹、裴"列在傀摄开口(ei)，"奔、本、盆、喷"列在根摄开口(ən)，"半、盘、判、满、慢"也列在干摄开口(an)，说明到此时，唇音合口已经大致上消失。

这里需要解释的是，此时的 ən，其主元音由于受到韵尾 n 的影响，因而不是标准的 ə，而是比较靠前的。因此与上文的理论并不矛盾。而"波"字，直到现代北京话，其实际音值仍然是 puo，因而也与上文的理论没有冲突。

在结束此文的时候，我们还想讨论的一个问题是，近代汉语唇音字的合口介音似乎自始至终从未有过与之相对立的成分，那么从音位学的观点看，这个 u 介音似乎是可以取消的。对此，我们的看法是，从共时平面看，不构成音位对立的音素，在音位归纳时确实可以取消或者合并。例如现代北京话的 a、A、ɑ 合并为一个 a 音位，现代北京话的"波"puo 可以取消 u 而写成 po。但是，从历时平面看，不构成音位对立的音素则有两种情况，应该加以区别对待。(1)不构成音位对立的音素不但在当时是不辨字的，就是到后来也是不辨字的。对于这种音素，自然没有必要再加以描写。例如中古的开口和合口，一般已经用有无 u 加以区别，那么开口见母和合口见母就可以合并为一个 k，合口见母就没有必要再添一个 w，写成 kʷ；中古开口的一、二、三、四等，已经用主元音的前后高低和 i 介音的有无来加以区别，那么开口一等的见母、开口二等的见母、开口三等的见母和开口四等的见母就可以合并为一个 k，也没有必要分别构拟不同的音值。(2)不构成音位对立的音素虽然在当时是不辨字的，但是到后来却成为辨字的。例如《中原音韵》的喉牙音二等字，已经滋生了一个过渡音 i，由于当时二等主元音与一、三、四等主元音仍然不同，这个 i 可以说是不辨字的，可是到后来，二等字的韵母与三、四等字完全混同，它与一等字的韵母的区别就主要是这个 i，这时这个 i 就成为辨字的了。那么，从语音历时演变的角度看，《中原音韵》时喉牙音二等字的这个过渡音 i 也应该描写出来才是。反过来，不构成音位对立的音素虽然在当时是不辨字的，但是如果它在早年曾经是辨字的，那么这个音素也以描写出来为宜。例如现代北京话中既然已经立有 k 和 tɕ,那么"交"可以不写成 tɕiau,而写成 tɕau,i 可以看作是过渡音,但是考虑到早年这个 i 曾经是辨字的,那么"交"仍然以写成 tɕiau 为宜。

根据这一想法,那么我们可以看到,在现代厦门话和福州话中,唇音声母后的 u 介音完全是辨字的,这个 u 不是凭空而来的,它的源头应该是近代汉语甚至更远时代的唇音合口 u。不但如此,就是苏州话、长沙话、南昌话、广州话中的唇音声母后的圆唇元音,它们的来源也离不开近代汉语甚至更远时代的唇音合口 u。

References

参 考 文 献

敖小平　1984　"古无轻唇音不可信"补证,华东师范大学学报,第6期
奥德里古尔(A. G. Haudricourt)　1954　怎样拟测上古汉语(Comment reconstruire le Chinois archaique. *Word*. 10)
白涤洲　1931　北音入声演变考,女师大学术季刊,第2卷第2期
包拟古(N. Bodman)　1969　藏文Sdud"衣褶"、汉语"卒"与*st-假设(Tibetan Sdud 'folds of a garment', the Character 卒 and the *st-Hypothesis,历史语言研究所集刊,第39本下)
——　1980　原始汉语和汉藏语(Proto-Chinese and Sino-Tibetan, *Contribution to Historical Linguistics*, Leiden。有潘悟云、冯蒸中译本,中华书局,1995)
贝内迪克特(Paul K. Benedict)　1972　汉藏语言概论(*Sino-Tibetan：A Conspectus*, Cambridge University Press)
蔡瑛纯　1999　试论朝鲜朝的对译汉音与中国官话方言之关系,语言研究,第1期
陈寅恪　1949　从史实论切韵,岭南学报,第9卷第2期
丁邦新　1975　魏晋音韵研究(*Chinese Phonology of the Wei-Chin Period：Reconstruction of the Finals as Reflected in Poetry*,历史语言研究所专刊之六十五)
——　1977　上古汉语的*g、*gw、*ɣ和*ɣw(Archiaic Chinese *g、*gw、*ɣ and *ɣw, *Monumenta Serica*, 33)。
——　1979　上古汉语的音节结构,历史语言研究所集刊,第50本第4分
董同龢　1945　上古音韵表稿,历史语言研究所集刊,第18本
——　1948　广韵重纽试释,历史语言研究所集刊,第13本
——　1954　中国语音史,台北中国文化事业出版委员会
——　1968　汉语音韵学,台湾广文书局
服部四郎　1946　元朝秘史中蒙古语记音汉字的研究(元朝秘史の蒙古語を表わす漢字の研究,东京龙文书局)
福莱斯特(R. A. Forrest)　1960　上古汉语的塞音韵尾(Les occlusives finales en Chinois archaique. *Bulletin de la Societe de Linguistique de Paris*, 55)
高本汉(B. Karlgren)　1915—1926　中国音韵学研究(*Études sur la Phonologie Chinoise*, Stockholm, Gotembourg,有赵元任、李方桂、罗常培中译本,商务印书馆,1940)
——　1922　答马斯贝罗论切韵之音(The Reconstruction of Ancient Chinese,通报,第21期,

有林语堂中译文,载《语言学论丛》,开明书店,1933)
—— 1923 中日汉字分析字典(Analytic Dictionary of Chinese and Sino-Japanese, Paris)
—— 1923 中日汉字分析字典序,有赵元任中译文,题为"高本汉的谐声说",国学论丛,第1卷第2号
—— 1928 上古中国音当中的几个问题(Problems in Archiac Chinese, Journal of the Royal Asiatic Society, October,有赵元任中译文,历史语言研究所集刊,第1本第3分,1930)
—— 1931 藏汉和汉语(Tibetan and Chinese,通报,第28期,有唐虞中译文,中法大学月刊,第4卷第3期,1934)
—— 1932 诗经研究(Shi-king Researches, Bulletin of the Museum of Far Eastern Antiquities,第4期,有张世禄中译文,部分载《说文月刊》第1卷第5、6期合刊,1939)
—— 1934 汉语词类(Word Families in Chinese, Bulletin of the Museum of Far Eastern Antiquities,第5期,有张世禄中译本,商务印书馆,1937)
—— 1940 汉文典(Grammata Serica, Bulletin of the Museum of Far Eastern Antiquities,第12期。修订版 Grammata Serica Recesa, 1957,同前刊,第29期。有潘悟云、杨剑桥等中译本,上海辞书出版社,1997)
—— 1949 论汉语(The Chinese Language, New York)
—— 1954 中上古汉语音韵纲要(Compendium of Phonetics in Ancient and Archaic Chinese, Bulletin of the Museum of Far Eastern Antiquities,第22期,有聂鸿音中译本,齐鲁书社,1987)
葛毅卿 1932 论喻母字的辅音音值(On the Consonantal Value of 喻 class Words,通报,第29期)
—— 1937 喻三入匣再证,历史语言研究所集刊,第8本第1分
龚煌城 1980 汉、藏、缅语元音的比较研究(A Comparative Study of the Chinese, Tibetan and Burmese Vowel System,历史语言研究所集刊,第51本)
何九盈 1985 中国古代语言学史,河南人民出版社
花登正宏 1979 蒙古字韵札记,日本《中国语学》,第226期
黄绮 1980 论古韵分部及支脂之是否应分为三,河北大学学报,第2期
—— 1992 之鱼不分,鱼读入之,河北学刊,第2期
黄淬泊 1931 慧琳一切经音义反切考,历史语言研究所专刊之六
黄笑山 1995 《切韵》和中唐五代音位系统,台湾文津出版社
忌浮 1964 中原音韵二十五声母集说,中国语文,第5期
—— 1980 《中原音韵》无入声内证,学术研究丛刊,第1期,又载《音韵学研究》第1辑,中华书局,1984
季羡林 1956 吐火罗语的发现与考释及其在中印文化交流中的作用,语言研究,第1期
蒋希文 1984 徐邈反切声类,中国语文,第3期
金基石 2003 朝鲜韵书与明清音系,黑龙江朝鲜民族出版社
金理新 2006 上古汉语形态研究,黄山书社
靳华 1985 章太炎的古音学,研究生论文选集·语言文字分册,江苏古籍出版社

李荣　　1956　切韵音系,科学出版社
——　　1965　从现代方言论古群母有一、二、四等,中国语文,第 5 期
——　　1982　隋韵谱,载《音韵存稿》,商务印书馆
李方桂　1932　切韵 a 的来源,历史语言研究所集刊,第 3 本第 1 分
——　　1932　东冬屋沃之上古音(Ancient Chinese -ung、-uk、-uong、-uok, etc. in Archaic Chinese,历史语言研究所集刊,第 3 本第 3 分)
——　　1935　上古汉语的蒸部、职部和之部(Archaic Chinese *- iwəng、*iwək and *-iwəg,历史语言研究所集刊,第 5 本
——　　1945　台语中的一些古汉语借字(Some Old Chinese Loan Words in the Tai Languages, *Harvard Journal of Asiatic Studies*,第 8 期第 3、4 号)
——　　1971　独山话的塞音韵尾(The Final Stops in Tushan,历史语言研究所集刊,第 43 本第 2 分)
——　　1971　上古音研究,台湾《清华学报》新 9 卷第 1、2 期合刊,又有单行本,商务印书馆,1980
——　　1976　汉语和台语(Sino-Tai, *Genetic Relationship*, *Diffusion and Typological Similarities of East and Southeast Asian Languages*,东京)
——　　1980　几个上古声母问题,载《上古音研究》,商务印书馆
李方桂等　1956　邵语记略,台湾大学《考古人类学刊》,第 7 期
李格非　1956　汉语"儿词尾"音值演变问题的商榷,武汉大学学报,第 1 期
李壬癸　1976　邵语音韵(Thao Phonology,历史语言研究所集刊,第 47 本)
李如龙　1983　闽西北方言来母字读 s 的研究,中国语文,第 4 期
李思敬　1986　汉语"儿"[ɚ]音史研究,商务印书馆
李新魁　1962　《中原音韵》的性质及它所代表的音系,江汉学报,第 8 期
——　　1963　关于《中原音韵》音系的基础和"入派三声"的性质,中国语文,第 4 期
——　　1963　上古音"晓匣"归"见溪群"说,学术研究,第 2 期
——　　1979　论《切韵》系统中床禅的分合,中山大学学报,第 1 期
——　　1983　《中原音韵》音系研究,中州书画社
——　　1984　重纽研究,语言研究,总第 7 期
——　　1986　汉语音韵学,北京出版社
——　　1987　再论《中原音韵》的"入派三声",纪念周德清诞辰 710 周年暨学术讨论会论文,载《中原音韵新论》,北京大学出版社,1991
——　　1991　近代汉语全浊声母的演变,中国语言学报,第 4 期
——　　1991　中古音,商务印书馆
林语堂　1994　再论歌戈鱼虞模古读,晨报副镌,第 56 号,又载《语言学论丛》,开明书店,1933
——　　1930　支脂之三部古读考,历史语言研究所集刊,第 2 本第 2 分,又载《语言学论丛》,开明书店,1933
龙果夫(A. A. Dragunov)　1928　对于中国古音重订的贡献(A Contribution to the Reconstruction of Ancient Chinese,通报,第 26 期,有唐虞中译文,历史语言研究所集刊,第 3 本第 2 分)

―― 1930 八思巴字和古官话(The hPhags-pa Script and Ancient mandarin,苏联科学院通报(人文科学部分),有唐虞中译本,题为"八思巴字与古汉语",科学出版社,1959)
刘宝俊 1990 论原始汉语"二"的语音形式,语言研究,第 1 期
六角恒广 1988 中国語教育史の研究,日本东方书店,有王顺洪中译本,题为《日本中国语教育史研究》
鲁国尧 1986 宋词阴入通叶现象的考察,音韵学研究,第 2 辑,中华书局
―― 1985 明代官话及其基础方言问题,南京大学学报,第 4 期,又见《鲁国尧语言学论文集》,江苏教育出版社,2003
陆志韦 1939 证广韵五十一声类,燕京学报,第 25 期
―― 1939 三四等与所谓"喻化",燕京学报,第 26 期
―― 1940 说文广韵中间声类转变的大势,燕京学报,第 28 期
―― 1946 释中原音韵,燕京学报,第 31 期,又载《陆志韦近代汉语音韵论集》,商务印书馆,1988
―― 1946 记邵雍《皇极经世》的"天声地音",同上
―― 1947 记徐孝《重订司马温公等韵图经》,燕京学报,第 32 期,又载《陆志韦近代汉语音韵论集》,商务印书馆,1988
―― 1947 古音说略,燕京学报专号之二十,又载《陆志韦语言学著作集》(一),中华书局,1985
―― 1947 金尼阁《西儒耳目资》所记的音,燕京学报,第 33 期,又载《陆志韦近代汉语音韵论集》,商务印书馆,1988
―― 1948 记《五方元音》,燕京学报,第 34 期,又载《陆志韦近代汉语音韵论集》,商务印书馆,1988
―― 1948 国语入声演变小注,同上
罗常培 1931 《切韵》鱼虞的音值及其所据方音考,历史语言研究所集刊,第 2 本第 3 分
―― 1931 知彻澄娘音值考,历史语言研究所集刊,第 3 本第 1 分
―― 1932 中原音韵声类考,历史语言研究所集刊,第 2 本第 4 分
―― 1933 唐五代西北方音,历史语言研究所出版
―― 1937 经典释文和原本玉篇反切中的匣于两纽,历史语言研究所集刊,第 8 本第 1 分
―― 1959 论龙果夫的《八思巴字和古官话》,中国语文,第 12 期
罗常培、周祖谟 1958 汉魏晋南北朝韵部演变研究,科学出版社,又中华书局,2007
罗美珍 1986 黎语声调刍议,民族语文,第 3 期
罗伟豪 1991 《广韵》的合口呼与广州话的 u 介音,语言研究,增刊
马丁(Matin Samuel) 1953 古汉语的音位(The Phonemes of Ancient Chinese, *Journal of the American Oriental Society*, 16)
马伯乐(H. Maspero) 1912 安南语音史研究(Études sur la Phonetique Histoirique de la Langue Annamite, *Bulletin de I' Ecole Francaise d' Extréme-Orient*, 12)
―― 1920 唐代长安方音(Le Dialecte de Tch' ang-ngan sous les T' ang, *Bulletin de I' École Francaise d' Extréme-Orient*, 20,有聂鸿音中译本,题为《唐代长安方言考》,中华书局,2005)

──　1930　上古汉语的前缀及其来源(Préfixes et dérivation en Chinois archaique, *Mémoires de la Societé de Linguistique de Paris*, 23)

马学良、罗季光　1962　《切韵》纯四等韵的主要元音,中国语文,第 12 期

麦耘　1987　《中原音韵》的舌尖后音声母补证,纪念周德清诞辰 710 周年暨学术讨论会论文,载《中原音韵新论》,北京大学出版社,1991

梅祖麟　1970　中古汉语的声调与上声的起源(Tones and Prosody in Middle Chinese and The Origin of the Rising Tones, *Harvard Journal of Asiatic Studies*, 30)

──　1979　汉藏语的"岁"、"月"、"止"、"屬"等字(Sino-Tibetan 'year'、'moon'、'foot' and 'vulva',台湾《清华学报》,新 12 卷)

──　1980　四声别义中的时间层次,中国语文,第 6 期

──　1983　跟见系字谐声的照三系字,中国语言学报,第 1 期

──　1992　汉藏语的"岁、越"、"还(旋)、圜"及其相关问题,中国语文,第 5 期

梅祖麟、罗杰瑞　1971　试论几个闽北方言中的来母 s 声字,台湾《清华学报》,新 9 卷第 1、2 期

那盖尔(Paul Nagel)　1943　论陈澧《切韵考》所见《切韵》字音的构拟(Beiträge zur Rekonstruktion der Ts'ieh-yün-sprache auf Grund von Chen Li's Ts'ieh-yün-k'au,通报,第 36 期)

聂鸿音　1984　《切韵》重纽三四等字的朝鲜译音,民族语文,第 3 期

宁继福　1985　中原音韵表稿,吉林文史出版社

欧阳国泰　1987　原本《玉篇》的重纽,语言研究,总第 13 期

潘悟云　1982　中古汉语的轻唇化问题,复旦大学硕士论文

──　1983　中古汉语方言中的鱼和虞,语文论丛,第 2 辑,上海教育出版社

──　1983　中古汉语轻唇化年代考,温州师专学报,第 2 期

──　1984　非喻四归定说,温州师专学报,第 1 期

──　1985　章、昌、禅母古读考,温州师专学报,第 1 期

──　1987　汉、藏语历史比较中的几个声母问题,语言研究集刊,第 1 辑,复旦大学出版社

──　1987　越南语中的古汉语借词层,温州师院学报,第 3 期

──　1990　中古汉语擦音的上古来源,温州师院学报,第 4 期

──　1991　上古汉语和古藏语元音系统的历史比较,汉语言学国际学术研讨会论文,《语言研究》增刊

──　2000　汉语历史音韵学,上海教育出版社

潘悟云、朱晓农　1982　汉越语和《切韵》唇音字,中华文史论丛增刊·语言文字研究专辑上,上海古籍出版社

蒲立本(E. G. Pulleyblank)　1962—1963　上古汉语的辅音系统(The Consonantal System of Old Chinese, *Asia Major*, 9,有潘悟云、徐文堪中译本,中华书局,1999)

钱玄同　1932　古音无"邪"纽证,师大国学丛刊,第 3 期

邵荣芬　1961　切韵音系的性质和它在汉语语音史上的地位,中国语文,第 4 期

──　1964　《五经文字》的直音和反切,中国语文,第 3 期

──　1981　《晋书音义》反切的语音系统,语言研究,创刊号

|—— 1982 切韵研究,中国社会科学出版社
|—— 1982 略说《经典释文》音切中的标准音,古汉语论文集,北京出版社
|—— 1983 古韵鱼侯两部在前汉时期的分合,中国语言学报,第1期
|—— 1991 匣母字上古一分为二试析,语言研究,总第20期
|—— 1991 《中原音韵》音系的几个问题,中原音韵新论,北京大学出版社
施向东　1983　玄奘译著中的梵汉对音和唐初中原方音,语言研究,总第4期
史存直　1981　汉语语音史纲要,商务印书馆
孙宏开　1983　藏缅语若干音变探源,中国语言学报,第1期
唐虞　1932　儿[ɚ]音的演变,历史语言研究所集刊,第2本第4分
唐作藩　1987　《中原音韵》的开合口,纪念周德清诞辰710周年暨学术讨论会论文,又载《中原音韵新论》,北京大学出版社,1991
汪荣宝　1923　歌戈鱼虞模古读考,国学季刊,第1卷第2号
|—— 1925 论阿字长短音答太炎,华国月刊,第2卷第9期
汪寿明　1986　段玉裁古音学中的几个问题,温州师专学报,第3期
王力　1936　南北朝诗人用韵考,清华学报,第11卷第3期,又载《龙虫并雕斋文集》第一册,中华书局,1980
|—— 1937 上古韵母系统研究,清华学报,第12卷第3期,又载《龙虫并雕斋文集》第一册,中华书局,1980
|—— 1957 汉语史稿(上册),中华书局
|—— 1960 上古汉语入声和阴声的分野及其收音,语言学研究与批判,第2辑,高等教育出版社,又载《龙虫并雕斋文集》第一册,中华书局,1980
|—— 1980 汉越语研究,《龙虫并雕斋文集》第二册,中华书局
|—— 1980 西学东渐时期西欧汉学家对中国语言学的影响,香港《中国语文研究》第3期,又见《中国语言学史》第4章,山西人民出版社,1981
|—— 1980 古无去声例证,语言研究论丛,又载《龙虫并雕斋文集》第三册,中华书局,1982
|—— 1981 中国语言学史,山西人民出版社
|—— 1983 汉语语音史上的条件音变,语言研究,总第4期
|—— 1985 汉语语音史,中国社会科学出版社
王显　1961　《切韵》的命名和《切韵》音系的性质,中国语文,第4期
|—— 1987 有关《切韵》二三事,古汉语研究论文集(三),北京出版社
王健庵　1983　"古无轻唇音"之说不可信,安徽大学学报,第1期
王静如　1941　论开合口,燕京学报,第29期
|—— 1948 论古汉语之腭介音,燕京学报,第35期
尾崎雄二郎　1962　大英博物馆蒙古字韵札记,日本《人文》第8集,又载《中国語音韻史の研究》,日本创文社,1980
西门华德(Simon Walter)　1928　论上古汉语辅音韵尾的构拟(Zur Rekonstruktion der Altchinesischen Endkonsonanten, *Mitteilungen des Seminars für Orientalische Sprachen zu Berlin*, 30)
|—— 1929 藏汉同源词初探 (Tibetisch-Chinesische Wortgleichungen: Ein Versuch,

Mitteilungen des Seminars für Orientalische Sprachen zu Berlin, 32)

向熹　1989　《诗经》异文分析, 语言文字学术论文集——庆祝王力先生学术活动五十周年, 知识出版社

邢公畹　1983　汉语遇蟹止效流摄的一些字在侗台语里的对应, 语言论集, 商务印书馆

——　1983　说"鸟"字的前上古音, 同上

——　1992　台语-ok 韵是汉台语比较的关键, 民族语文, 第 6 期

徐震　1924　歌戈鱼虞模古读考质疑, 华国月刊, 第 1 卷第 6 期

许宝华、潘悟云　1984　释二等, 中国音韵学研究会桂林会议论文, 又载《音韵学研究》第 3 辑, 中华书局, 1994

薛凤生　1975　中原音韵音位系统 (*Phonology of Old Mandarin*, 荷兰海牙, 有鲁国尧、侍建国中译本, 北京语言学院出版社, 1990)

薛斯勒 (Axel Schuessler)　1974　上古汉语的 R 和 L (R and L in Archaic Chinese, *Journal of Chinese Linguistics*, Vol. 2 No. 2)

雅洪托夫 (С. Е., Яхонтов)　1960　上古汉语的复辅音声母 (Сочетания согласных в древнекнтайском языке, Труды двадцать пятого международного конгресса востоковедов, Москва, 有杨剑桥中译文, 载《境外汉语音韵学论文选》, 上海教育出版社, 2010)

——1960　上古汉语的唇化元音 (Фонетика китайского языка 1 тысячелтия до Н. Э. (лабиализованные гласные) Проблемы востоковедения, 6, 有陈重业中译文, 载《境外汉语音韵学论文选》, 上海教育出版社, 2010)

杨福绵　1995　罗明坚、利玛窦《葡汉词典》所记录的明代官话, 中国语言学报, 第 5 期, 商务印书馆

杨剑桥　1982　《说文解字》读若研究, 复旦大学硕士论文

——　1983　上古汉语的声调, 语文论丛, 第 2 辑, 上海教育出版社

——　1986　论端、知、照₃系声母的上古来源, 语言研究, 第 1 期

——　1986　陆德明音切中的重纽, 中国音韵学研究会重庆会议论文, 又载《中西学术》第 1 辑, 学林出版社, 1995

——　1987　《说文解字》读若研究, 语言研究集刊, 第 1 辑, 复旦大学出版社

——　1987　汉藏比较语言学论略, 复旦学报, 第 5 期

——　1988　同源词研究和同源词典, 辞书研究, 第 5 期

——　1988　段玉裁古音学的评价问题, 温州师院学报, 第 2 期

——　1988　闽方言来母 s 声字补论, 中国音韵学研究会桑植会议论文, 又载《李新魁教授纪念文集》, 中华书局, 1998

——　1991　《诗经》异文之古音分部, 汉语言学国际学术研讨会论文, 又载《语言研究集刊》, 第 2 辑, 上海辞书出版社, 2005

——　1993　关于"平分阴阳"起始时代的质疑, 中国语文, 第 1 期

——　1994　论重纽, 语苑新论——纪念张世禄先生学术论文集, 上海教育出版社

——　1994　近代汉语的唇音合口问题, 语言研究, 增刊

——　1996　汉语声母发展史, 中西学术 (2), 复旦大学出版社

——　2001　评高本汉的《汉文典》, 辞书研究, 第 3 期

	2001	再论近代汉语唇音字的 u 介音,声韵论丛(11),台湾学生书局
	2004	《切韵》的性质和古音研究,古汉语研究,第 2 期
	2005	汉语音韵学讲义,复旦大学出版社
	2006	"一声之转"与同源词研究,语言研究集刊(3),上海辞书出版社
	2011	《切韵》重纽 A、B 两类的归字问题,东方语言学(10),上海教育出版社

杨耐思　1959　八思巴字对音,中国语文,第 12 期
——　1981　中原音韵音系,中国社会科学出版社
——　1981　近代汉语-m 的转化,语言学论丛,第 7 辑,商务印书馆
——　1984　汉语影、幺、鱼、喻的八思巴字译音,中国民族古文字研究,中国社会科学出版社
——　1988　元代汉语的浊声母,中国语言学报,第 3 期
俞敏　1983　上古音学术讨论会上的发言,语言学论丛,第 14 辑,商务印书馆,1987
——　1984　等韵溯源,音韵学研究,第 1 辑,中华书局
——　1984　后汉三国梵汉对音谱,中国语言学论文选,日本光生馆
于省吾　1979　释屮、吕兼论古韵部东、冬的分合,甲骨文字释林,中华书局
尉迟治平　1982　周隋长安方音初探,语言研究,第 2 期
——　1993　说"龙",语言研究,第 2 期
曾运乾　1927　切韵五声五十一声纽考,东北大学季刊,第 1 期
——　1927　喻母古读考,东北大学季刊,第 2 期
张琨、张谢蓓蒂　1973　论汉语"稠"* diəug 和"浓"* nəuŋ、* njəuŋ 的关系(On the Relationship of Chinese 稠 * diəug and 浓 * nəuŋ、* njəuŋ, *Monumenta Serica*, 33)
——　1976　汉语带 * s 前缀的鼻音声母(Chinese * S-Nasal Initials,历史语言研究所集刊,第 47 本)
——　1976　苗瑶语、藏缅语、汉语的鼻冠塞音声母——是扩散的结果呢,还是发生学关系的证据?(The Prenasalized Stop Initials of Miao-Yao, Tibeto-Burman, and Chinese: A Result of Diffusion or Evidence of a Genetic Relationship? 历史语言研究所集刊,第 47 本第 3 分)
张金泉　1981　敦煌曲子词用韵考,杭州大学学报,第 3 期,又载《音韵学研究》第 2 辑,中华书局,1986
张世禄　1936　国语上轻唇音的演化,暨南学报,第 1 卷第 2 期,又载《张世禄语言学论文集》,学林出版社,1984
张世禄、杨剑桥　1986　汉语轻重唇音的分化问题,扬州师院学报,第 2 期
——　1986　论上古带 r 复辅音声母,复旦学报,第 5 期
——　1987　音韵学入门,复旦大学出版社
张卫东　1998　试论近代南方官话的形成及其地位,深圳大学学报,第 3 期
张永言　1984　关于上古汉语的送气流音声母,音韵学研究,第 2 辑,中华书局
张竹梅　2007　试论明代前期南京话的语言地位,近代官话语言研究,语文出版社
章炳麟　1924　与汪旭初论阿字长短音书,华国月刊,第 1 卷第 5 期
赵诚　1984　商代音系探索,音韵学研究,第 1 辑,中华书局
赵遐秋、曾庆瑞　1962　《中原音韵》音系的基础和"入派三声"的性质,中国语文,第 7 期
赵荫棠　1936　中原音韵研究,商务印书馆

―― 1957 等韵源流,商务印书馆
赵元任 1941 中古汉语的语音区别(Distinctions within Ancient Chinese, *Harvard Journal of Asiatic Studies*, 5)
郑锦全 1980 明清韵书字母的介音与北音腭化源流的探讨,台湾《书目季刊》第14卷第2期
郑张尚芳 1982 汉语上古音系表解,油印本
―― 1983 上古音构拟小议,语言学论丛,第14辑,商务印书馆,1987
―― 1983 温州方言歌韵读音的分化和历史层次,语言研究,总第5期
―― 1987 上古韵母系统和四等、介音、声调的发源问题,温州师院学报,第4期
―― 1990 上古入声韵尾的清浊问题,语言研究,总第18期
―― 1990 上古汉语的s-头,温州师院学报,第4期
―― 2003 上古音系,上海教育出版社
中野美代子 1971 八思巴字和《蒙古字韵》语音研究(*A Phonological Study in the 'Phags-pa Script and the Meng-ku Tzu-yün*,堪培拉)
周法高 1948 广韵重纽的研究,历史语言研究所集刊,第13本
―― 1948 切韵鱼虞之音读及其流变,同上
―― 1948 古音中的三等韵兼论古音的写法,历史语言研究所集刊,第19本
―― 1948 玄应反切考,历史语言研究所集刊,第20本上
―― 1952 三等韵重唇音反切上字研究,历史语言研究所集刊,第23本
―― 1954 论古代汉语的音位,历史语言研究所集刊,第25本
―― 1968 论切韵音,香港中文大学中国文化研究所学报,第1卷
―― 1968 论上古音,香港中文大学中国文化研究所学报,第2卷第1期
―― 1970 论上古音和切韵音,香港中文大学中国文化研究所学报,第3卷第2期
―― 1984 读切韵研究,台湾《大陆杂志》第69卷
周祖谟 1943 宋代汴洛语音考,辅仁学志,第12卷第1、2期,又载《问学集》下册,中华书局,1966
―― 1957 两汉韵部略说,汉语音韵论文集,商务印书馆
―― 1966 万象名义中之原本玉篇音系,问学集,中华书局
―― 1966 《切韵》的性质和它的音系基础,问学集,中华书局
竺家宁 1987 韵会阴声韵音系拟测,台湾《中华学苑》,第33期
―― 1987 韵会阳声韵字母韵研究,台湾《淡江学报》,第25期

附录一

《切韵》的性质和古音研究

最近,我很高兴地看到了潘文国先生的《汉语音韵研究中难以回避的论争》(载《古汉语研究》2002年第4期)一文,文章对于《切韵》音系的性质和以此为基础的古音研究提出了强烈的质疑,其中也提到了我和潘悟云先生的名字。潘文国先生和潘悟云先生都是我相识多年的朋友,大家也都住在上海,不过由于各人观察问题的角度不同,指导思想也不一定相同,所以在音韵研究上的观点也有所不同。比较起来,我跟潘文国先生的距离稍大一些,跟潘悟云先生的距离小一点儿,其实这在学术研究上是完全正常的。同时,我觉得不同观点之间的切磋论辩有利于学术的正常发展,中国学术界所缺少的正是这一点,所以我愿意写下我的一点儿看法,以响应潘文国先生的文章。

一、前人讨论的结论和要点

在谈我的新的看法之前,我觉得有必要回顾一下前人关于《切韵》性质的讨论。关于前人的讨论,以及20世纪五六十年代和八十年代的论争,拙作《汉语现代音韵学》和其他学者的有关著作已经有了比较详细的叙述,这里简单地归纳几个结论和要点。

(一)关于《切韵》的撰作目的这一问题,李荣说:"'欲广文路,自可清浊皆通;若赏知音,即须轻重有异。'这说明《切韵》不光是实用的,并且是审音的。"(李荣1957)王显说:《切韵》"这个'切'字,用今天的话来说,就是正确的,规范的。《文镜秘府论》转载隋人刘善经的《四声论》说:'音有楚夏,韵有讹切'。他以'切'字同'讹'字对举,可知'切'就是正确的意思。"(王显1961)周祖谟说:"切韵为辨析声韵而作,参校古今,折衷南北,目的在于正音,要求在于切合实际。"(周祖谟1966)

(二)关于《切韵》的分韵的真实性问题,王力说:依南北朝的韵文观察,"《切韵》每韵所包括的字,适与南北朝韵文所表现的系统相当。可见《切韵》大致仍以南北朝的实际语音为标准。"(王力1936)周祖谟说:"《切韵》分韵不仅与齐、梁、陈之间诗文押韵的情况基本一致,而且与梁代吴郡顾野王《玉篇》的韵类几乎全部相同。"(周祖谟1966)

(三)关于在一时一地的语言中,有没有像《切韵》这样繁复的音系这一问题,邵荣芬说:"现代方言的音系一般说来固然简单的较多,但复杂的也并不少。拿临川话来说,就有263个韵母,已经和《切韵》韵母的数目相差不远了。潮州话有308个韵母,就更接近《切韵》,至于广州话的韵母则有三百五六十个之多,甚至远远超过了《切韵》。"(邵荣芬1961)

(四)关于《切韵》音系的基础方言问题,黄淬伯说:"《切韵》音系既是当时南北方音的复杂组合,又经过萧该、颜之推的规划,颜之推所指的金陵与洛下的音系一定蕴藏在《切韵》之中,假若全面地研究六朝韵语或其他相关材料,我想当时全民语的基础方言即金陵与洛下的音系是可以从《切韵》中发现的。"(黄淬伯1957)王力说:"《切韵》的语音系统是以一个方言的语音系统为基础(可能是洛阳话),同时照顾古音系统的混合物。"(王力1981)邵荣芬说:"《切韵》音系大体上是一个活方言的音系,只是部分地集中了一些方音的特点。具体地说,当时洛阳一带的语音是它的基础,金陵一带的语音是它主要的参考对象。"(邵荣芬1961)赵振铎说:"以洛阳为中心的中原一带方言是有资格作为这个基础的。""洛阳是我国的古都之一,是古代的政治、经济和文化中心。""当时北方异民族学习汉语是学洛阳一带的话。北魏孝文帝主张汉化,在语言方面就是要求大家学习洛阳话。"(赵振铎1962)周祖谟说:"《切韵》音系的基础,应当是公元六世纪南北士人通用的雅言",这种雅言也就是"当时承用的书音和官于金陵的士大夫通用的语音"。(周祖谟1966)

(五)关于《切韵》究竟是综合音系还是单一音系这一问题,黄淬伯说:《切韵》基本上反映了汉语语音发展到6世纪的面貌。"假若从此出发,《切韵》音系与汉以前音系的关系,与《切韵》以后具体方言音系的关系,便顺理成章可以说明。"(黄淬伯1962)何九盈说:《切韵》的名称,"切"是正确的、规范的意思,"但规范的标准是否就是洛阳话呢?我们认为不是,而是王仁昫所说的'典音',这种'典音'是与口语脱节的读书音,它里面有古音成分,也有今音。"(何九盈1961)赵振铎说:"洛阳一带的话是《切韵》音系的基础,但是在某个具体的音上,陆法言也曾有所去取,采用了一些别的方言中他认为精切的音,削除了一些他认为疏缓的音。"(赵振铎1962)王力说:"《切韵》的系统并不能代表当时(隋代)的首都(长安)的实际语音,它只代表一种被认为是文学语言的语音系统。"(王力 1957)周祖谟说:《切韵》音系"可以说就是六世纪文学语言的语音系统"。(周祖谟 1966)何九盈说:"我们说《切韵》音系具有杂凑性的特点,这个结论的全部含义仅在于说明《切韵》非单一性的音系而已,而不能理解为《切韵》音系与当时的实际语音没有任何的一致性。应该承认:一致性是主要的。只不过它不是跟个别方音一致,而是跟大多数方言区的人都基本上能听得懂、能理解得了的'雅音'一致。"(何九盈 1985)周法高说:《切韵》"大体上代表当时士大夫阶级的读书音"。(周法高 1984)

(六)关于《切韵》是不是一个内部一致的音系的问题,邵荣芬说:"其实一个方音音系稍微综合一些别的方言音系的特点,并不一定就会造成这一音系的内部混乱和自相矛盾。例如北方拉丁化新文字,在北京音系的基础上吸收了方言分尖团的特点,结果并没有影响它的内部一致性。"(邵荣芬 1961)何九盈说:"我们说《切韵》音系在性质上具有'杂凑'的特点,而不是说《切韵》这部书是杂乱无章的,也不是说《切韵》没有严密的语音体系。一部韵书有严密的语音体系和这个体系的性质是'杂凑'的,本是两个不同的问题,怎么能混为一谈呢?"(何九盈 1985)

综合以上的结论和要点,可以看出多数学者的意见还是相当接近、甚至一致的。所以我在拙作《汉语现代音韵学》中说:"要说《切韵》代表的是长安方音,显然不能成立,要说《切韵》是单一音系,当然也不合事实。实际上,20 世纪 70 年代以后的音韵学界恐怕也已经没有人再持单一音系的观点了。""周氏关于《玉篇》韵类的研究,可能不无瑕疵,但关于《切韵》是 6 世纪文学语言的语音系统的看法,则逐渐为大多数学者所接受。"潘文国先生感叹"六十年代《切韵》性质大讨论以来国内几乎是一边倒的'综合体系说',怎么会被人或明或暗地抛弃","为什么周先生反复强调的'陆法言撰集切韵所以要审音精密,折衷南北,目的固然在于正音,同时也便于南北通用。……这种办法,当然不无缺点。主要缺点在于不是单纯一地语音的记录'却不再见人引用,在拟音的实践中也更得不到体现",我想,这可能是对于学术界现状的一种不够正确的感知吧。潘文国先生还说:"综合这四个方面的要求来回顾前两次论争,我们就会发现,不论是六十年代初的那次,还是八十年代初的那次,实际上都是不彻底的,当时的双方都只把主要精力放在第一个问题上,至多对第二个问题有所论述,而对第三和第四个问题要就是没有回答,要就是语焉不详,或者虽然回答了,却没有给出令人满意的答案。"其实,学术讨论的结果要让所有的人都满意、都公开表示同意是不现实的,也是没有必要的,关键是看学术界的共识,看参加讨论的学者在以后的研究中采取什么样的观点和方法。这样来看,20世纪五六十年代和八十年代的论争其实收获还是很大的,近年来汉语音韵学在深度和广度上都得到飞速的发展,应该说跟那两次论争的积极成果是分不开的。

至于说到为什么潘悟云先生认为《切韵》是单一音系,我认为《切韵》是综合音系,而潘悟云和我"在对音韵材料的处理上却如出一辙,都没有离开高本汉的基本格局",我的理解,潘悟云先生所强调的是《切韵》虽然收有一些方言和古语的成分,但是它依然是一个内部一致的语音体系,他的着眼点在于此,所以称《切韵》为"单一音系"。而且如果只要吸收一点方言和古语,就必须称为"综合音系"的话,恐怕世界上也没有几种语言可以称得上是单一音系的了。我的说法是承认《切韵》综合了某些方言和古语成分,所以称《切韵》为"综合音系",但是我也强调《切韵》的内部一致性。我不认为因为某些成分,比如真、臻二韵是综合的,不能拟成不同的音值,于是其他二百多韵也因此不能拟成不同的音值。所以在实质上,我跟潘悟云先生并没有很大的差别,而且在这一点上,我跟国内外其他许多音韵学家也没有很大的差别,我们基本上都是统一在周祖谟先生(更早是王力先生)的关于《切韵》是6世纪文学语言的语音系统这一观点上。

二、《切韵》性质的再检验

关于《切韵》性质的问题已经是一个老问题了,以前的讨论也已经得到比较充分的展开,因此如果没有新的材料或新的方法,要彻底解决这个问题,让所有的人都统一到一个认识下面,是很困难的。不过,既然潘文国先生重新提出这一问题,我们还是得另外想几个办法再来论证一下。

我想到的一个办法是用轻唇化的十个韵来检验。我们知道,在隋和初唐以前汉语只有重唇音声母,没有轻唇音声母,陆法言等人当时也不可能知道汉语后来会产生轻唇音声母,所以《切韵》的反切也不区分轻重唇音。而到中唐时代,轻唇音声母产生了,宋人三十六字母中列出了非、敷、奉、微四个轻唇音声母,在《韵镜》和《七音略》中,非、敷、奉、微声母的字集中在东三、锺、微、虞、废、文、元、阳、尤、凡十个三等韵中,而且除了东三和尤韵的明母字以外,这十个三等韵的全部唇音字都变成轻唇音声母字。同时,在现代北京话中,这十个三等韵的唇音字也全都是轻唇音声母字(除了东三和尤韵的明母字以外),反过来所有的轻唇音声母字也都属于这十个三等韵。上海话的祖语可能跟北京话并不相同,但是在现代上海话中,除了东三和尤韵的明母字,以及少数几个保留古音的字(如"肥(皂)、蚊(子)、凤(仙花)")以外,这十个三等韵的唇音字也基本上是轻唇音声母字,反过来所有的轻唇音声母字也都属于这十个三等韵。试问,如果《切韵》的分韵不是当时实际语音的忠实记录,《韵镜》、《七音略》,乃至现代北京话、现代上海话会产生这样整齐的现象吗?如果《韵镜》、《七音略》所记录的语音的祖语,以及现代北京话、现代上海话的祖语不是《切韵》系统或者跟《切韵》非常接近的系统,《韵镜》、《七音略》,乃至现代北京话、现代上海话会产生这样整齐的现象吗?语音演变的规律性表现得这样清楚,只能说明这十个三等韵具有中古时代其他三等韵所没有的语音特征,陆法言把它们跟其他三等韵分离开来,应该是完全正确的。

有一些音韵学家认为在《切韵》中有大量韵部是音同韵异的,例如史存直先生《汉语语音史纲要》一书说:"对于《切韵》这部韵书的根本性质没有弄清,看到《切韵》的韵类那么多,就以为隋代的韵类实有那么多,这也歪曲了语音的实际。"(史存直1981)史先生认为跟中古实际语音相符合的是韵摄,在他的"中古十七摄"的拟音中,流摄的韵母为[ou, iəu],那么也就是说侯韵是[ou],尤、幽两韵是[iəu],咸摄的韵母为[am, iɐm/ap, iɐp],那么也就是说谈、覃两韵是[am],严、盐、凡三韵是[iɐm](衔、咸两韵是什么不清楚)。那么问题就来了,在相同的语音条件下应该具有相同的语音演变,我们怎样解释尤韵唇音字变成轻唇音,幽韵唇音字却保持重唇,凡韵唇音字变成轻唇音,盐韵唇音字却保持重唇呢?

又如黄淬伯先生《〈切韵〉音系的本质特征》一文说:"《切韵》音系和秦方言音系的关系,不言而喻,那是多音系和单音系的关系。我们认识了这两种音系共时性的关系之后,再来用《切韵》音系下与各种韵图和周德清《中原音韵》对应,和现代方言对应,这种多音系和单音系的关系,仍然存在。假若用秦方言音系下与韵图和周德清《中原音韵》,和现在北京音对应,中间并用周祖谟先生《宋代汴洛语音考》作参证,以对应之中,多音系和单音系关系即不存在。相反的如实地反映了北方语音发展的过程和规律性。"(黄淬伯1964)黄先生认为在秦方言中,支、脂、之、微四韵的开口是[ie],合口是[iue],那么问题又来了,我们怎么解释微韵的唇音字变成轻唇音,支、脂两韵的唇音字却仍然保持重唇呢?在文章后面所附的《〈切韵〉韵母表》中,黄先生把尤、幽两韵都拟成[iəu],那么跟上面史先生一样,也没法解释何以尤韵唇音字变成了轻唇音,而幽韵唇音字却没有变。黄先生说用秦方言和现代北京音对应,就能如实地反映北方语音发展的过程和规律性,但是我们在这里看到的恰恰不是"如实"的。

我想到的另一个办法是用重纽来检验。我们知道,《切韵》支、脂、祭、真、仙、宵、侵、盐八个三等韵中存在着重纽,这种重纽是非常细微的语音差别,如果说这种重纽是陆法言综合古今南北之音所造成的,那么令人非常奇怪的是成书于公元543年的原本顾野王《玉篇》的反切中也存在着重纽,而且字的分类也相同,成书于公元583年的陆德明《经典释文》中,陆氏的音切也存在着重纽,而且字的分类比《切韵》更加准确。例如颜之推《颜氏家训·音辞篇》云:"岐山当音为奇,江南皆呼为神祇之祇。江陵陷没,此音被于关中。"《广韵》"奇",渠羁切,"祇",巨支切,它们分属于支韵重纽三等和重纽四等,为一对重纽字。在《王韵》和《广韵》中"岐"均为巨支切,而在《切二》和《王二》中"岐"除了巨支切以外,又有渠羁切的又读,这个又读说明"岐"字早年确读支韵重纽三等,后代混入重纽四等。而在陆德明《经典释文》卷二至卷七中,"岐"字出现六次,均作其宜反,在玄应《一切经音义》中,"岐"字出现五次,分别作巨宜反和渠宜反,在日本《篆隶万象名义》中,"岐"也作渠宜反,这些反切都属于支韵重纽三等,而与颜之推说互为呼应。《玉篇》和《经典释文》这两本书都早于陆法言《切韵》问世,不存在顾野王和陆德明抄袭陆法言的可能性,反过来,原本《玉篇》的反切用字和《经典释文》的陆氏反切用字也跟《切韵》的反切用字大不相同,因此也不存在陆法言在写作《切韵》时抄袭顾野王和陆德明的情况。这样看来,《玉篇》、《经典释文》和《切韵》都存在重纽这种非常细微的语音差别,而且字的分类也相同的现象,只能有一种解释,那就是这三本书都是记录了当时存在着重纽的作为全国共同语的文学语言。陆德明《经典释文·毛诗下》"駰"字下云:"旧於巾反,读者并音因。"於巾反,真韵三等,"因",真韵四等。玄应《一切经音义》卷三云:"駰,於身、於巾二反。"於身反,真韵四等,於巾反,真韵三等。陆德明、玄应这样辨析字音的例子非常多,如果认为《广韵》脂和之、尤和幽等等都是音同韵异,那么陆德明、玄应这些关于重纽的注解只好说是脑子有毛病,在胡言乱语了。

令人更为奇怪的是,在日语吴音、高丽译音和安南译音中也存在着重纽。日本人、朝鲜人和越南人学习汉语当然是为了跟中国人交往,要跟中国人交往,当然应该学习中国的共同语,很难想象他们会把汉语共同语中并不存在的重纽也忠实地一起学去。高丽译音中有些重纽字的读音也比《切韵》还准确。例如在《切韵》支韵中,谐"卑"声的字都属于支韵四等,它们来自上古的支部,谐"皮"声的字都属于支韵三等,它们来自上古的歌部,而"碑"字,彼为切,却属于支韵三等,成为一个例外。但是在高丽译音中,"碑"读[pi],正是支韵四等的读法。由此可见,对于日语吴音、高丽译音和安南译音这种现象确实可信的解释只能是:重纽是中古汉语共同语中的客观存在,《切韵》如实地记录了中古汉语的共同语。

我想还有一个办法可以检验《切韵》,那就是反切。《玉篇》是一本字书,顾野王写作的时候不见得是先做好一本综合古今南北字音的韵书,或者心中存有一个综合古今南北字音的语音体系,然后再来给《玉篇》中的字确定反切用语。玄应的《一切经音义》更是一本佛教用书,玄应更不可能依据一本只是综合古今南北、而不符合当时实际语音的韵书或语音体系来给自己书中的字词注音,因为那样不利于向那些只具一般文化水平的善男信女们推广佛教。顾野王和玄应完全是认为当时这个字应该这么读,就给这个字确定这个读音。既然如此,那么我们系联《玉篇》和玄应《一切经音义》的反切,所得到的语音系统就应该是顾野王和玄应认定的读音,而根据前人的系联结果,《玉篇》和玄应《一切经音义》的语音系统跟《切韵》基本一致,那么《切韵》所记录的语音自然也是当时的实际语音。

  反切是很难造假的。如果要通过反切来做成一个杂凑的语音体系,恐怕只有现代音韵学家才能做到。《切韵》、《玉篇》和玄应《一切经音义》的反切系统是如此一致,只能承认它们基本上是根据同一个语音系统做成的。另一方面,《切韵》自身的反切也是自成系统的,比如帮组、见组和精组声母的反切上字一、二、四等为一组,三等为一组,端组声母的反切上字一、四等为一组,二、三等为一组,照组声母的反切上字二等为一组,三等为一组,如果陆法言是综合了几种方言,这种明确的分组趋势还会有吗?

三、关于不同音系的综合和"等"

  潘文国先生的文章,又以北京话、上海话和广州话为例,证明《切韵》可以把几个方言综合成为一个音类系统。我觉得潘先生举的例子不合适。因为"寒、男、三、山、开、街"这六个字本来就在《切韵》中分属于六个不同的韵部,这六个不同韵部的字在现代北京话、上海话和广州话中有不同的分合演变,现在潘先生把这六个不同韵部的字再倒过来,说《切韵》是综合了三个方言音系,这实在有循环论证之嫌。而且潘先生是挑选了有利于自己观点的例子。比如我们把"寒"字改成同属于寒韵的"单"字,再来看一下潘先生的表格(为清晰起见,"单"字位置略作变动):

	男(覃韵)	三(谈韵)	单(寒韵)	山(山韵)	开(哈韵)	街(佳韵)
北京	-an				-ai	-ie
上海	-ø	-ɛ				-a
广州	-am		-an		-ɔi	-ai

可以看到，寒韵和山韵无法分开，这样只换了一个字，结果就少了一个韵部。如果我们再加两个方言，试一下别的字，比如：

	单(寒韵)	干(寒韵)	端(桓韵)	官(桓韵)
北京	-an		-uan	
武汉	-an		-uan	
上海	-ɛ		-ø	-uø
广州	-an	-ɔn	-yn	-un
福州	-aŋ		-uaŋ	

根据表格所列的方言读音重新划分，我们还能保持寒、桓两个韵部吗？更为重要的是，寒、桓两个韵部中的字还能保持原来的同韵母关系吗？

现在我们再试一下，比如用北京话跟上海话综合成一个音系，为节省篇幅，我们只取字数较少的[ua]韵：

	北京	上海
ua	瓜剐卦夸蛙瓦袜化华画话	乖拐怪快
uai	乖拐怪快揣衰甩帅歪外	
o		瓜蛙华画话疤霸马怕遮差沙茶

如果因为韵母相同，要把北京话的"瓜、剐"等跟上海话的"乖、拐"等合为一个[ua]韵，那么北京话中跟"乖、拐"等同韵母的"揣、衰、甩"等要不要综合进去？上海话中跟"瓜、蛙"等同韵母的"疤、霸、马"等要不要综合进去？如果把"衰、甩"等综合进去了，那么上海话中又会有一批跟"衰、甩"等同韵母的字，要不要综合进去？反过来，如果把"疤、霸、马"等综合进去了，那么北京话中又会有一批跟"疤、霸、马"等同韵母的字，要不要综合进去？这样一来，就令人束手无策了。

因此，从上面三个表格来看，《切韵》的作者如果想要综合几个方言，一定要有一个基础方言，或者两个音系接近的基础方言，再不然就一定要另设一个判断的标准。不然的话，没有可操作性。此外，从另一方面考虑，由于汉语各地方言几乎都能跟《切韵》建立对应关系，按潘文国先生的说法推理，还会得出陆法言是综合了当时所有的方言这样一个错误的结论。

潘文国先生的文章还说到了"等"，认为所谓"两呼四等说"、"四等洪细说"等等都无法完全解释等韵上的问题,因而只有他自己发明的"齿音枢纽说"才能解决等韵上的所有问题。其实我觉得等韵学的理论并不只限于"两呼四等说"、"四等洪细说"等少数几个,等韵在历史上有一个较长的发展演变过程,做韵图的人也各式各样,目的、方法也各不相同,并不是简单几个理论所能概括的,古人所创立的理论也不见得全都正确,现代音韵学恐怕也不能说已经把等韵上所有的谜都解开了。但是就一般来说,一般地解释《韵镜》、《切韵指掌图》等的体例、字音、"假二等"、"假四等"等,我想现代音韵学应该没有什么问题吧。

潘先生的"齿音枢纽说"大概是见于他的大作《韵图考》,此书潘先生也曾送我一本,因为不才,我没有完全看懂他的书,但是我十分敬佩他的博学和做学问的勇气。不过,我想"齿音枢纽说"最主要的还是在于证明史存直先生的观点,即"韵图中的'等'可以说就是'洪、细'的古今南北综合物"(史存直 1981)。因为潘先生先是认定《切韵》是古今南北的综合物,二百零六韵不是都可以拟音的,然后说韵图作者以《切韵》系韵书为基础,分出开合和洪细,然后说韵图作者再以齿音声母为依据,排出放置韵部的四行格子,也就是后来所说的"四等"。通过这样的叙述,让人们感悟到"等"并没有客观的语音基础,只是为了排列齿音声母而设立的格子而已。(参潘文国 1997,第 77 页前后)潘先生就是这样绕了一个大圈子,来证明史存直先生的观点。但是我就不明白,为什么放置韵部的四行格子只有潘先生认定的第一行甲种韵、第二行丁种韵、第三行丙种和戊种韵、第四行乙种韵一种放法,如果说甲种韵是洪音,乙种和丙种韵是细音,丁种和戊种韵是洪细不分,那么为什么不能作成第一行甲种韵(洪音)、第二行乙种和丙种韵(细音)、第三行丁种和戊种韵(洪细不分)呢? 而这样只要三行格子就行了,也就是说韵图只要三个"等"就行了。潘先生说:"齿音枢纽说只使用了一个标准,即以齿音为枢纽分组,然后依靠反切横向系联。这个标准可以贯串始终,解释全部韵图,不必另添其他标准。"我记得在《切韵指掌图》中,由于把端透定和知彻澄娘、精清从心邪和照穿床审禅都分为两栏,齿音精组一栏和照组一栏都只剩下一两个等,而牙喉音栏则有四个等,那么对于《切韵指掌图》来说,"齿音枢纽说"是否要改成"牙喉音枢纽说"呢?

潘文国先生说:"即使有了这么多标准,四等洪细说对韵图的解释仍不免顾此失彼、捉襟见肘。我们只要举一个例子,前面的那么多标准就要全部落空。譬如《韵镜》三十七图幽韵在牙音次清下有一个'恘'字,遍查各种韵书,这个字都在尤韵。那么,怎么解释它在韵图中的地位呢? 上述的种种标准,在这里一个也用不上,恐怕只有说韵图'立法未善'、'自乱其例',或者再立一个'个别字音变化论'的标准了,但这样的韵图不是使人更难把握了吗?"其实这个"怵"字,董同龢《广韵重纽试释》、龙宇纯《韵镜校注》、李新魁《韵镜校证》都早有考证。董同龢认为"怵"应是幽韵字,《切韵》传抄误入尤韵,证据确凿。潘先生《韵图考》提出此字是尤韵丘小韵的重纽(参潘文国 1997 第 269、273 页),这样的解释难道是从"齿音枢纽说"得出来的吗? 同时,《切韵》有重纽的韵都不会发生轻唇化,其主元音都是前元音,尤韵是发生轻唇化的韵,其主元音也是后元音,尤韵不应该是重纽之韵。诚然有一些学者认为尤韵和幽韵为一对重纽的韵,但他们并没有说尤韵本身是含有重纽的韵,而且尤韵和幽韵是否重纽也并不是根据"怵"字来决定的,潘先生没有讨论尤、幽的重纽问题,也没有提出什么证据,就把一个孤零零的字作为重纽,这样解释韵图却正是"使人更难把握了"。

汉语中古音中到底是不是存在"等"? 其实上文说到的轻重唇音分化现象就可以回答这个问题,因为我们看到,由重唇音变成轻唇音只限于东$_三$、锺、微、虞、微、废、文、元、阳、尤、凡十个三等韵,其演变条件是唇音声母后接[i]介音和央后元音,其他一、二、四等韵都没有轻重唇音分化的现象,其他三等韵也没有轻重唇音分化的现象。如果说"等"是古今南北的综合物,那么我们怎样来解释轻重唇音的分化呢?《切韵》二等韵的演变也可以回答这个问题,因为我们看到,除了少数例外,几乎所有二等韵的开口喉牙音声母的字,比如"家、闲",到现代北京话中都产生了[i]介音,而这些字在上海话白读中则没有[i]介音。如果说"等"是古今南北的综合物,会有这样整齐的变化吗?《切韵》当中这样的规律性现象还有很多,可以说凡是采用"四等洪细说",就可以顺利地解释从中古音发展到现代汉语各方言以及域外方言的大部分现象,凡是不采用"四等洪细说",无不困难重重,漏洞百出。"等"难道不是中古汉语的客观存在吗?

当我们说到"等"的时候,应该把韵书中二等韵、三等韵的"等"跟韵图上表现这种"等"的格子区别开来。比如《韵镜》因为采用三十六字母系统,所以喻母的位置只有一个纵行,可是《广韵》相当于三十六字母中喻母的声母实际上有于母(喻三)和以母(喻四)两个声母,而且都跟三等韵相拼,《韵镜》三等韵只有一个横行,在图解《广韵》时没有办法,只好把于母的字放在第三行(三等的格子)中,把以母的字放在第四行(四等的格子)中。这时,我们只能说以母字是三等字,韵图把它放到四等的格子中了,而不能说以母字是四等字。这确实是由于韵图立法未善,如果像李荣《切韵音系》那样列图,就不会有这些误解。有些人只喜欢说同一种"等",并抓住《韵镜》等韵图中的少数例外,从而否定大多数很清楚的现象,只及一点,不及其余,这种思想方法并不正确。

总的来说,我理解潘文国先生的用意,即经常来告诫音韵学家们要注意古代方言问题,这一用意对于音韵学发展还是有益的。不过,我也非常希望潘先生以及同意潘先生观点的学者们,能够真正证明出《切韵》中究竟哪些韵是由于综合了不同的方言而造成音同韵异的。

参考文献

何九盈　1961　《切韵》音系的性质及其他,中国语文,第 9 期
——　1985　中国古代语言学史,河南教育出版社
黄淬伯　1957　论《切韵》音系并批判高本汉的论点,南京大学学报,第 2 期
——　1962　关于《切韵》音系基础的问题,中国语文,第 2 期
——　1964　《切韵》音系的本质特征,南京大学学报,第 8 期
李荣　1957　陆法言的《切韵》,中国语文,第 2 期
潘文国　1997　韵图考,华东师范大学出版社
邵荣芬　1961　《切韵》音系的性质和它在汉语语音史上的地位,中国语文,第 4 期
史存直　1981　汉语语音史纲要,商务印书馆
王力　1936　南北朝诗人用韵考,清华学报,第 11 期
——　1957　汉语史稿(上册),中华书局
——　1981　中国语言学史,山西人民出版社
王显　1961　《切韵》的命名和《切韵》的性质,中国语文,第 4 期
杨剑桥　1996　汉语现代音韵学,复旦大学出版社
赵振铎　1962　从《切韵·序》论《切韵》,中国语文,第 10 期
周法高　1984　读切韵研究,大陆杂志,第 69 期
周祖谟　1966　《切韵》的性质和它的音系基础,问学集,中华书局

附录二

《切韵》重纽 A、B 两类的归字问题

《切韵》支、脂、祭、真、仙、宵、侵、盐八个三等韵具有重纽,重纽分为两类,即重纽 A 类(又叫重纽四等)和重纽 B 类(又叫重纽三等)。《切韵》这八个三等韵的喉牙唇音字中哪些字归重纽 A 类,哪些字归重纽 B 类,学术界一般都没有异议,但是少数字的归类仍有分歧,本文就来讨论这些字的归字问题。

一

在讨论这些字的归字前,我们先来说明一下重纽 A、B 两类的归字方法。

一、反切系联法。重纽是清代学者陈澧发现的,他是通过系联《广韵》的反切下字而发现的。我们可以看到,在支、脂、祭、真、仙、宵、侵、盐这八个三等韵中,反切下字的系联结果除了有开口、合口这两个分组以外,在开口和合口的喉牙唇音字下分别还可以有两个分组,这两个分组就是重纽 A 类和重纽 B 类。既然如此,那么通过反切系联法就可以进行重纽的归字工作,即凡是反切下字能够跟重纽 A 类系联的,就属于重纽 A 类,凡是反切下字能够跟重纽 B 类系联的,就属于重纽 B 类。例如宋跋本《刊谬补缺切韵》支韵上声纸韵的喉牙唇音字各小韵的反切(唇音字一律置于开口中):

表 1

	帮 滂 並 明	见 溪 群 疑 晓 影
纸韵开口 A 类	俾卑婢 諀匹婢 婢便俾 渳弥婢	
纸韵开口 B 类	彼补靡 皽匹靡 被皮彼 靡文彼	掎居绮 绮墟彼 技渠绮 蚁鱼倚 豨兴倚 倚於绮
纸韵合口 A 类		跬去弭
纸韵合口 B 类		诡居委 跪去委 趣求累 硊鱼毁 毁许委 委於诡

从表中可见，纸韵唇音字"俾、諀、婢、渒"因反切下字可以系联而成为一组，"彼、破、被、靡"因反切下字可以系联而成为另一组，两组之间无法系联，所以应该分属A类或B类。同样的道理，纸韵喉牙音字"掎、绮、技"等等根据反切下字系联的结果而分成三组，应该分属开口A类，或开口B类，或合口A类，或合口B类。

有时重纽两类的反切下字可能会系联为一组，例如宋跋本《刊谬补缺切韵》真韵开口的喉牙唇音字各小韵的反切：

表 2

	帮 滂 並 明	见 溪 群 疑 晓 影
真韵开口A类	宾必邻 缤敷宾 频符邻 民弥邻	因於邻
真韵开口B类	斌府巾 贫符巾 珉武巾	巾居邻 赾巨巾 银语巾 䜣於巾

由于"巾"的反切下字为"邻"，所以真韵开口的喉牙唇音字全部可以系联在同一组中。不过在这种情况下，我们可以看到"宾∶斌"、"频∶贫"、"民∶珉"、"因∶䜣"分别在同一声母下形成对立，所以真韵开口的喉牙音字仍然应该分为两个组，分别属于A类和B类。

但是，反切下字系联的结果，只能知道喉牙唇音字的分组，却无法知道每一组的归属究竟是开口A类还是开口B类，还是合口A类，还是合口B类？这就需要采用方法二，即借助韵图了。

二、借助中古早期韵图。早期韵图是古人用来图解《切韵》系韵书的，其成图时间距陆法言原本《切韵》问世不远，在某些方面可能掌握更多的信息，所以这种图解具有重要参考价值。当我们通过系联反切下字，得知支、脂、祭、真等八个三等韵除了开合口的区别以外，它们的喉牙音字又分为两组以后，可以借助对照中古早期韵图，确认它们究竟归属于A类还是B类。例如《韵镜》第四转、第五转纸韵的喉牙唇音字的列图：

表 3

	齿音舌	音喉				音齿	音牙				音舌	音唇				
		浊	浊	清清	清		浊	次清	清	清		浊	次清	清	清	内转第四开
纸		○	○	○	○		○	○	○	○		○	○	○	○	
		○	○	○	○		○	○	○	○		○	○	○	○	
		○	○	○	倚		螘	技	绮	掎		靡	被	破	彼	
		○	○	○	○		○	○	企	踦		渳	婢	諀	俾	

齿音舌	音喉				音齿	音牙				音舌	音唇				内转第五合
	清浊	浊	清	清		清浊	浊	次清	清		清浊	浊	次清	清	
纸	○	○	○	○		○	○	○	○		○	○	○	○	
	蔿	○	毁	委		硊	跪	○	诡		○	○	○	○	
	○	○	○	○		○	○	跬	○		○	○	○	○	

对照上文表 1,我们可以很明显地看出,《切韵》纸韵"俾、諀、婢、渳(音同'弭')"在《韵镜》中被置于四等的位置,它们应该是开口 A 类,"彼、祓、被、靡"被置于三等的位置,它们应该是开口 B 类,而《切韵》"掎、绮、技"等字虽然没有对立的字,在《韵镜》中却全被置于三等的位置,所以它们应该都是开口 B 类的字(《韵镜》四等有"踦、企"两字与"掎、绮"形成对立,这是《韵镜》增加的,但也不妨碍"掎、绮"保持三等的位置)。同理可知《切韵》纸韵合口喉牙音字的归类。而如果我们把表 2 真韵的字跟《韵镜》第十七转对照一下,也可以知道"斌、贫、珉、巾、堇"等字应该是开口 B 类,"宾、缤、频、民、因"等字应该是开口 A 类。

不过《韵镜》第四转的"踦"字倒是值得讨论的,这就涉及到方法三,即借助上古韵部了。

三、借助上古韵部和谐声系统。《切韵》同一个三等韵中的两类重纽往往来自上古不同的韵部,有时即使来自上古同一个韵部,也是本来就有语音区别,因此即使到了中古,两类重纽的谐声字族也往往不同。例如《广韵》真韵中,凡是从賓声的字,都来自上古真部,就一定是重纽 A 类,包括"賓、濱、檳、顥、儐、鑌、瞴"(必邻切)是帮母真韵开口平声 A 类,"儐、擯、殯、鬂"(必刃切)是帮母真韵开口去声 A 类,"繽"(匹宾切)是滂母真韵开口平声 A 类,"蘋、嬪、螾、獱"(符真切)是並母真韵开口平声 A 类,"臏、髕"(毗忍切)是並母真韵开口上声 A 类等;凡是从分声的字,都来自上古文部,就一定是重纽 B 类,包括"份、玢、邠、攽、砏"(府巾切)是帮母真韵开口平声 B 类,"贫"(符巾切)是並母真韵开口平声 B 类等。又如《广韵》宵韵中,从堯声的字和从夭声的字都来自上古宵部,但是到中古,凡是堯声字就一定是重纽 A 类,包括"趬、蹺"(去遥切)是溪母宵韵开口平声 A 类,"趬"(丘召切)是溪母宵韵开口去声 A 类,"翹"(渠遥切)是群母宵韵开口平声 A 类,"翹"(巨要切)是群母宵韵开口去声 A 类,"蟯"(於宵切)是影母宵韵开口平声 A 类,凡是夭声字就一定是重纽 B 类,包括"夭、妖、祅、枖、訞"(於乔切)是影母宵韵开口平声B类，"夭、殀、芙、伕"（於兆切）是影母宵韵开口上声B类等。重纽既然有这样的特点，我们就可以利用它们来判断归字。

从表3我们可以看到，《韵镜》四等有一个"踦"字跟三等"掎"形成对立，此字《广韵》《集韵》收于掎小韵，与"掎"同音，而《切韵》其他版本"切三"、"王二"、"王三"掎小韵中都未见此字；同是中古早期韵图的《七音略》在此位置上则列有"枳"字，此字《广韵》居纸切，《集韵》颈尔切。由此可见，《韵镜》"踦"字十分可疑。那么从上古音看，《广韵》支韵上声纸韵的重纽B类的字多有从"皮、麻、奇、为"和"危、毁、委"等谐声的，它们全都是上古歌部和微部字，而重纽A类的字多有从"卑、弭、圭"等谐声的，它们全都是上古支部字，纸韵的重纽正是由于上古来源不同所造成的；既然这样，那么"踦"字从奇声，它正应该是重纽B类，也就是重纽三等的字，《韵镜》把它置于四等是错误的，"枳"从只声，"只"是上古支部字，《七音略》把"枳"置于四等则是正确的。

说到这里，我们又发现一个问题，即表2中"民"为重纽A类，而同谐声的"珉"却是重纽B类，这是为什么呢？这又涉及到方法四，即分清时代层次的问题了。

四、分清时代层次。汉语语音是在不断发展变化中的，随着时代的变迁，重纽两类之间也会有一些变动。北朝颜之推《颜氏家训·音辞篇》说："岐山当音为'奇'，江南皆呼为'神祇'之'祇'。江陵陷没，此音被于关中。"在颜之推认定的当时的标准音中，"岐"应该读作"奇"，属于重纽B类，但是当时南方却读同"祇"，即读成重纽A类了，而且这种读法正在逐渐传入关中。我们看到，在宋跋本《刊谬补缺切韵》支韵奇小韵（渠羁反）中，"岐，山名，又巨支反"，祇小韵（巨支反）中，"岐，山名，又渠羁反"，这就是说，"岐"既读作支韵开口B类，又读作支韵开口A类，这一记录跟颜之推的说法是符合的；而到《广韵》中，"岐"就只剩下巨支切一读，完全变成重纽A类了。陆德明《经典释文》"岐"字注音共十二次（如《周易·升》"王用亨于岐山"句注、《尚书·禹贡》"壶口治梁及岐"句注、《诗经·周南·关雎序》"谓其化从岐周被江汉之域也"句注），其首音全作"其宜反"，这正是重纽B类（有的例"其宜反"后有又音，如《周易》例"或祁支反"，《诗经》例"或音祇"，这是重纽A类），也证明了颜之推的说法。从《广韵》来看，支声字从重纽B类演变成重纽A类还不止"岐"一个字，比如"汥"，巨支切（支韵开口平声A类），又音奇寄切（支韵开口去声B类），"伎"，巨支切（支韵开口平声A类），又音渠绮切（支韵开口上声B类）。

当然，从《广韵》看，发生这种变化的谐声字族并不多，除了支声字以外，还有支韵的卑声字,"卑、鹎、椑"等30个字中,只有"碑、䢗"2个字是重纽B类,其余都是重纽A类,而且"䢗"也有重纽A类又音;脂、支、真、质韵的比声字,"比、妣、纰"等43个字中,只有"柴、仳"2个字是重纽B类,其余都是重纽A类,而且"仳"也有重纽A类又音;仙韵的扁声字,"扁、编、偏"等18个字中,只有"諞"1个字是重纽B类,其余都是重纽A类,而且"諞"字也有重纽A类又音;侵、盐韵的今声字,"今、衿、妗"等32个字中,只有"舍"1个字是重纽A类,其余都是重纽B类;宵韵的乔声字,"乔、骄、娇"等40个字中,只有"繑、譑、嚆"3个字是重纽A类,其余都是重纽B类,而且"譑"也有重纽B类又音,等等。正因为这种情况尚属少数,所以本方法对于方法三的使用不会造成大的影响。

现在我们来看表2的"民"和"珉"。在《广韵》中,民声字有"民、泯"等5个字是真韵A类,"岷、珉、愍"等9个字是真韵B类;但是"岷"字又写作"嶓、峧",又与"汶"字通假,"珉"字又写作"瑉、磻、砇、玟","愍"字又写作"敽",《诗经·邶风·柏舟》"觏闵既多",齐诗、鲁诗"闵"作"愍",这三个字都跟昏声和文声发生关系,可见它们本来是上古文部字,而且本来也许就是从昏声和文声的,后来到中古才转入真韵的,所以"岷、珉、愍"属于真韵B类,与"民、泯"有别,这是可以理解的。

五、关于重纽A、B两类的归字,也许我们还可以加上一种方法,即"类相关"。"类相关"是日本学者辻本春彦《所谓三等重纽的问题》一文所发明,以后松尾良树《论〈广韵〉反切的类相关》和森博达《中古重纽韵舌齿音字的归类》等文章续有论述。所谓"类相关"可以归纳为如下两个相关的法则:

(1)在有重纽的三等韵中,当反切上字为A类时,被切字就归A类;当反切上字为B类时,被切字就归B类。也就是说反切上字和被切字的类相一致。(以上为第一法则)

(2)当反切上字为非重纽三等韵的字时,反切下字为A类的,被切字就归A类,反切下字为B类的,被切字就归B类;同时,反切下字为章组、精组、日母和喻$_{四}$的,被切字归A类,反切下字为庄组、知组、来母和喻$_{三}$的,被切字归B类。(以上为第二法则)

例如宋跋本《刊谬补缺切韵》脂韵上声"匕,卑履反","卑"是重纽A类字,所以"匕"应属重纽A类;支韵平声"陂,彼为反","彼"是重纽B类字,所以"陂"应属重纽B类;仙韵上声"褊,方缅反","方"是非重纽三等韵的字,"缅"是重纽A类字,所以"褊"应属重纽A类;脂韵上声"美,无鄙反","无"是非重纽三等韵的字,"鄙"

是重纽B类字,所以"美"应属重纽B类;脂韵平声"毗,房脂反","房"是非重纽三等韵的字,"脂"是章组字,所以"毗"应属重纽A类;支韵平声"卑,府移反","府"是非重纽三等韵的字,"移"是喻₄字,所以"卑"应属重纽A类;仙韵平声"權,巨员反","巨"是非重纽三等韵的字,"员"是喻₃字,所以"權"应属重纽B类;仙韵上声"蹇,居辇反","居"是非重纽三等韵的字,"辇"是来母字,所以"蹇"应属重纽B类。

同时,在以往关于重纽的讨论中,还有一个问题,即重纽三等韵中的舌齿音字究竟是跟重纽A类同韵母呢,还是跟重纽B类同韵母?各家意见分歧,董同龢《广韵重纽试释》认为舌齿音字跟重纽A类相同,重纽B类单独为一类;陆志韦《古音说略》认为舌齿音中的庄组、知组和来母字跟重纽B类相同,其余各母字跟A类相同;邵荣芬《切韵研究》则认为舌齿音字跟重纽B类相同,重纽A类单独为一类。现在根据"类相关",可以说陆志韦的意见基本正确,即大致上章组、精组、日母和喻₄字应该跟重纽A类韵母相同,庄组、知组、来母和喻₃字应该跟重纽B类韵母相同。

不过,这两条法则的例外较多,例如关于第一法则,宋跋本《刊谬补缺切韵》脂韵上声"舓,匹鄙反","匹"是重纽A类字,"舓"应当归属重纽A类,但是实际上它是重纽B类字。又如关于第二法则,宋跋本《刊谬补缺切韵》支韵去声"企,去智反","去"是非重纽三等韵的字,"智"是知组字,但是"企"却是重纽A类字;仙韵"便,房连反","房"是非重纽三等韵的字,"连"是来母字,但是"便"却是重纽A类字;脂韵平声"飢,居脂反","居"是非重纽三等韵的字,"脂"是章组字,但是"飢"却是重纽B类字;"贬,方冉反","方"是非重纽三等韵的字,"冉"是日母字,但是"贬"却是重纽B类字。总的来说,第一法则例外很少,第二法则则较多,据森博达《中古重纽韵舌齿音字的归类》的统计,在宋跋本《刊谬补缺切韵》中,在反切上字为非重纽三等韵的字的情况下,当反切下字为精组、章组、日母字时,被切字例外成为B类的比率为27%,当反切下字为来母字时,被切字例外成为A类的比率为26%,当反切下字为知组字时,被切字例外成为A类的比率为25%,所以"类相关"第二法则必须慎重使用。

二

有了上面所说的这些方法以后,现在我们就可以具体讨论一些字的归类了。

(1)《广韵》支韵平声滂母重纽A类有"䟺"(匹支切)字,本音韵地位宋跋本《刊谬补缺切韵》为空位,《韵镜》第四转则列"披"字。各家都认为"披"当是"䟺"

之误,例如龙宇纯《韵镜校注》云:"'披'字《广韵》支韵与滂母三等'鈹'同敷羁切,《七音略》作'皱'。《广韵》支韵韵末'皱,匹支切',与《七音略》合,《韵镜》此或是作'皱'而讹。"今按,"披"从皮声,皮声字在重纽三等韵中全都是 B 类字,这是判定"披"字有误的又一证据。而"皱"字当从比声,上文已指出,比声字在重纽三等韵中绝大多数为 A 类,所以本音韵地位当以列"皱"字为妥。《广韵》"皱"有敷羁切又读,与"鈹"同音,又皮美切,与脂韵上声"否"同音,都是重纽 B 类,从谐声角度来说,应该是后来的变音。"皱"字《说文》不载,但见于杨雄《方言》卷六:"器破而未离谓之璺,南楚之间谓之皱。"《玉篇》入皮部。

(2)《广韵》脂韵平声开口群母"鬐,渠脂切",此字《韵镜》第六转和李荣《切韵音系》列于重纽三等位置(《韵镜》出"耆"字,与"鬐"同音),即认为它是重纽 B 类字,辻本春彦《广韵切韵谱》第六图则列于重纽四等的位置,即认为它是重纽 A 类字,究竟何者为是?今按,《广韵》重纽三等韵中从旨声的喉牙音字除了"鬐"小韵 9 个字以外,另有"麂、㡾"(居履切)和"𪖈"(诘利切)3 个字,居履切当属重纽 B 类,诘利切当属重纽 A 类,据此我们无法判断"鬐"字的归类。但是其他 15 个旨声字全都是章组字,例如"脂、鴲"是章母字,"蓍"是书母字,"嗜"是禅母字等,那么根据"类相关"法则,我们可以确认"鬐"基本上应该是重纽 A 类字,即辻本春彦的处理更加好一些。

(3)《广韵》脂韵上声合口晓母"瞲,火癸切"("瞲",《广韵》作"瞲"),此字《韵镜》第七转列于重纽三等,李荣《切韵音系》则归于重纽 A 类,辻本春彦《广韵切韵谱》第七图也列于重纽四等。李新魁《韵镜校证》说:"瞲字《广韵》作火癸切又火季切,《王韵》作许癸反,论反切用字,此字当入四等,《韵镜》列于三等,未合。"李新魁是从反切系联的角度,认为"瞲,火癸切"反切下字能与"癸"(居诔切)、"揆"(求癸切)系联,既然《韵镜》把"癸、揆"列于四等,则"瞲"也应该列于四等。李新魁这一判断是正确的。《韵镜》把"瞲"列于重纽三等,杨军《韵镜校笺》和陈广忠《韵镜通释》都未给以辨析。

"瞲"字《广韵》有香季切又读,从反切下字系联看,此读应属脂韵去声合口晓母四等,即重纽 A 类,但是本音韵地位《韵镜》第七转却是"侐"字,《广韵》"侐,火季切",与"瞲,香季切"音有冲突。《韵镜》"侐"字上面一空,即脂韵去声合口晓母三等音韵地位,《韵镜》是空位,《七音略》第七转则列有"豷"字,《广韵》"豷,许位切"。李荣《切韵音系》在脂韵去声合口的表格中,把"瞲"、"侐"、"豷"三个小韵一起列在 A、B 两类下,重纽 A、B 两类只应该有两个小韵,现在出现了三个,所以李荣说:"瞲侐豷三字音韵地位有问题。本书与敦煌本侐均为最后一个小韵,疑瞲侐同音。"他是把"瞲"和"侐"合而为一，与"瞖"形成重纽。李新魁《韵镜校证》也说："侐字《王韵》、《广韵》作火季切，居于至韵之末。案《广韵》至韵又有瞲字，香季切，两字为重纽，故陈澧疑侐为《广韵》后增之字而删。《韵镜》列侐不列瞲，盖瞲已入上声旨韵故也。……就《广韵》言，侐与瞖为重纽，《韵镜》列侐而舍瞖。"他则是把去声"瞲"删除，然后以"侐"与"瞖"为重纽。今按，上文已经说过，上声"瞲"字是重纽 A 类，那么其去声异读也应是重纽 A 类；而从反切下字系联看，"瞲"、"侐"也应是重纽 A 类，"瞖"则应是重纽 B 类。另外从谐声系统看，在《广韵》三等韵中，壹声字除了"壹"字是重纽 A 类以外，其他"懿、饐、䨷"（乙冀切）等 6 字、"瞖"（虚器切）1 字都是重纽 B 类，所以"瞖"也是归入重纽 B 类为好。这样的话，李荣的处理更加可信一些。

(4)《广韵》祭韵开口"朅，於罽切"，此字《韵镜》列于第十三转晓母三等的位置，又列于第十五转影母四等的位置，即认为"朅"既是重纽 B 类，又是重纽 A 类；李荣《切韵音系》则归入祭韵开口重纽 B 类，辻本春彦《广韵切韵谱》第十五图列于影母三等，也归入祭韵开口重纽 B 类。李新魁《韵镜校证》"外转第十三"注："朅字《广韵》及《徐铉音》作於罽切，《徐锴音》於蘮反，当在影纽。本书以此字入晓纽，与《广韵》不合。《唐韵》此字亦作於罽反，《集韵》作於歇切，亦与《广韵》同。《韵镜》入晓，无据，疑为抄胥之误。"又"外转第十五"注："朅字《广韵》作於罽切，在影纽地位。《韵镜》于十三图祭韵中列朅字于晓纽地位，不合。此图重出朅字，列于四等处。《磨光》及《七音略》入十三图祭韵三等处而不入此。"李氏说"朅"为影母字，是，但未说此字究竟是重纽 A 类还是重纽 B 类。陈广忠《韵镜校释》第四章第二节"外转第十三开"注 21 说："朅，《广韵》於罽切。罽，《广韵》居例反。'例'为来纽三等，则与'朅'三等合，而'於'为影纽，此字置晓纽之位，有误。""外转第十五开"注 12 说："朅，《广韵》於罽切。罽，《广韵》居例切。'例'归外转第十三开口，'祭'音三等，则'朅'亦为三等，而列于四等，是为'重四'。'重三'缺。此字十三图'祭'韵已列，当归于影纽三等之位。十三、十五图中'朅'字，只须保留一个。"所谓"只须保留一个"，那么保留哪一个才是正确的呢？

今按，从谐声系统看，在《广韵》三等韵中，除了"朅"字以外，曷声字还有"愒、揭"（去例切）等 3 字，"偈"（其憩切）1 字，它们都是祭韵开口重纽 B 类字，"稧、揭"（居列切）2 字，"朅、藒"（丘竭切）等 4 字，"竭、碣、渴、偈"（渠列切）等 6 字，它们也都是重纽 B 类字，所以"朅"字也应当归入重纽 B 类，即《韵镜》应当保留第十三图的"朅"字，而移至影母之下，同时删去第十五图的"朅"字。这样处理，也正好跟《七音略》"朅"字列图相符。

不过，曷声字中居列切的"揭"字，郑张尚芳《上古音系》所附"古音字表"却认为是薛韵重纽 A 类字，这应该是误从《广韵》的结果。《韵镜》第二十三转入声见母三等列有"揭"字，李新魁《韵镜校证》说："《广韵》揭字列孑字下，居列切。孑字本书已列二十一转薛韵，以揭列此位与孑重出。案《切三》揭字列竭字下，去竭反、丘竭反，孑下并无揭字，《王三》亦然，亦与本书不合。《七音略》此位亦列揭，同《韵镜》。此盖据《集韵》所增。《集韵》薛韵中除揭塞列切小韵外，另有孑吉列切小韵。《韵镜》将其分别列于三、四等。"可见"揭"（还有"稦"）本来并没有居列切一读，不应该是重纽 A 类字，其居列切一读应是后起现象。

附带说一下，《广韵》薛韵开口"孑，居列切"，《韵镜》和《七音略》第二十一转都列于四等位置，即认为是重纽 A 类字，李荣《切韵音系》、周法高《广韵重纽的研究》也把"孑"列在薛韵开口重纽 A 类中，但是辻本春彦《广韵切韵谱》第二十七图则列于重纽三等的位置，即认为属于重纽 B 类。从"类相关"法则看，反切下字"列"是来母字，"孑"应该是重纽 B 类字，辻本是对的；只是"孑"字其他信息太少，我们现在还无法完全肯定。

（5）《广韵》谆韵上声开口溪母"蜠，弃忍切"（此字应是真韵上声开口溪母字），此字《韵镜》第十七转和李荣《切韵音系》列于重纽三等，即认为它是重纽 B 类字，《七音略》第十七转、董同龢《广韵重纽试释》，以及辻本春彦《广韵切韵谱》第十九图则列于重纽四等的位置，即认为它是重纽 A 类字，究竟何者为是？杨军《韵镜校笺》第十七图注 49 云："上三溪　蜠。《七音略》无字。王一、王二轸韵有蜠小韵，丘忍反；王三丘引反。《广韵》此字在准韵，弃忍切。本书列于本位，则与王韵、《广韵》等合。《集韵》蜠小韵准韵两见，一音遣忍切（当列四等）；一音丘忍切（当列三等）。《七音略》盖以为二音相同，而据遣忍切列于四等。"也没有说出《韵镜》列于上声三等溪母下"与王韵、《广韵》等合"的道理。龙宇纯《韵镜校注》注："广韵准韵蜠弃忍切，依其下字，当入四等。七音略字正见溪四。"其实如果系联谆韵、真韵的反切下字，重纽四等的"紧、牝"等和重纽三等的"釿、慭"等都可以系联在一起，因此反切下字系联无法决定"蜠"的归属。今按，《广韵》除"蜠"字外，在重纽三等韵中的堇声字尚有"菫、墐"（巨巾切）等 4 字，"僅、覲"（渠遴切）等 11 字，"鄞"（语巾切）1 字，它们全都是重纽 B 类字，由此可见"蜠"字也以归入重纽 B 类为妥。"蜠"字在《广韵》真韵去声开口溪母有一个又音（羌印切），辻本春彦《广韵切韵谱》也把它列于重纽四等的位置，但是《广韵》此位已有"菣，去刃切"，所以辻本只好把"蜠"字列在表格之外。其实重纽三等的位置正好空着，如果认为上声"蜠"字是重纽 B 类，那么去声"蜠"字也列在重纽 B 类，即重纽三等的位置就再合适不过了。

（6）《广韵》真韵去声开口溪母"菣,去刃切",此字《韵镜》第十七转置于重纽三等的位置,即认为它是重纽B类字,董同龢《广韵重纽试释》、李荣《切韵音系》,以及辻本春彦《广韵切韵谱》第十九图则列在重纽四等,即认为它是重纽A类字。其实从反切系联看,"儐,必刃切"、"脪,匹刃切"、"印,於刃切",《韵镜》既然把"儐、脪、印"置于重纽四等的位置,那么"菣,去刃切"反切下字能够系联,就应该也置于重纽四等,也就是说"菣"应该是重纽A类字。从谐声系统来看也是如此,在《广韵》三等韵中,臤声字另有"紧、脪、痊"（居忍切）、"掔"（去演切,在"遣"小韵中）,《韵镜》第十七、二十一转把"紧"、"遣"列于四等,李荣《切韵音系》和辻本春彦《广韵切韵谱》第十九、二十七图也归为重纽A类,可见"菣"以归为重纽A类字为妥。如果同意这一结论,则《韵镜》第十七转去声溪母三等的"菣"和四等的"蟥"正好应该换一下位置。杨军《韵镜校笺》第十七图注93云:"去四溪　蟥。《七音略》无字。唐五代韵书震韵无此字。《广韵》震韵有蟥小韵,羌印切,与本书列于三等位之菣字（王一、王二、王三、《广韵》去刃反）为重纽,下当列于此位。《集韵》蟥（羌刃切）、菣（去刃切）亦为重纽。《七音略》误脱,当补。"陈广忠《韵镜通释》第四章第二节"外转第十七开"注29、31也说:"菣,《广韵》去刃切。'刃'属日纽三等,与此三等合。是为'重三'。""蟥,《广韵》羌印切。印,《广韵》於刃切。'刃'列日纽三等,则'蟥'亦属三等,而列四等之位,是为四等重纽。菣、蟥为一组重纽字。"则杨、陈二位认为"菣"是重纽三等,"蟥"是重纽四等,似欠考虑。董同龢《广韵重纽试释》说:"《广韵》震韵末有蟥字,'羌印切',《切韵》残卷与《王仁昫刊谬补缺切韵》均不见,当系增加字。《韵镜》以之置四等而以'菣'置三等,非是。《七音略》二字俱无。此据《四声等子》与《切韵指南》。两书三等皆㹊韵字,足见'菣'当在四等。《切韵指掌图》'菣'亦在四等,但又以'蟥'入三等则非。"现在看来,《切韵指掌图》对"菣"、"蟥"二字的处理倒是正确的。

（7）《广韵》真韵入声开口群母"姞,巨乙切",此字《韵镜》第十七转和辻本春彦《广韵切韵谱》第十九图列在重纽三等,即认为它是重纽B类字,但是李荣《切韵音系》则认为它是重纽A类字。今按,在《广韵》真韵入声中,吉声字以重纽A类者为多,如"吉、拮、洁"（居质切）等7字,又"诘、蛣"（去吉切）等4字,又"欯、咭"（许吉切）等4字,而重纽B类者仅"姞、佶"（巨乙切）等5字,因此从谐声系统来看,"姞"字似应归入重纽A类；但是从反切下字系联来看,"乙"是重纽B类字,则"姞"又应归入重纽B类。不过,在唐陆德明《经典释文》对"姞"字的八处注音中,可以看出当时该字的读音正处在变动之中。如《诗经·大雅·韩奕》"为韩姞相攸",《经典释文》注:"姞,其一反,又其乙反,姓也。又音佶。"其一反属于重纽A类,其乙反则是重纽B类,其一反是首音。又如《左传·宣公三年》"初,郑文公有贱妾曰燕姞",《经典释文》注:"燕姞,其乙反,又其吉反。"其乙反属于重纽B类,其吉反则是重纽A类,其乙反是首音。由此可见,"姞"字最早当是重纽A类字,但到中古时候逐渐转入重纽B类,所以《韵镜》把它置于重纽三等,李荣《切韵音系》把它作为重纽A类,《切韵》早于《韵镜》,这两家的做法都说得通。

《韵镜》第十七转后来又根据《集韵》"佶,其吉切",把"佶"字置于群母四等的位置,跟"姞"形成重纽。如果《集韵》不误,那么对于这两个字的音韵地位,《韵镜》的处理无可厚非。

(8)《广韵》谆韵入声合口晓母"獝,许聿切",此字本来是真韵字(《广韵》真、谆开合口分韵),李荣《切韵音系》(字换为"颮")、辻本春彦《广韵切韵谱》第二十图都置于真韵合口重纽A类。此字在《七音略》第十八转中则被置于晓母三等,即认为它是重纽B类字,与晓母四等的"獝"字形成一对重纽字。同样的音韵地位,《韵镜》第十八转入声晓母三等则是空位,但李新魁《韵镜校证》说:"此位《切三》、《广韵》、《集韵》有獝字,许聿切。……《王三》作颮。……《玉篇》、《七音略》亦作獝。《韵镜》缺。《易解》、《磨光》有此字。"则李新魁也认为"獝"字当是重纽B类,应该列在晓母三等的位置。以上两种意见,何者为是?今按,"獝"字的音韵地位应该跟"獝"字联系起来看,《韵镜》第十八转晓母四等有"獝"字,李新魁《韵镜校证》指出:"獝字《广韵》况必切,《集韵》休必切,在质韵内。案反切下字作必,为唇音字,《切韵》系韵书中常有以开口之唇音字切合口字者。况必切獝,或可视为此例。故獝字亦可算作合口字。《韵镜》列此,亦无不合。"我们同意李说。况且质韵开口晓母已有"欯,许吉切"(重纽A类)与"肸,羲乙切"(重纽B类)形成对立,不容再插入"獝"字,作为晓母字,"獝"只能归入合口,也就只能与"獝"字形成重纽。又矞声字尚有"瞲"(火癸切)1字,"瞲"(香季切)1字,"橘、繘"(居聿切)等6字,它们全都是重纽A类字,其他矞声字未见属重纽B类者,由此可见,"獝"字也以归入重纽A类为好,以此类推,则与"獝"相对的"獝"字只能是重纽B类。

(9)《广韵》仙韵入声合口晓母"昱,许劣切",此字李荣《切韵音系》归入重纽A类,但是辻本春彦《广韵切韵谱》第二十八图则置于三等位置,即认为它是重纽B类字。此字《韵镜》第二十二转置于四等位置,第二十四转重出,置于三等位置。李新魁《韵镜校证》云:"昱字本书已列于二十二转内,此重出。《磨光》、《七音略》二十二转不列,入此位,是。"则李氏亦认为它是重纽B类字。陈广忠《韵镜校释》第四章第二节"外转第二十四合"注22说:"昱,《广韵》'薛'韵,许劣切。此字已列于二十二图'薛'韵内,此图重出,应删。"陈氏未说明删此不删彼的理由。杨军《韵镜校笺》第二十二图注73云:"入四晓　昦。……此字本书及《七音略》已列于二十四转三等位,本转不当重出。《七音略》不列是。本书所列盖为后人增补。"第二十四图注107又云:"入三晓　昦。……《集韵》此字翾劣切,据其切上字翾,此字乃属重纽四等而当入二十二转,本书作昦者字不误,然此字既列二十二转,又列本转则当是后人误增矣。《七音略》二十二转无而列于此位亦误。"杨军前面说第二十二转晓母四等不应该有"昦"字,后面又说"昦"是重纽四等,当入二十二转,如此进退失据,则是前后疏于照应。杨氏《七音略校注》失误同此。

今按,从反切系联看,"昦,许劣切"与"蹶,纪劣切"、"㖊,乙劣切"可以系联,"蹶、㖊"既然是重纽B类,则"昦"也以归入重纽B类为好,所以《七音略》和李新魁、辻本春彦的做法较为正确。杨军说:"《集韵》此字翾劣切,据其切上字翾,此字乃属重纽四等而当入二十二转。"这大概是依据"类相关"法则,反切上字"翾"为重纽A类,所以被切字"昦"也是重纽A类。但是《广韵》"昦,许劣切",依据"类相关"法则,反切上字为非重纽三等韵时,反切下字为来母,被切字当是重纽B类;《广韵》跟《集韵》的结果适得其反,故只能根据反切系联来判定,何况还有《七音略》的旁证。

(10)《广韵》侵韵上声溪母"坅,丘甚切"、"顉,钦锦切",《韵镜》第三十八转置"坅"于溪母三等位置,即认为它是重纽B类字,置"顉"于溪母四等位置,即认为它是重纽A类字,李荣《切韵音系》也把"坅"归入重纽B类(同时根据敦煌本删去"顉"字);但是辻本春彦《广韵切韵谱》第45图则置"顉"于溪母三等位置,置"坅"于溪母四等位置,正好倒了个儿。李新魁《重纽研究》也说:"《韵镜》将顉列于四等,而将坅列于三等,不确。顉字钦锦切,锦字列于三等,此字也当入三等,属B类。坅字丘甚切,以齿音为切下字,当是A类。"今按,《广韵》今声字如果是重纽三等韵,绝大多数是重纽B类字,佥声字也是如此,所以从谐声系统来看,"坅"和"顉"应该都属于重纽B类,它们是同音字。这也正是《七音略》列"坅"于三等而不列"顉"字、《集韵》收"顉(顉)"于"坅"(丘甚切)小韵的道理。不过,从《广韵》的角度出发,则"坅"、"顉"二字并不同音,那么我们只好根据反切系联("顉,钦锦切"能与"锦,居饮切"、"噤,渠饮切"、"禀,笔锦切"、"廞,於锦切"等系联),以及"类相关"法则("锦、饮、笔"等字为重纽B类),确定"顉"为重纽B类字,而"坅,丘甚切",因为"甚"是禅母字,所以确定"坅"是重纽A类字。由此可见,辻本春彦的处理是正确的,《韵镜》的处理是不合适的。陈广忠《韵镜校释》第四章第二节"内转第三十八合"注 5 说:"李新魁《重纽研究》认为,'願字当入三等','坅字'当入四等。即位置互换。……本书认为,因为二字是重纽,反切下字'甚'、'锦'均列三等,无须互换。"陈氏似未了解反切下字虽同为三等,但有 A 类和 B 类的区别,换不换完全不同。

参考文献

董同龢　1948　广韵重纽试释,历史语言研究所集刊,第 13 本
陈广忠　2003　韵镜通释,上海辞书出版社
冯　蒸　2005　《广韵》重纽韵又音研究,载《语言》第 5 卷,首都师范大学出版社
龙宇纯　1964　韵镜校注,台北艺文印书馆
陆志韦　1947　古音说略,《燕京学报》专号之二十,又载《陆志韦语言学著作集》(一),中华书局,1985
邵荣芬　1982　切韵研究,中国社会科学出版社
森博达　1986　中古重纽韵舌齿音字的归类,原载日本《辻本春彦教授还历记念论文集》,有刘云凯中译文,载《语言》第 5 卷,首都师范大学出版社
辻本春彦　1954　所谓三等重纽的问题(いわゆる三等重紐の問題,载《中国語学研究会会報》第 24 号,有岩田宪幸中译文,载《广韵切韵谱》,日本临川书店,2008,又冯蒸中译文,载冯蒸《汉语音韵学论文集》,首都师范大学出版社,1997)
──── 1986　广韵切韵谱(第三版),日本均社,1986,又新订增补版,日本临川书店,2008
松尾良树　1975　论《广韵》反切的类相关,原载日本《均社论丛》第 1 期第 1 号,有冯蒸中译文,载《语言》第 1 卷,首都师范大学出版社,又载《冯蒸音韵论集》,华苑出版社,2006
杨　军　2003　七音略校注,上海辞书出版社
──── 2007　韵镜校笺,浙江大学出版社
张咏梅　2003　《广韵》《王三》重纽八韵系切下字联类别的统计与分析,载《语言》第 4 卷,首都师范大学出版社
郑张尚芳　2003　上古音系,上海教育出版社
周法高　1948　广韵重纽的研究,历史语言研究所集刊,第 13 本

附录三

闽方言来母 S 声字补论

一

在闽西北方言中,一部分中古来母字读为清擦音 s 或 ʃ-,这种现象分布在毗连的 16 个县市,共 31 个字。这 31 个字在 16 个县市中的读音详情,请参见李如龙(1983)。下面每字只举出一个地方的读音(s 和 ʃ 都记作 s):

来母 s 声字	(1) 笋(米笋)	(2) 螺(螺蛳)	(3) 胴(指纹)
分布地区举例	邵武	邵武	邵武
读音	sai	soi	soi

(4) 李(李子)	(5) 狸(狸猫)	(6) 力(勤劳)	(7) 露(霜露)
邵武	邵武	邵武	邵武
sə	sə	sə	so

(8) 芦(芦苇)	(9) 雷	(10) 类(整理)	(11) 里(里面)
邵武	建阳	政和	将乐
so	sui	suɛ	se

(12) 濑(湍流)	(13) 癞(麻风)	(14) 撩(寻找)	(15) 老(多寿)
建阳	明溪	邵武	邵武
sue	sue	sau	sa

(16) 刘(姓)	(17) 留	(18) 六	(19) 剌(割)
建阳	建阳	邵武	永安
seu	seu	su	suɑ

(20) 篮(竹篮)	(21) 蓝(蓝靛)	(22) 卵(鸡卵)	(23) 健(小鸡)
邵武	政和	邵武	邵武
san	saŋ	son	son

(24) 连(姓)	(25) 鳞(鱼鳞)	(26) 郎(女婿)	(27) 寅(稀疏)
建阳	邵武	建阳	邵武
sueiŋ	sɛ	sɔŋ	sɔŋ

(28) 两(两个)	(29) 聋(耳聋)	(30) 籠(箸籠)	(31) 笠(斗笠)
永安	建阳	永安	建阳
sɔŋ	suŋ	saŋ	seʔ

这一现象最早的记录见于乾隆六十年(1795)的《建州八音字义便览》,此书把"螺、鳞、露、狸、李、老、郎、卵、聋、篮"等十字归属于"时(s)声"之下。黄典诚(1957)和潘茂鼎等(1963)也有明确记载。后来,梅祖麟、罗杰瑞开始注意到这一现象,并探讨了 s 声字的成因(梅、罗 1971)。他们认为:一、这种现象来源于上古,而不是来源于中古。因为在这些方言中,来母字大都读 l-,少数读 s-,从中古声母看不出来母有分化为 l-和 s-的条件;同时这些 s-声字属于内转外转、开口合口、一等三等和平上去入四声的都有,因此从中古韵母或声调也看不出有使来母分化为 l-和 s-的条件。二、根据邵武方言来母 s-声字一律读作阴调,而阴调的来源是清声母,因此可以确定 s-＜*lh-,而*lh-＜**Cl-(C 指辅音)。三、来母 s 声字大多有上古复辅音声母,具体证据是谐声字、经籍异文、汉藏语言比较等。例如"露"字,从路声,路又从各声,表明上古有复辅音声母*kl-,广西全州瑶语"路"正读 kla,越南语"路"读 sa,而马伯乐早就指出越南语 s-＜*Cr-,因此古越南语"路"正是*kra。又如"六"字,藏文 drug,缅文 k'rok,"六"的大写为"陆","陆"与"睦"同谐声,而《释名》以"睦"训"牍",另据郭沫若、闻一多考证,"陆终"即"祝融",因此"六"的上古声母当是*dl。

继梅、罗之后,李如龙(1983)指出,在《广韵》中有三百六十九个来母字跟心、邪、生、书、禅母通谐,这不是一种偶然现象,闽方言的来母 s 声字是这种通谐关系的直接继承。他并认为,根据少数民族语言材料,来母 s 声字的上古来源拟测为送气流音 lh 较好,至于 lh 是否来源于 Cl,则还有待于汉藏系语言的进一步比较研究才能作出结论。

此外,雷伯长(1984)认为,来母 s 声字总数不过 32 个[①],而且不是每个字都出现在所有的方言里,从谐声材料能证明上古有复辅音声母的也只是一部分字,因此,他不赞成 lh 的构拟。他说:"邵武方言的来母字出现在舒声调里念 l,只有在促声调里才有 s 的读法,这是两者唯一的区别。……邵武的 l 音在促调,尤其又是降调,更不可能保持长久的浊音声带颤动的情状。声带停止颤动,一因'促',二因'降',结果只能出现同部位的清擦音 l>ø>s。"

到目前为止,关于闽方言来母 s-声字的成因,基本上就是以上三家看法(平田昌司 1988 注意到邵武、韶关、南雄、客家话中有一种声调变读的现象。他指出,在韶关老派和客家话中,是其他声调变为阴平调,在邵武、韶关新派和南雄话中则是其他声调变为入声调,但是这两种情况在发音时都有紧喉或紧喉咽的特点,认为这可能与来母 s 声字的成因有关。不过平田先生并未完全肯定,并谦虚地自称为"假设",因此这里未立为一家)。权衡三家的得失,我们认为梅、罗的看法还是更合理一些。因为:

第一、雷文认为来母 s 声字的成因是促声降调,这种看法对于邵武方言或许大致能够立,但是并不适用于其他方言。在永安、泰宁、沙县、崇安、建瓯等方言中,来母 s 声字是平、上、去声的多的是,它们都不是促声降调。即使邵武方言,在 17 个来母 s 声字中,也有"撩、卵"等 5 个字不是促声降调,约占总数的 30%,这是不能用例外来解释的。

第二、Cl>s 的现象不但存在于闽方言中,而且存在于汉语其他方言中,还存在于藏语、侗台语和越南语等语言中,这种情况也不是从声调方面所能解释的。

第三、雷文以为能够证明上古具有复辅音声母的来母 s 声字只是一部分,李文则以为证明上古复辅音声母的问题"更加复杂",而终于采取了谨慎的态度。我们的看法正好相反。虽然汉语谐声系统和汉藏语言的比较这两项研究目前还很不成熟,但是现在我们所获得的资料,对于证明大多数来母 s 声字却是已经足够了。

[①] 应为 31 个。

有鉴于此,下面我们就从谐声字、汉藏语言比较等方面来对梅、罗的观点进一步加以证明。因为有梅、罗两位大师的论文在前,所以本文只能称为"补论"。

二

不过在进行补充证明之前,有一个问题需要先行解决,那就是复辅音声母的问题。自从英国汉学家艾约瑟和瑞典汉学家高本汉于十九世纪末二十世纪初提出上古汉语有复辅音声母的学说以来,经过近百年来的反复研讨和论证,现在许多人都已经相信这一学说了。但是也有一些音韵学家不信此道。例如王力先生(1957)的一条脚注中批评高本汉说:"最后,他在上古声母系统中拟测出一系列的复辅音,那也是根据谐声来揣测的。例如'各'声有'路',他就猜想上古有复辅音 kl- 和 gl-。由此类推,他拟定了 xm-, xl-, fl-, sl-, sn- 等。他不知道谐声偏旁在声母方面变化多端,这样去发现,复辅音就太多了。例如'枢'从'区'声,他并没有把'枢'拟成 kʿ,大约他也感觉到全面照顾的困难了。"王力先生不相信复辅音声母说,因此他只列有 32 个单辅音声母。直到他晚年(1985),除了增加一个单辅音声母外,对于复辅音声母仍然未能承认。

其实我认为,根据目前的研究,上古汉语存在复辅音声母应该是可以确认的。这至少有以下 14 种证据。

1. 谐声字。汉字的谐声一般具有五个原则,即:(1)上古舌根塞音声母可以互谐,也可以跟喉音声母(影、晓)互谐;(2)上古舌尖塞音声母(端透定、知彻澄)可以互谐;(3)上古唇塞音声母可以互谐;(4)上古舌尖塞擦音声母可以互谐,也可以跟舌尖擦音声母(心、生)互谐;(5)上古鼻音声母(明、泥、日、疑)、边音声母(喻四)、颤音声母(来)三者之间既不可以互谐,也不跟塞音、塞擦音和擦音声母互谐。凡是跟这五条原则不相符合的谐声现象,都可能跟复辅音声母有关。例如:

笔 p-:律 l-(<*pr-)　　　禀 p-:凛 l-(<*pr-)
龐 b-:龍 l-(<*br-)　　　麦 m-:来 l-(<*mr-)
检 k-:敛 l-(<*kr-)　　　泣 kʿ-:立 l-(<*kʿr-)
使 ʃ-:吏 l-(<*sr-)　　　颎 kʿ-:颖 j-(<*kʿl-)
邪 z-:牙 ŋ-(<*sŋ-)　　　所 ʃ-:户 ɣ-(<*sg-)
楔 s-:契 kʿ-(<*skʿ-)　　念 n-:今 k-(<*nk-)
睦 m-:逵 g-:陆 l-(<*mgr-)
数 ʃ-:屡 k-:娄 l-(<*skr-)

2. 声训。声训是以音同或音近的字为训,用作声训的汉字声母必定相同或相近;如果声训中有不合于上述谐声原则的现象,则可能预示有复辅音声母的存在。例如:

《释名》:尻(kʻ-),廖(l-)也。(<*kʻr-)
　　　　勒(l-),刻(kʻ-)也。(<*kʻr-)
《说文》:阬(kʻ-),闐(l-)也。(<*kʻr-)
　　　　嚨(l-),喉(ɣ-)也。(<*gr-)
《诗》毛传:流(l-),求(g-)也。(<*gr-)
　　　　　葭(k-),蘆(l-)也。(<*kr-)

3. 读若。《说文》中有读若八百多条,用作读若的字必定音同或音近;如果读若中有不合于上述谐声原则的现象,则大多可能与复辅音有关。例如:

厱(kʻ-),读若蓝(l-)。(<*kʻr-)
稴(ɣ-),读若廉(l-)。(<*gr-)
绾(ʔ-),读若鸡卵(l-)。(<*ʔr-)

4. 反切。古代反切中也留有复辅音声母的痕迹。依反切原理,反切上字与被切字的声母相同;如果一个被切字有两个或两个以上的反切又音,而这两个反切又音的反切上字又代表了不同的声母,则这个被切字在上古有可能是复辅音声母。例如:

《释文·礼记音义》:廪,彼锦反(b-),又力锦反(l-)(<*br-)
《广韵》:驡,薄红切(b-),又音龍(l-)(<*br-)
《玉篇》:綸,古还切(k-),又力旬切(l-)(<*kr-)
《类篇》:契,欺讫切(kʻ-),又私立切(s-)(<*skʻ-)

5. 重文。作为重文的两个字读音完全相同,但如果所使用的声符不同,则可能反映了复辅音声母的存在。例如:

《说文》:霰:霓(声符"散"s-和"见"k-)(<*sk-)
　　　　蠃:裸(声符"蠃"l-和"果"k-)(<*kr-)

6. 异读。同字异读有相当大的一部分是上古复辅音声母的分化而造成的。例如：

《广韵》：角，古岳切(k-)，又卢各切(l-) （<*kr-)
谷，古禄切(k-)，又余蜀切(j-) （<*kl-)
疋，所菹切(ʃ-)，又五下切(ŋ-) （<*sŋ-)
说，失艺切(ɕ-)，又弋雪切(j-) （<*sl-)
濫，胡黤切(ɣ-)，又卢暂切(l-) （<*gr-)

7. 注音。古代的注音中也往往有复辅音声母的反映。例如：

《左传·昭公十一年》"楚子城陈、蔡、不羹"，《经典释文》："羹(k-)，旧音郎(l-)。"（<*kr-)
《史记·匈奴列传》"左右谷蠡王"，服虔注："谷(k-)音鹿(l-)。"（<*kl-)
《汉书·古今人表》"黄帝乐官伶沦"，服虔注："沦(l-)音鳏(k-)。"（<*kr-)

8. 异文。异文是同词异字现象，形成异文的两个汉字声母应该相同或相近；如果这两个汉字的声母不符合上文所说的谐声原则，那么很可能是复辅音声母。例如：

《诗经·采菽》"觱沸槛(k-)泉"，《说文》"濫"下引作"觱沸濫(l-)泉"。（<*kr-)
《尚书·尧典》"宅西曰昧(m-)谷"，《史记·五帝本纪》"昧谷"下徐广注："一作柳(l-)谷。"（<*mr-)
《史记·殷本纪》"炮烙之法"，索隐："烙，一音阁。"《汉书·谷永传》作"炮格"。《荀子·议兵》"为炮烙刑"，杨倞注："烙(l-)，古责反(k-)。"（<*kr-)

9. 方言。上古汉语的复辅音声母在各地方言中应该有所反映，这种方言包括古代方言、现代方言，甚至域外方言。例如：

《尔雅·释器》"不律谓之笔"，郭璞注："蜀人呼笔(p-)为不(p-)律(l-)

也。"(比较藏文"笔"hbrud)(笔*pr-)

《说文》"雒"下段玉裁注:"鵅即雒字,各家音格(k-),但今江苏此鸟尚呼钩雒鸟,雒音同洛(l-),则音格者南北语异耳。"明代冯梦龙《山歌·鱼船妇打生人相骂》记载苏州话的说法与段氏相同。(雒*kr-)

清代张南庄《何典》记载上海松江话把"风"称为"勃来风"。(比较汉语谐声字"风:岚"。又"风",彝语 brum,壮语、水语、莫家话 lum,泰语 lom,朝鲜语 palam)

现代汉语各地方言谓孔、洞为"窟(kʻ-)窿(l-)"。(比较泰语"管、筒"kloon,壮语"孔、洞"kloŋ,瑶语"空心"kʻuluŋ,缅文"孔、洞"kʻroŋ)(孔*kʻl-)

上海话谓囊肿、疱为"勃(b-)伦(l-)头"。(比较联绵词"部娄""蓓蕾")(<*br-)

上海话谓头为"颗(kʻ-)浪(l-)头"。(比较汉语"骷髅",泰语"头"klau,藏文"头"klad)(<*kʻr-)

上海话谓空壳为"壳(kʻ-)落(l-)"。"壳"为二等字,据雅洪托夫 1960 的理论,中古二等字上古有介音 r。又,日语"壳"读から(kara),疑与此有关。(<*kʻr-)

太原话谓路为"圪(k-)見(l-)"。(比较广西瑶语"路"kla-)(路*kr-)

太原话谓头为"得(t-)老(l-)"。(比较"髑髅")(<*tr-<**kr-)

10. 联绵词。汉语中有一大批联绵词是由其他声母字和来母或喻四声母的字组成的,它们反映了复辅音声母。例如:

部(b-)娄(l-)(<*br-)　　螟(m-)蛉(l-)(<*mr-)
葫(ɣ-)芦(l-)(<*gr-)　　骨(k-)碌(l-)(<*kr-)
粗(tsʻ-)鲁(l-)(<*tsʻr-)　望(m-)羊(j-)(<*ml-)

11. 古文字。现代分为两个或两个以上汉字的,古文字往往合为一个字形,其中不少反映了上古汉语的复辅音声母。例如甲骨文金文中同形的字:

命(m-):令(l-)(<*mr-)
立(l-):位(ɣ-)(<*gr-)
史(ʃ-):吏(l-):事(dʒ-)(<*sr-)

虽(s-)：谁(ʑ-)：唯(j-)：维(j-)(<*sr-)

12. 通假字。上古的文献中有大量的通假字，通假字和本字的读音包括声母和韵母都必定是相同或相近的（王力先生对于"双声通假"和"叠韵通假"的说法曾有过严厉的批评）。如果通假字和本字的声母不符合上述谐声原则，那么就意味着原来可能是复辅音声母。例如：

《史记·殷本纪》"炮格（k-）之法"，《荀子·议兵》作"炮烙（l-）"。(<*kr-)

《论语·卫灵公》："臧文仲其窃位者与？知柳下惠之贤而不与立也。""立(l-)"通"位(ɣ-)"。(<*gr-)

《战国策·秦策》"弊邑之王所甚说者，无大大王；唯仪之所甚愿为臣者，亦无大大王。弊邑之王所甚憎者，亦无大齐王，唯仪之所甚憎者，亦无大齐王"，《史记·楚世家》"唯(j-)"并作"雖(s-)"。(<*sl-)

13. 中外译音。据学者们的研究，汉语复辅音声母到汉代尚有少数遗留，那么这种遗留在古代中国语和外国语的对译文献中也应该可以发现。例如西域地名和梵文：

Kroraimna 楼兰（楼 l-<*gr-，比较"屦"k-）

Gandhahastin 犍陀诃尽（尽 ts-<*st-，比较汉语"千"tsʻ-，藏文"千"ston；汉语"卒"ts-、藏文"结束"sdud；汉语"坐"dz-，藏文"坐"sdod；汉语"接"ts-，藏文"接"sded。汉语的 ts-、dz-由原始汉藏语的*st-、*sd-移位而来）

14. 亲属语言。汉语有许多亲属语言，由于上古汉语的复辅音声母多来自原始汉藏语，因此这种复辅音声母在亲属语言中必然也有所反映，并且能够与汉语互相印证。例如：

藏语"牙"so，比较汉语谐声字"牙 ŋ-：邪 z-"。（牙*sŋ-）
藏语"门"sgo，比较汉语谐声字"户 ɣ-：所 ʃ-"。（户*sg-）
藏语"凉"grang，比较汉语谐声字"凉 l-：京 k-"。（凉*kr-）
壮语"笠"kroop，比较汉语谐声字"泣 kʻ-：立 l-"，又"莅"字从艹，位(ɣ-)

声而读 l-。又日语"位"读くらい(kurai)，疑与此有关。(笠 *kr-)

壮语"来"ma，比较汉语谐声字"来 l-：麦 m-"。又《说文》"来，周所受瑞麦来麰也。二麦一夆，象其芒束之形。天所来也，故为行来之来"。朱骏声《说文通训定声》："按往来之来，正字是麦；敊麦之麦，正字是来。三代以还，承用互易。"（来＜ *mr-）

壮语"谷"luuk(山谷)，比较汉语谐声字"谷 k-：浴 j-"。又"谷"《广韵》有古禄切和余蜀切又音。（谷＜ *kl-）

泰语"头"klau，比较汉语"骷(k-)髅(l-)"。（头＜ *kr-）

泰语"肤"pliak(皮，壳)，比较汉语谐声字"膚 p-：盧 l-"。又《说文》"膚"写作"臚"，并把"膚"作为"臚"的籀文，而"臚"字正从盧(l-)声。（膚＜ *pr-）

泰语"变"plien，比较汉语谐声字"变 p-：恋 l-"（变＜ *pr-）

以上列出了 14 项证据。应该指出的是，这 14 项证据，每项都可以举出大量的例子，只是因篇幅所限和避免繁琐，这里从简了。由此可见，上古汉语复辅音声母的存在确实是无可怀疑的事实。唐兰曾经用"声母的转读"来解释以上的一些现象，但是如果"声母的转读"数量如此之多，范围如此之广，则上古汉语还能有声母存在吗？一种语言可以让人随心所欲地胡乱发音，这还能称之为语言吗？"声母的转读"说是完全不能令人首肯的，这种驳论是不能成立的。其实某些音韵学家不相信复辅音声母的学说，结果在他们解释古代的许多语言现象的时候，就不免会捉襟见肘，自相矛盾。例如在王力先生(1982)中，不但许多明显的同源词未能判为同源(如"老"和"考"，《说文》："老，考也。""考，老也。"又藏文"老" rgas＜ *gras，"老人"bgres-pa，列普查语[Lepcha]"老"grok)，而且在被判为同源的词语中，也有不少不合音理的"邻纽"出现(如"命：令"为来母和明母邻纽，"处：所"为穿母和山母邻纽)。即使如此，在极少数同源词上，王先生仍然不得不构拟了某些复辅音声母，例如"墨：黑"，他说："'黑'的古音可能是 mxək，故与'墨'mək 同源。"看来，王先生大约也"感觉到全面照顾的困难了"。

三

上文已经证明了上古汉语确实存在着复辅音声母，现在我们可以进入本文的主题了。关于 31 个来母 s-声字的复辅音声母，梅、罗文中已经证明了 17 个字，尚余 14 个字，现在就来讨论这 14 个字的复辅音声母的证据。

1. 朕。此字《说文》不载，但《玉篇》已有，并引《声类》注"手理也"，则此字至迟魏晋时已有。《广韵》有古娃(k-)和落戈(l-)二切,古娃切又属于雅洪托夫所说上古具有 r 介音的二等,则此字当有复辅音声母*kr-。"胍"与"蜗"造字理据相同,《说文》:"蜗,蜗蠃也。"蜗蠃、果蠃、骷髅均取圆形之意,手指纹亦圆形,则"胍"与"蜗"同有复辅音声母*kr-甚明。

2. 力。《易经》"革(k-)卦",湖南长沙马王堆汉墓帛书《周易》作"勒(l-)卦"。"勒"字从革,力声,而有 k-音,可证"力"的上古音为*kr-。又马王堆汉墓帛书《老子》甲本"棘(k-)"通作"朸"。"朸"字从木,力声,而有 k-音,同时《集韵》又有竭忆(g-)、六直(l-)二切,也可证"力"的上古音为*kr-。朱骏声《说文通训定声》云:"力通刻。《汉书·汲黯传》:'今病力。'"《广韵》"刻"音苦得切(k'-),为"力"音*kr-之又一证。此外,"力",全州瑶语 k'la,越南语 Suc<*Cr-,越南字喃 Suc,从丨,力声,也是明证。

3. 里。里声字有"狸(l-)"、"悝(k'-)"、"霾(m-)"等。"悝",《广韵》有苦回(k'-)、良士(l-)二切,说明此字可能有复辅音声母 k'r-。又《庄子·则阳》"灵公夺而里之","里(l-)"通"埋(m-)"。近年来出土的汉代竹简帛书中,"里、狸"与"埋、霾"等通假甚多。如湖北云梦睡虎地秦墓竹简:"或自杀,其室人弗言吏,即葬狸之。""狸"通"埋",比较缅甸文"埋"hmrup。又《仪礼·大射》"奏狸首间若一",郑玄注:"狸之言不(p-)来(l-)也。""不来"指 pr-。可见"里"的上古声母也可能是*mr-或*pr-,综合起来看,更可能是*mkr-或*mpr-。

4. 濑;5. 癞。赖声字有"獭"。"獭"(水獭),藏文 sram,独龙语 suɯram,怒语 səram,克钦语、珞巴语 ɕəram,格曼僜语 rəm,因此赖声字上古当有复辅音声母*sr-。以后北方汉语的演变为*sr->t'-(獭)。曲另萨语、加罗语"水獭"作 met'əm(mə 为动物名词前缀),演变与北方汉语相似。又*sr->r->l-(濑、癞)。而闽方言则*sr->s-(濑、癞)。拉祜语"水獭"ɕo,墨脱门巴语 sam,苗语 ɕia,演变与闽方言相似。又日语"濑"读せ(se),"獭"读かわうそ(kawauso)或うそ(かわ是"河"之意,う是动物名词前缀),疑与此亦有关。(日语"濑"也写作"湍",但这是训读)。

此外,《说文》"癞"作"疠"的繁体,从"萬"声,萬(m-)声有"厉(l-)"字,因此"癞"的上古音也可能是*mr-。越南字喃 Nhen(<*mlen),从巨,赖声,也是一证。

6. 撩。此字越南字喃读作 Treo(飘扬),根据马伯乐所说,越南语的 Tr 来源于 bl、tl 和 ml 等,故此字上古亦为复辅音声母。又越南字喃 Treo(登上),从足,尞声;越南字喃 Treo(愚弄),从丨,尞声;越南字喃"嘹"Treo(嘲弄),从口,尞声,均为证明。

7. 剌。此字《广韵》郎括切。同谐声的有"虢",《广韵》古伯切,系二等字,依据雅洪托夫的理论,此字的上古声母为*kr-,因此"剌"的上古声母也可能是*kr-。此字同谐声的还有"銐",《广韵》力辍切(l-)。奇怪的是,《周礼·冶氏》"重三銐",郑众注:"銐,是名也,读为刷(ʃ-)。"《广韵》也记录了这一又音,看来"銐"也曾经经历了*kr->s-的过程。

8. 蓝。此字从监(k-)声,故上古声母当是*kr-。又泰语"靛青"读kraam,是"蓝"字复辅音声母之证。

9. 僆;10. 连。连声字有莲。《诗经·陈风·泽陂》"有蒲与蕳",郑玄笺:"蕳当作莲。"是"莲(l-)"与"蕳(k-)"通假,"莲"的上古音为*kr-。又"莲",缅甸语kra,越南语Sen,而s-<*Cr-,也可证"莲"的上古音为*kr-。又越南字喃Tren(大约,上下),从上,连声,由于Tr<*Cr-,可见"连"的古音确为*kr-,"僆"从连声,其上古音亦为*kr-。

此外,扬雄《方言》卷三:"陈楚之间凡人兽乳而双产谓之厘孳,秦晋之间谓之僆子,自关而东,赵魏之间谓之孪生。"按"孪",《广韵》有所眷、生患二切,并音ʃ-,现代普通话读l-,又同谐声的有"峦、恋、鸾、銮(均为l-)"等,其上古音当为复辅音声母*sr-,后来在陈楚和秦晋方言中的演变为*sr->l-(厘、僆);而在关东和赵魏方言中的演变为*sr->s-(孪)。"僆"乃孪生之意(闽方言语义略转),考其音义,当与"孪"字同源无疑。景颇语"双生子"为marun,似亦与"孪"同源。

11. 㝩。《说文》:"㝩,㝩㝗也。"《广韵》:"㝩㝗,空虚。"这是联绵词,以中空为义,云南有康㝗鱼,即以干而中空为名。闽方言义为稀疏,语义相近。此词上古当是复辅音声母的单音节,后演变为单辅音的双音节,实与"孔"演变为"窟窿"相同,故其上古声母应为*kr-。

12. 籠。龍声字有龔(k-)、龐(b-),上古当有复辅音声母。《汉书·地理志》"都龐"读作"都龍",《周礼·考工记·玉人》"上公用龍",郑玄注:"郑司农云,龍当为尨(m-)。"又"龍",藏文klu、ɦbrug两读,嘉戎语rmok(*<mr-),毛南语ca、loŋ两读,僜语burua,景颇语buren,因此,"龍"的上古声母应为*mkr-或*mbr-,而"籠"亦当有复辅音声母。又越南字喃Song(河流),从氵龍声,s<*Cr-;越南字喃Trong(在中间),从中龍声;越南字喃Trong(清洁的),从清龍声;越南字喃Trong(盼望),从望龍声;越南字喃Trong(植树),从木龍声;越南字喃Trong(洼地),从土龍声,如此等等,都是龍声有复辅音声母之证明。汉语瀧水之瀧,读s-,应该也是*Cr->s-之例。

13. 箩。《广韵》："箩,筛箩。""锣,钞锣。""椤,桫椤。"钞锣即今之铜锣,该词又有"沙罗"(《正字通》)、"筛锣"(《云麓漫钞》)、"廝锣"(《宋书·礼乐志》)等文字形式,我认为这几个词可能都是联绵词,其上古形式当是具有复辅音声母的单音节。在上海方言中,有一种箩筐叫做"栲栳"kəʔlɔ。又"箩",藏文为 krol(小箩,小筛)、sle(箩筐),泰语为 kaʔlo,故我认为"箩"字的上古音应该是 *kr-,或 *sr-。

14. 類。此字目前还不能提出什么有力的证据。但是此字从犬頪声。"頪"《广韵》郎外切(l-),而朱骏声《说文通训定声》则云:"此字从页,米(m-)声,谓相似难分别。经传皆以类为之。"似乎说明其上古音为 *mr-。又《山海经·南山经》:"有兽焉,其状如狸而有髦,其名曰类。自为牝牡,食者不妒。"郭璞注:"類或作沛。""類"和"沛(p-)"上古同在祭部,仅声母不同,因此,这个异文又可能说明"類"有复辅音声母 *pr-①。又郝懿行《山海经笺疏》云:"陈藏器《本草拾遗》云:'灵猫生南海山谷,状如狸,自为牝牡。'又引《异物志》云:'灵狸一体,自为阴阳。'据此,则类为灵狸无疑也。類、狸亦声相转。"袁珂《中国神话传说词典》也认为类就是狸,也写作"狉狸"(比较郑玄:"狸之言不来也"),则"類"的上古音确实可能是 *pr-。

此外,梅、罗文中说,在所证明的 17 个字中,"鳞、郎、李"3 字的证据比较勉强,现在我补充一些证据。

1. 鳞。越南字喃 San(打猎),从犬粦声;San(运动场),从土粦声;San(庭院),从广遴声,s< *Cr,可证同谐声的"鳞"亦为 *Cr-。

2. 郎。越南字喃 Sang(渡河),从辵,郎声;Sang(富贵的),从巨郎声;Sang(午前),从火郎声,s< *Cr-,可证"郎"的上古音确实是 *Cr-。

3. 李。《说文》说此字从木子声。在甲骨文中,"子"、"巳(j-)"和"巳(z-)"同为一字,其上古音当为 *sl-②,以后 *sl->ts-(子), *sl->l-> j-(巳), *zl->z-(巳)。"李"从子声,其上古音可能是 *sr-。又邢公畹先生(1948 和 1983)指出,台语的 luk(莫家话 laak、壮语 luk、泰语 lu 或 luuk、布依语 lə 等)跟汉语的"子"和"儿"在语法功能上完全一致,中古的语音形式也颇为相似,因此认为两者同源。如果邢先生的这一说法成立,那么"子"的上古音确有可能是 *sl-,而"李"有复辅音声母也就大致可以确定了。

由上可知,闽方言来母 s 声字绝大多数是可以证明上古具有复辅音声母的,

---

① 毕沅《山海经校正》云:"陆德明《庄子音义》引作'师类',详郭云'作沛',知'师'又'沛'字之讹也。"如毕氏的说法成立,则"類"这种动物又名"沛類",也是 *pr-。

② 罗常培《语言与文化》书中说,"子"藏文 sras。如果此说无误,则可以成为汉语"子"字上古音的证据。

梅、罗文关于来母 s 声字成因的观点是可以成立的。

四

我曾经证明,上古带 r 复辅音声母具有以下 4 种演变规律(张世禄、杨剑桥 1986):

1. 由具有复辅音声母的单音节,通过增加元音的方式而变为具有单辅音声母的双音节。例如"壶"上古具有复辅音声母 *gr-,增加元音后变成"葫芦"ɣ-l-;"孔"上古具有复辅音声母 *kʻr-,增加元音后变成"窟窿"kʻ-l-;"蜾"上古具有复辅音声母 *kr-,增加元音后变成"果蠃"k-l-;"风"上古具有复辅音声母 *pr-,增加元音后变成"孛缆"(又作"飞廉"、"毗蓝"、"焚轮"等)p-l-。

2. 上古带 r 复辅音声母依照"等"的不同而有不同的演变,它们在二等字中总是失落 r,而在一、三、四等字中则大多失落其他声母。例如"监、槛"为二等字,读 k-,"蓝、览、滥"为一等字,读 l-;"柬、拣、谏"为二等字,读 k-,"兰、拦、澜"为一等字,读 l-;"蛮、弯"为二等字,读 m-、ʔ-,"恋、鸾、銮"为一等字,读 l-,"恋、挛"为三等字,读 l-;"鬲"在二等为古核切 k-,在四等为郎击切 l-。

3. 由舌根音或唇音跟 r 组成的复辅音声母演变为舌尖音单辅音塞音声母。例如"骷髅"变成"头",*gr->d-;"魄"上古有复辅音声母,中古有普伯切和他各切二读,*pʻr->pʻ-、*pʻr->tʻ-。

4. 带 r 复辅音声母由于方言区域的不同而有不同的演变。例如《尔雅·释器》:"不律谓之笔。"上古"笔"当有复辅音声母 *pr-。《说文》:"聿,所以书也。楚谓之聿,吴谓之不律,燕谓之弗。"由此可见,"笔"字在东汉时,在吴地方言中仍是复辅音声母 *pr-,或者已经由复辅音声母的单音节转变为单辅音声母的双音节 p-l-,而在楚地方言中则失落 p-留下 r-,变成"聿"字,在燕地方言中则失落 r-留下 p-,变成"弗"字。

以上是当初的看法,现在看来,带 r(包括带 l)复辅音声母演变为 s(包括 z)也应该是演变规律之一。上古汉语的 *Cr-演变为 s-是一个普遍现象,除了梅、罗文已经指出的越南语、台语和藏语有这种演变以外,在汉语湖南瓦乡话、闽南泉州话、《说文》读若和东汉学者的音注中都有这种现象。例如瓦乡话"来"读 zɛ,"梨"读 za,"漏"读 za,"露"读 zɿ,另外"聋、留、两"的声母为 ts-,"林、乱"的声母为 dz-(王辅世 1982);泉州话"泪、瘘、膦、濑、戾"的声母也读如 s-(李如龙 1983)。值得注意的是,这些字不少与闽方言来母 s 声字相同。又如《说文》:"榴读若驪。"许慎读"驪"为 s-,联系到"灑、曬"两字从麗声,以及"欐"字《广韵》既读来母 l-,又读

山母 ʃ-，因此许慎的这一读若是完全可信的。又如《周礼·师氏》"使其属帅四夷之隶"，郑玄注："故书隶或作肆，郑司农云读为隶。"柯蔚南(1978)认为"肆(s-)读为隶(l-)"是东汉音注中的例外。其实，"肆"字从隶声，隶声字中有"豙"字，此字《广韵》有渠记切(g-)一读，说明其上古音为 *gl-，此字《广韵》又有息利切(s-)一读，正合于 *gl->s-之例。"肆"字的演变当与此相同，故此条音注并非例外，只是"肆"字由上古的 *gl-演变为中古的 s-，遂使人迷惑不清。

这里我还想特别提出越南字喃中的 *Cr->s-现象。在越南字喃中，凡是从郎、从牢、从娄、从老、从立、从栗、从歷、从列、从盧、从磊、从弄、从律、从龍、从雷、从力、从耒、从稟、从命、从舜、从麥得声的字，有许多读成 s-；而凡是从郎、从牢、从娄、从栗、从列、从盧、从磊、从弄、从律、从龍、从雷、从耒、从命、从麥、从吕、从来、从吏、从蘭、从监、从林、从了、从漏、从礼、从路、从鲁、从连、从寮得声的字，又有许多读成 Tr-，这种例子是大量的。越南字喃创制于 10 世纪以前，根据西方学者的记载，越南语的 kr-、pl-、ml-、tl-等读音直到 17 世纪在偏远的方言中还存在，那么根据 *Cr->s-、*Cl->Tr-，上述字喃在创制的当时看来确实是读为复辅音声母的。

不过，越南字喃的这种现象，似乎也可以这样解释，即在创制字喃的时候，越南人只是借用汉语来母字的主要特征，来表示自己语言的 kr-、pl-、ml-等语词。比如用汉语的"郎"laŋ 来表示越南语的 kraŋ(富贵的。从巨，郎声)。当时的汉语来母字只是读 l-。

但是，藤堂明保指出，越南人创制字喃的时候，并不是把当时中国的汉字读音拿来作为字喃的单字或声符的读音的。而是把从三国、六朝开始逐渐越南语化的上古汉字的读音作为字喃的单字或声符的读音的。例如鱼韵、虞韵和支韵，中古音为 io、iu 和 i，上古音为 a、ua 和 ia，字喃的读音恰恰属于汉语上古音，而汉越语的读音则属于汉语中古音(藤堂 1981)：

	锯	御	初	斧	武
字喃读音	kua	ŋua	xua	bua	mua
汉越语读音	ku	ŋu	su	pʻu	vu

	舞	谊	碑	皮
字喃读音	mua	ŋia	bia	bua
汉越语读音	vu	ŋi	bi	bi

由此可见，在读成 s-或 Tr-的字喃中的汉语来母字，本来确实是读成 kr-、pl-、ml-等的。尤其是我们考虑到越南的先民，本来就是居住在江苏、浙江、福建一带的百越民族，与今天把来母字读成 s-的闽方言所处的地域正好相同这一点，就会更加增强这种认识。这样看来，闽方言把来母字读成 s-，跟越南语把来母字读成 s-，或者是出于同一种语音演变规律亦未可知。而从目前的研究来说，这种语音演变规律大概还是以*Cr->s-为妥吧！

我认为*Cr->s-这一规律的确认，在汉藏语言比较中具有十分重要的意义，许多本来无法判断为同源的字词，可以由此建立同源关系。例如汉语的"骷髅"不但可以根据*kr->t-之例，确认与"头"同源，而且可以根据*Cr->s-之例，确认与"首"同源。又如地支字"丑"，Ahom 语作 plao，不但可以根据*pr->t-之例，确认与汉语的"丑"同源，而且可以根据*Cr->s-之例，确认与壮语 ɕau（地支字"丑"）、毛南语、水语 su（地支字"丑"）同源，还可以根据复辅音声母在不同的区域有不同的演变的规律，确认与布依语 pjɐu（地支字"丑"）、傣语 pau（地支字"丑"）同源。又如"土"，偬语作 kɯlai，汉语太原方言作"圪垃"，不但可以根据*kr->t-之例，确认与汉语的"土"、养蒿苗语 ta 同源，而且可以根据*Cr->s-之例，确认与藏文 sa（土）、门巴语 sa（土）同源，还可以根据复辅音声母在不同的区域有不同的演变的规律，确认与石门苗语 la、川黔滇苗语 lua 同源。

*Cr->s-音变规律的确认，在古汉语训诂学上也有十分重要的意义，它可以帮助我们破译古书中的一些难解之谜。例如柯蔚南（1978）说，上古的复辅音声母 gl-和 gwl-在东汉音注中经常互相接触，或跟舌根音、喉音声母接触，但是有两个例外：(1)《仪礼·士丧礼》"牢中旁寸"，郑玄注："牢读为楼。""楼"的上古声母为 gl-，而"牢"的上古声母为 l-。(2)《淮南子·天文训》"至于连石"，高诱注："连读为腐烂之烂。""烂"的上古声母为 gl-，而"连"的上古声母为 l-。现在根据*Cr->s-之例，我们已经可以肯定这两个音注均非例外。"连"字上古声母为*kr-已见上文，而"牢"字的上古声母亦为*kr-。因为越南字喃 Sao（星也），从星，牢声；又越南字喃 Sao（为何），从何，牢声；又越南字喃 Trao（交换，交付），从扌，牢声，可见"牢"的上古声母确为*kr-。又如《说文》"皇"下云："自读若鼻。"自来言此条读若者皆不得要领。段玉裁《说文解字注》云："许谓自与鼻义同音同，而用自为鼻者绝少也。凡从自之字……亦皆于鼻息会意。"段氏似不相信"自"即"鼻"字。王筠《说文句读》虽承认上古"自"即"鼻"字，但对于"自读若鼻"却不能确认是属于拟音之例还是属于假借之例，只是说："于此合之而云读若者，古人词不迫切也。"今按，从文字学角度看，甲金文"自"作鼻形，"自"即"鼻"之初文，两字上古必同

音。从音韵学角度看,"自"和"鼻"上古同为入声("鼻",《广韵》只有去声一读,但现代方言读入声者甚多),又"自"上古质部字,"鼻"从畀声,亦为质部字(《诗经·鄘风·干旄》"四、畀"为韵,"四"是质部字)。我认为其上古语音形式为*brit(比较藏文"打喷嚏"sbrid-pa,高坡苗语"鼻子"mplu,新村瑶语"鼻子"blut),以后根据*Cr>s之例,*br>z变为"自",借为"自己"之"自",又根据带r复辅音r失落之例,*br>b变为"鼻"。(杨剑桥1983)"鼻"在其他苗瑶语中的语音形式为:养蒿苗语 zε,青岩苗语 mpjou,复员苗语 mpju,老书村瑶语 bjut。我认为苗瑶语"鼻"字的原始语音形式为*mbrut,l 和 j 都是 r 的后起形式,而养蒿苗语的 zε 正合于*C>s之例,老书村瑶语则合于带r复辅音r失落之例,这跟汉语"自"和"鼻"的演变真有异曲同工之妙。又如"行李"一词,其本义当是"行使"。《左传·僖公三十年》:"行李之往来,共其乏困。"字又作"行理",《左传·昭公十三年》:"行理之命,无月不至。""行李"、"行理"并是"行使"之通假,但因为"李"、"理"与"使"声母不同,遂使后人生出许多怀疑来。《国语·周语中》"敌国宾至,关尹以告,行理以节逆之",韦昭注:"行理,小行人也。"以"吏"通"理"解之。李匡义《资暇集》卷上说:"按旧文,'使'字作岑,传写之误,误作'李'焉。旧文'使'字'山'下'人','人'下'子'。"则以字误解之。其余则大多认为"李、理、使"上古韵部相同,可以"叠韵通假"。今按,上古不见"行吏",韦说不能成立;"李"、"使"字形或者相近,但"理"与"使"字形绝不相近,李说亦不能成立;通假字的形成,当与声韵都有关,叠韵通假之说亦不能令人置信。上文已经证明"李"、"理"上古均有复辅音声母,依*Cr->s-之例,两字均可读 s,是"李"、"理"与"使"不仅叠韵,而且双声,则"李"、"理"与"使"应属于古音通假,其理甚明矣。

参考文献

黄典诚 1957 建瓯方言初探,厦门大学学报,第1期
柯蔚南 1978 东汉音注中的声母系统(The Initials of the Eastern Han Period as Reflected in Phonological Glosses. To appear in MS32)
雷伯长 1984 说邵武方言,语言研究,第2期
李如龙 1983 闽西北方言来母字读 s 的研究,中国语文,第4期
梅祖麟、罗杰瑞 1971 试论几个闽北方言中的来母 s 声字,台湾《清华学报》新9卷第1、2期合刊
潘茂鼎等 1963 福建汉语方言分区略说,中国语文,第6期
平田昌司 1988 汉语闽北方言的来母 s 化现象,汉语史的诸问题,京都大学人文科学研究所
藤堂明保 1981 汉字とその文化圈(第4版),日本光生馆
王 力 1980 汉越语研究,龙虫并雕斋文集(二),中华书局

王辅世　1982　湖南泸溪瓦乡话语音,语言研究,第 1 期
邢公畹　1948　汉语"子""儿"和台语助词 luk 试释,语言论集,商务印书馆,1983
——　1983　汉语遇蟹止效流摄的一些字在侗台语里的对应,语言论集,商务印书馆
雅洪托夫　1960　上古汉语的复辅音声母,原文是俄文,有杨剑桥等中译文,载《国外语言学》
　　1983 年第 4 期,又《汉语史论集》,北京大学出版社,1986
杨剑桥　1983　上古汉语的声调,语文论丛,第 2 辑,上海教育出版社
袁珂　1985　中国神话传说词典,上海辞书出版社
张世禄、杨剑桥　1986　论上古汉语带 r 复辅音声母,复旦学报,第 5 期
竹内与之助　1988　字喃字典,东京,大学书林株式会社

"一声之转"与同源词研究

最近,中国语言学界,尤其是汉语音韵学界发生了一场大辩论,这场大辩论首先是由梅祖麟《有中国特色的汉语历史音韵学》[①]一文发端的,不久就有郭锡良的《历史音韵学研究中的几个问题——驳梅祖麟在香港语言学会年会上的讲话》[②]、孙玉文的《〈汉语历史音韵学·上古篇〉指误》[③]等文章,以后又有梅祖麟《比较方法在中国,1926—1998》[④]、陈新雄《〈有中国特色的汉语历史音韵学〉讲辞质疑》[⑤]、郭锡良《音韵问题答梅祖麟》[⑥]等文章,其他还有鲁国尧、薛凤生、华学诚、麦耘等人的讨论,以及北京大学中文系网站"学术论坛"、上海东方语言学网站上的大量论难辩驳。在这场大辩论中,"一声之转"是一个重大的焦点,这一焦点涉及到了汉语、汉藏语系同源词研究的重大问题,甚至还涉及到了传统语言学乃至中国语言学的发展方向问题。

一、什么是"一声之转"?

"一声之转"是中国传统语言学上的一个重要概念,我们要讨论"一声之转",首先应该明白:什么是古人所谓的"一声之转"?

一般认为,古人所谓的"一声之转"是指在声母相同相近的情况下,由韵母转变而造成的字词的孳乳、分化现象。如王念孙《广雅疏证》"力也"条云:"膂、力,一声之转。"上古"膂"是来母鱼部字,"力"是来母职部字,两字声母相同,韵部不

---

① 在香港语言学会 2001 年学术年会上的报告,2001 年 12 月 8 日。正式发表于美国《中国语言学报》2002 年第 2 期。
② 见北大中文系网站"学术论坛",2002 年 7 月 14 日。正式发表于《古汉语研究》2002 年第 3 期。
③ 载《古汉语研究》2002 年第 4 期。
④ 载《语言研究》2003 年第 1 期。
⑤ 见北大中文系网站"学术论坛",2002 年 10 月 19 日。正式发表于《语言研究》2003 年第 1 期。
⑥ 载《古汉语研究》2003 年第 3 期。

同,王念孙认为它们由同一个词孳乳而来。又"何也"条云:害、曷、胡、盍、何,"皆一声之转也"。上古"害"是匣母祭部字,"曷"是匣母月部字,"胡"是匣母鱼部字,"盍"是匣母叶部字,"何"是匣母歌部字,五个字声母相同,韵部不同,它们也由同一个词分化而来。

同时,所谓"一声之转"也指在韵母相同相近的情况下,由声母转变而造成的字词的孳乳、分化现象。如王念孙《广雅疏证》"如也"条云:"与、如、若亦一声之转。"上古"与"是以母鱼部字,"如"是日母鱼部字,两字韵部相同,声母不同,它们由同一个词分化而来。

此外,所谓"一声之转"还指在声母、韵母都相同相近的情况下字词的孳乳、分化现象。如王念孙《广雅疏证》"独也"条云:"鳏、寡、孤,一声之转。"上古"寡、孤"都是见母鱼部字,两字声母和韵部相同,它们由同一个词孳乳而来。

不过,从清代著名学者的使用来看,"一声之转"主要是指声母相同相近情况下的字词的孳乳、分化现象。陈新雄《〈有中国特色的汉语历史音韵学〉讲辞质疑》一文指出,在王念孙《广雅疏证》106个"一声之转"用例中,双声字占了百分之九十以上;而在王国维《尔雅草木虫鱼鸟兽名释例》一文"一声之转"用例中,绝大部分也是双声字。这一点跟清代学者自己的观察也是互相符合的。陈澧《东塾读书记》"小学"条说:"《尔雅》训诂,同一条者,其字多双声。郝兰皋《义疏》云:'凡声同、声近、声转之字,其义多存乎声。'澧谓,此但言双声,即足以明之矣。……凡同一条内而双声者,本同一意,意之所发,而声随之,故其出音同,惟音之末不同耳。音末不同者,盖以时有不同,地有不同故也。其音之出则不改,故成双声也。"王国维《尔雅草木虫鱼鸟兽名释例序》也说:"近儒皆言古韵明而后诂训明,然古人假借转注多取双声;段、王诸君自定古韵部目,然其言诂训也,亦往往舍其所谓韵而用双声,其以叠韵说诂训者,往往扞格不通。然则与其谓古韵明而后诂训明,毋宁谓古双声明而后诂训明欤?"陈、王两氏所说的"训诂"当然还包括同义词、通假字等的训释,但是字词的孳乳、分化应该是其中重要的部分,由此可见,清儒的"一声之转"确实主要是指声母相同相近情况下的语音转变。

从历史上看,"一声之转"最早来源于"转语"、"语转"、"声转"等说法。如西汉杨雄《方言》卷三:"庸谓之倯,转语也。"又《方言》卷十一:"蝇,东齐谓之羊。"东晋郭璞注:"此亦语转耳。今江东人呼'羊'声如'蝇'。"又《方言》卷三:"铤、赐、㩉、澌,皆尽也。铤,空也,语之转也。"又《方言》卷七:"吴越饰貌为钧,或谓之巧。"郭璞注:"楚语声转耳。"又《方言》卷五:"自关而西秦晋之间谓之杠,南楚之间谓之赵。"郭璞注:"赵当作桃,声之转也。"又南宋戴侗《六书故》:"今俗谓乳母

'妳',汉人谓母为'媪、姥',凡此皆一音之转。"而清代以来,"一声之转"也有许多异称。如郝懿行《尔雅义疏》"荧,委萎"条云:"'乌萎'即'委萎'之声转也。"又王念孙《广雅疏证》"父也"条云:"爸者,父声之转。"又"勉也"条云:"农犹努也,语之转耳。"又郝懿行《尔雅义疏》"葖,芦萉"条云:"芦萉又为萝葡,又为莱菔,并音转字通也。"又段玉裁《说文解字注》"䚻"字下云:"《古今人表》作'郑成公䚻'。颜曰工顽反。又有'泠沦',服虔曰沦音䱌。皆音之转也。"又郝懿行《尔雅义疏》"蟋蟀,蛬"条云:"今顺天人谓之'趋趋',即'促织'、'蟋蟀'之语声相转耳。"不难看出,以上"声转"、"声之转"、"语之转"、"音转"、"音之转"、"语声相转"等等异称的含义跟"一声之转"基本上是相同的①。

此外,清代学者判断"一声之转"的语音标准乃是当时段玉裁、王念孙等人所建立的古音体系,以及段玉裁等提出的"同谐声者必同部"的学说,其中的声母系统则又主要是钱大昕等所发明的"古无轻唇音"、"古无舌上音"等学说。例如当王念孙说"爸者,父声之转"的时候,一定是考虑到按照谐声"爸"和"父"上古都在鱼部,而根据"古无轻唇音"说,"父"上古声母为[b],跟"爸"同为双唇塞音,只有清浊之别。又如当王国维《尔雅草木虫鱼鸟兽名释例》说"庙中路谓之唐,堂途谓之陈。唐、途、陈皆一声之转也"的时候,也一定是考虑到根据"古无舌上音"说,"陈"上古为定母,跟"唐、途"声母相同,而只是韵部有阳部、鱼部和真部之别。

二、一声之转的流弊

应该说,清代著名学者戴震、段玉裁、王念孙等人对于一声之转的内涵和标准还是比较清楚的,对于一声之转的运用也还是比较严谨的,但是在他们之后的其他一些学者就渐渐地有所偏离了。造成这种不良倾向的一个重要原因,是人们在初创"一声之转"这一概念时本来就没有清楚的认识。例如《方言》卷五:"甾,燕之东北、朝鲜、洌水之间谓之䉛。"郭璞注:"此亦䉛声转也。"《广韵》"䉛",吐彫切,上古音在透母宵部,"䉛"七遥切,上古音在清母幽部;这两个字韵部稍近,但是声母相差太远了,很难让人相信它们之间有语音上的联系。又如王念孙《广雅疏证》"罚也"条云:"《晏子春秋·杂篇》云:'景公饮酒,田桓子侍,望见晏子而复于公曰:请浮晏子。'浮、罚,一声之转。"上古"浮"并母幽部字,"罚"并母月部字,两字声母相同,韵部不同,更为重要的是两词意义相差甚远,根本不可能是由

---

① 例如王念孙《广雅疏证》"很也"条云:"狼与戾一声之转。"又"鷙也"条云:"狼、戾,语之转。"可见"语之转"就是"一声之转"。

同一声音转变而来的同源词(朱骏声《说文通训定声》就是把它们作为"假借"(通假)现象的)。

在这样模糊的认识下,以后的学者或出于音学不精,或出于观念有误,就使得一声之转更加远离了正确的道路。例如《尔雅·释诂》"治、肆、古,故也。肆、故,今也",郝懿行疏:"经典凡言'是故'者,即'肆故'也。或言'是以'者,即'遂以'也。又言'所以'者,亦'是以'也,皆申事之词也。肆、遂、是、所,俱一声之转也。"事实上,上古"肆"是心母脂部字,"遂"是邪母微部字,"是"是禅母支部字,"所"是生母鱼部字,除了"肆"和"遂"古音比较接近以外,其他几个字的上古声母和韵部都不很接近。"是以"等于"以是、因此",是一个述宾式复合词,"遂以"原意是"于是而",是一个联合式复合词,它们怎么可能会有同一个源头呢?而"所以"用作因果连词,更是魏晋以后的事,怎么能够说等于"是以"呢?① 又如章炳麟《文始》"京"字条云:"《说文》:'京,人所为绝高丘也。从高省,丨象高形。'此合体指事字也。对转鱼,孳乳为'虚',大丘也,亦与'丘'相系。还阳,又孳乳为'壙',一曰大也。《孟子》:'犹水之就下,兽之走壙也。'《章句》曰:'兽乐壙野。'《诗》以'旷'为之。对转鱼,'壙'变易为'野',郊外也。""京"为高义,"虚、壙"为大义,它们的意义已经较远,而"壙"是溪母阳部字,"野"是以母鱼部字,两字声母相距太远,前者又是怎么变易为后者的呢?②

这种缺乏严格标准的一声之转在当代学者的某些论述中就表现得更加淋漓尽致。例如有文章说:

> "果蓏"之转,疾读之则"瓜"也,此以"瓜"为始语,声转则名为"果"为"蓏"。《说文》别之以在木、在地,骈举之则曰"果蓏",施于物为"栝楼"、为土蜂、为鸟名,以形并圜全,故命名从同,此其一。圜全之义衍绎之而为曲屈,故舟之"䑵艫"、人之"佝偻"、车之"枸蒌"、轮中之"萬蒌",莫不皆然,此其二。

---

① 郝懿行所说的"音同"、"音近"、"双声"、"叠韵"、"声转"等等屡有错失。例如《尔雅·释器》"嫠妇之笱谓之罶",郝疏云:"《诗·鱼丽》正义引孙炎曰:'罶,曲梁。其功易,故谓之寡妇之笱。'今按,孙义未免望文生训。盖'寡妇'二字合声为'笱','嫠妇'二字合声为'罶',正如'不来'为'狸'、'终葵'为'椎',古人作反语,往往如此,孙炎以义求之,凿矣。"其实"妇"、"笱"、"罶"三字上古分别在之部、侯部和幽部,"寡妇"二字不能合声为"笱","嫠妇"二字不能合声为"罶"。以笱取鱼,不劳身手,与寡妇拾取田中遗穗其功简易正同,孙炎所说并不误。

② 章炳麟《文始》"爲"字条,根据《说文》"爲,母猴也"的说解,说"爲"对转寒,变易为'蝯',善援,禺属。母猴好爪,动作无厌,故孳乳为'僞',诈也。"甲骨文、金文的研究表明,"爲"应该是手牵大象劳作之形,跟猿猴本无关系,章氏却说转变为"蝯"、为"僞",这也可以说是滥用一声之转的典型例子。

圜全之义又衍绎之而为敷布周匝，故"荷，芙蕖"、绡名"筹俞"、"蘨蕩"华开貌，其体如是，并其邻类，此其三。圜全者，动非止静，若抽陀螺，故又衍绎之而为旋转之形。《方言》"抠揄，旋也"，《尔雅》"蠃，蝓"、"扶摇谓之飙"之类称是，此其四。圜体连缀，复衍绎之而为稀疏适历，稀疏适历者，盖论其状，如岑岭之连蜷，浪潮之追逐，群幅之并建，情意之牵引也，故由"孚俞"转而为《方言》之"忬愉，悦也"，如"扶胥"，如官隅城隅之角"浮思"，如"婆娑"舞也，如"容与"旌旗高低之貌者近之，此其五。……是故"果臝"之名，其朔则一，乃充类至尽，浩穰滋曼，而名逾三百，适其势之有然也。①

这里，"果臝"一词是怎样转变为"芙蕖、孚俞、扶摇、扶胥、婆娑"的？这其中有些什么语音变化？我们一概看不出。"浩穰滋曼，名逾三百"，只要说一声"声转"，就什么证明都可以不需要了。

三、对"一声之转"的批判

由此可见，"一声之转"的最大缺陷是缺乏科学性。赵元任在《语言问题》一书中说：

中国往往说某某字就是某某字，因为都是"一声之转"。可是要说是"一声之转"，你要回答出娘家来，要说得出怎么转法来才可以称"一声之转"；说不出什么规则来，差一点儿都不应该差。比方举一个极端的例："二"字，最古的是[ni]，再是[nzi>zi>ri>ɹ>ɹɛ>ɹ,>ɑ,>ɑ]。现在有的地方念[ni]，比方很近的地方：江南是[ni]；江北是[ɑ]；[ni]跟[ɑ]差得这么远。在音上头，你不能想像两个音比这两个差得更远了。可是因为你可以追溯得出他的来源是根据什么东西，不光是这当中这些步骤，并且跟别的有关系的许多音都是一样变法子的，所以这样子，你还得出娘家来，可以说是"一声之转"，是一个字。

我们可以看到，前人所说的"一声之转"正是有许多没能"回答出娘家来"的，没能"说得出怎么转法来"的。

关于这一问题，王力《略论清儒的语言研究》一文也指出："王念孙的'就古音

---

① 转引自任继昉《汉语语源学》，重庆出版社，1992年。

以求古义,引申触类,不限形体'的主张是合理的;但是越过真理一步就是错误,如果把这个原则推广到'声近义通',也就是说,只要读音相近,词义就能相通,那就变成牵强附会了。……王氏父子已经有一些穿凿附会的地方,后人变本加厉,片面地强调'声近义通',主观臆断,无所不用其极。"其《语言学在现代中国的重要性》一文更提出:"中国小学界的现状是怎么样的? 趁着一般人视音韵之学为玄妙,就拿'双声','叠韵','对转','旁转','一声之转'来证明一种很靠不住的学问。"李方桂《上古音学术讨论会上的发言》①一文也说:"阴阳对转这东西我不懂得。很多的古音学、等韵学的对转啦,旁转啦,这个转那个转,我不大明了,也不强去解释这些东西,对这个我没法儿回答。"作为语言学大家的李方桂不可能不了解一声之转,他之所以这样说,实在是对于这种随心所欲、无所不转的"靠不住的学问"的一种批判。俞敏《〈诗〉"薄言"解平议》②也批评现代学者"附会乾嘉人的'一音之转',临完两败俱伤",认为"焉"写作"然"应该是语流音变,"这根本用不着,也用不上'刘备、吕布,一音之转'那套公式"。可见,在现代语言学大家那里,乾嘉末流的"一声之转"并没有什么好的名声。

"一声之转"既然如此"靠不住",那么为什么至今仍有许多人十分相信它、乐此不疲地使用它呢? 在中国语言学界,尤其是在中国传统语言学界,长期以来严重缺乏科学精神。在这个领域中,人们只满足于描写现象,而不去追究隐藏在现象背后的规律;人们只能问"什么",而不能问"为什么"。梅祖麟《有中国特色的汉语历史音韵学》说:"'一声之转'的同源字研究可以算是有中国特色的,因为(1)只有清儒才会发明这种论证法,外国人可没有这个能耐;(2)只有在'不破师说'的文化传统中,这种论证法才会延续下去。"这句话可以说是击中了问题的要害,往深里说,这句话实际上还揭示了中国传统语言学的重大弊病,值得人们深刻反思。

四、汉语语音变化的类型

汉语的语音变化有多种类型,首先是方言音变。例如《方言》卷一:"逢、逆,迎也。自关而东曰逆,自关而西或曰迎,或曰逢。""逆"[*ŋiak]和"迎"[*ŋiaŋ]是同一个词在不同方言区的语音变化,表现为鼻音韵尾和塞音韵尾的不一样。又《方言》卷十一:"蝇,东齐谓之羊。""蝇"[*lieŋ]和"羊"[*liaŋ]也是同一个词在不

---

① 载《语言学论丛》第 14 辑,商务印书馆,1987 年。
② 载《中国语言学报》第一期,商务印书馆,1983 年。

同方言区的语音变化,表现为主元音不一样。

方言音变具有一定的规律性,凡是符合相同语音条件的字一般都应该有相同的演变。例如林语堂《燕齐鲁卫阳声转变考》一文就曾指出:在上古时代,"于燕赵齐鲁'寒'音转入'虞模',而不入'歌'。同时在此燕齐鲁卫中山,并有他类阳声的转变,大抵'仙'转入'支'、'真'转入'脂'、'谆文欣魂'转入'微灰'。"

汉语语音的变化其次是历史音变。例如王念孙《广雅疏证》"惧也"条云:"怖者,《说文》:'悑,惶也。'《吴子·料敌篇》云:'敌人心怖可击。'怖与悑同,今人或言怕者,怖声之转耳。""怖"上古滂母鱼部字[*p'a],后来在元音后高化历史音变规则的作用下变作中古的模韵字,在北京话中受声符的影响声母变作[p-]: [p'a>p'ɔ>p'o>p'u>pu]。但是在口语中,"怖"作为音变的强式保持不变,到现在还读[p'a],同时采用了原来为"淡泊"义的一个字形"怕"。

历史音变当然也有强烈的规律性,所以后人可以据此研究同源词,并且有可能描写出同源词语音变化的轨迹。

汉语的语音变化还表现为词语的屈折形态变化。例如梅祖麟《有中国特色的汉语历史音韵学》一文指出,上古汉语"墨"[*mək]对应"黑"[*smək]、"林"[*rjəm]对应"森"[*srjəm]、"虐"[*ŋjans]对应"献"[*sŋans],它们分别是同源词,不带[s-]的"墨"、"林"、"虐"是名词,加上[s-]以后所产生的派生词则变成形容词或动词。这是上古词语的屈折形态变化,[s-]冠音的构词功能是名谓化,跟藏文的[s-]一样。

汉语语音的变化还有一些类型,例如由于避讳、由于形声字误读半边、由于连读音变等形成的语音变化等,但是跟同源词有关的大概主要就是上述三种类型。

五、一声之转能否用来做同源词研究?

一声之转能不能用来做同源词的研究?要回答这个问题,首先需要弄清楚什么是同源词。王力《同源字典·同源字论》说:"凡音义皆近,音近义同,或义近音同的字,叫做同源字。这些字都有同一来源。"王力的"同源字"概念实际上包括西方语言学中的 cognate 与 derivative 两类,前者一般译作"同源词",指从同一母语中同一个词演变而来的不同语言或方言中的不同词语形式,如"手"北京说[ʂou^{214}],上海说[sɤ^{35}]。后者通常译作"派生词",指通过构词手段从一个词派生出的另一个词,如英语中的 happiness 是 happy 的派生词,又如上面梅祖麟文所提到的"黑"是"墨"的派生词。同源词与派生词有共同的特点:同源词之间或派生词之间的语义一定是有关联的,它们的语音也一定是相关的;它们都与相同的词根形式相关联。古汉语留下来的词语如果在音、义方面相关,就有可能是同源词,也有可能是派生词。在目前的研究阶段,大部分还无法断定它们到底属于哪一类,王力把它们并作一类讨论,都叫"同源字",自然有其方便的地方,本文所说的同源词也就是王力同源字的概念,目前汉语学界所说的同源词大部分也是这一概念。同源词必须音、义同时相关,那些音近义不同的词只能是近音词,义近音不同的词只能是近义词。我们所以说"相关"而不是"相近",是因为音义俱近的词也可能只是偶合,并非有语源上的联系,如英语 man 与汉语"氓"[maŋ]音义相近但没有同源关系。我们认为北京[sou²¹⁴]与上海[sɤ³⁵]之间语音相关,是因为有研究证明北京的[ou]与上海的[ɤ]都对应于中古的尤韵,北京的 214 与上海的 35 都对应于中古的上声;我们认为 happiness 是 happy 的派生词,是因为 ness 已经被证明为名词后缀。所以,重要的是相关,而不是相近;特别是在汉语上古音还没有彻底研究清楚的情况下,相关显得尤其重要。许多同源词从中古音角度,甚至从目前已知的上古音的角度来看可能相差很远,如"墨"是明母,"黑"是晓母,但是只要相关,就有可能是同源的。

其次的问题是:一声之转是否属于同源词研究?

梅祖麟《有中国特色的汉语历史音韵学》认为王念孙所说的"间、里一声之转"、"芜者,蘴之转声也,芜之声又转而为蔓",指的就是同源词。郭锡良《音韵问题答梅祖麟》则说:"要明白王念孙并没有说它们是同源词,他只肯定了两例中提到的词不但意义相通,声音也是相通的,即贯彻了以声音来求语义的原则。同源词是后起的概念,我们不能强加给两百年前的王念孙;他的因声求义实践包括了后代的同源词,也孕育着后代的同源词研究。'间''里'义近,声音也相通,是近义词;'蘴''芜菁''蔓菁'是同一种草在不同方言中的名称,是方言词,王念孙认为'蘴''芜''蔓'在声音上也有通转关系。"我们认为郭先生这一看法是不正确的。只有探求同源词才有必要说声音相同相近,非同源的词而有相同相近的声音,这只是一种偶然现象,是根本没有必要说它们声音相同相近的。如果王念孙认为"间"和"里"只是近义词,并不是同源词,那么又何必说它们声音相通呢?这不成了废话吗?同时,方言词跟同源词并不是对立的概念,来源相同的方言词也可以是同源词,王念孙指出"芜"从"蘴"声转而来,"蔓"从"芜"声转而来,正是在于说明它们的源流关系,这不是同源词又是什么?不仅如此,王念孙对于近义词和同源词是有严格区别的。《广雅疏证》"独也"条云:"《孟子·梁惠王篇》:老而无妻曰鳏,老而无夫曰寡,老而无子曰独,幼而无父曰孤。……鳏、寡、孤,一声之转,皆与独同义,因事而异名耳。"王氏称"鳏、寡、孤"为"一声之转",又称"鳏、寡、孤"和"独"为"同义",区别不是非常清楚吗?"同源词"虽然是后起的名称,但不等于说王念孙就没有"同源词"的概念。我们看段玉裁《说文解字注》说:"凡贲声字多训大,如毛传云坟,大防也,颁,大首貌,汾,大也,皆是。"段氏已经能够冲破汉字形体的束缚,纯粹从音义出发,把"贲、坟、颁、汾"放在同一组中,这难道不正是我们今天的"同源词"概念吗?王力《同源字典·序》说得再明白不过:"段玉裁在《说文解字注》中,王念孙在《广雅疏证》中,不少地方讲某字和某字相通,或某字与某字实同一字。王筠讲分别字、累增字,徐灏讲古今字。其实都是同源字。"可见,古人早就有同源词的概念了。清儒的"一声之转",突破字形的束缚,通过声音的相关来探讨语源关系,这正是"一声之转"正确、积极的方面,是它的历史贡献。郭先生却把"一声之转"贬低为没有任何语源关系的近义词、方言词范畴中的术语,说清儒还没有同源词的概念,这不仅是对清儒的曲解,也是学术上的一种退步。

由此可知,一声之转确实属于同源词研究。但是前人的"一声之转"虽然揭示了语音演变中的某些规律,它却只代表了到清代为止的传统语言学的最高水平,而对于方言音变、历史音变,乃至上古词语的屈折形态变化则缺乏准确精密的描写,更不用说阐明音变的规律和原理了。郭锡良《音韵问题答梅祖麟》一文说:

> 这里不见得王念孙就真的错了。"薶"不是明母,但是它同"芜""蔓"都是唇音,在方言中并不能断定它们就不能相通。下面我们举几个现代方言的例子来看:
> 无 北京 u　　苏州 vu, m 温州 vu　　广州 mou 厦门 bu, bo 潮州 bo
> 雾 北京 u　　苏州 vu　　温州 vøy, mø 广州 mou 厦门 bu　　潮州 bu
> 蔓 北京 man, wan 苏州 me　　温州 ma　　广州 man 厦门 ban　　潮州 pueŋ
> 三个明母字在现代方言中不是也还有念唇音 b、p 的吗?请问梅氏,你凭什么断定王念孙错了,可以嘲笑他的分析"是神话还是语文学"呢?

其实郭先生这个例子正好是说明了"一声之转"的不足和弊病。一般认为,中古的明母字在厦门话中有两种读法,一读为[b-](如"麻"[ba]、"锚"[biau]),一读为[m-](如"马"[mã]、"毛"[mɔ̃])。事实上,厦门话[b-]的实际读音是[ᵐb],如果所带韵母是鼻化的就读[m-],可见[b-]的古代读音就是[m-],后来发生了塞化,不过由于韵母的鼻音成分会使原来的[m-]保持不变,所以还留有鼻音的痕迹。请问,

"一声之转"说清楚这些道理了吗？温州"雾"的两个读音则属于两个不同的历史层次，[mø]是白读层次，有中古前的来源，[vøy]是中古以后才从北方借入的。两个不同时期的借入形式，怎么能算是读音"相通"？如果按郭先生这样的解释，"无、雾"在北京话中读零声母，那么是否也可以认为明母跟影母相通呢？① 西安话"闹钟"读成[naupfəŋ]，"钟"是照₃声母字，按照郭先生的推理，那么是否也可以说照₃声母也可以无条件地跟帮母滂母相通？清儒讲"一声之转"尚且还要限制在上古音的范围内，而郭先生的这种"通"法，比起清儒来就更加无所不通了。

其实，不要说清儒的"一声之转"无法说清楚同源词的问题，即使是现代语言学家，如果构拟的古音体系有缺点，同样无法说清楚。例如王力《同源字典》有以下例子：

"lə 來：muək 麥"（来明邻纽，之职对转）
"thjia 處：shia 所"（穿山邻纽，叠韵）

来母和明母为什么邻纽相通？古文字"來"是麦子的象形，为什么读作"来"？山母属照₂声母，穿母属照₃声母，上古"照二归精"、"照三归端"，凭什么说"穿山邻纽"？这里的关键是王力先生不承认上古有复辅音声母，如果承认有复辅音声母，那么问题很容易说清楚。② 例如关于"xək 黑：mək 墨"，王先生就说："'黑'的古音可能是 mxək，故与'墨'mək 同源。"这就让人容易理解多了，跟历史事实恐怕也更接近了。③

这里还可以举两个例子。第一个例子，胡双宝《说"哥"》④一文指出：汉语"哥"字在唐代指兄长，也指父辈，这是从鲜卑语引进的外来词。证据主要是

---

① "无、雾"两字的声母在上古和中古前期是明母[m]，因为两字的韵母属于后来发生轻唇化的虞韵，所以两字的声母由明母[m]变为微母[ɱ]，以后两字的韵头[i]消失，到 13 世纪时[ɱ]变为[v]，到 17 世纪时则变为[u]元音。所以不能说"明母变成影母"，而是明母由辅音[m]变成了元音[u]。
② 上古"來"是[*mrə]，"麥"是[*mrək]，"處"从虍声，是[*shla]，"所"从户声，是[*sgra]。
③ 鄙意"黑"的声母构拟成[*m]可能更好一些。顺带说一下，梅祖麟说王力把"黑"构拟成[mx-]是承认了上古有复辅音声母，郭锡良《历史音韵学研究中的几个问题》一文批评梅祖麟"没有读懂王先生的书"，说："王力说'"黑"的古音可能是 mxek'，是想到了董同龢的清鼻音，也只是想说可能是一个与一般的双唇鼻音有别的 m-。"其实要从"可能是 mxək"几个字中读出王力先生"是想到了董同龢的清鼻音"这个意思，恐怕一般人都做不到。即使是唐作藩先生在《从同源词窥测上古汉语的复辅音声母》（载《中国语言学报》第 7 期，1995 年）一文中，也认为王力这个例子是承认"可能是"复辅音声母。
④ 载《语言学论丛》第六辑，商务印书馆，1980 年。

(1)清代翟灏《通俗编》:"阿干,鲜卑语谓兄也。阿哥当即阿干之转。"(2)颜师古《匡谬正俗》:"《礼记》《汉书》'若干',唐初俗谓'若柯'。"现代文水话"歌"音"干"。上古"歌、柯"属歌部,"干"属元部,两部主要元音相同,可以通转。(3)"阿干"在鲜卑语中兼有兄长、父辈等意思。一般说来,像胡先生这样的论证应该说已经很清楚,很成功了,"哥"是见母歌部字(中古见母歌韵字),"干"是见母元部字(中古见母寒韵字),"阿哥"由"阿干"声转而来,完全令人信服。可是梅祖麟《"哥"字的来源补证》①却不满足于此,继续论证说:(1)史书记载鲜卑语有"阿干"一词,意思是"兄、父",也是官名。(2)通事,鲜卑语称"乞万真",蒙古语称"怯里马赤";秘书,鲜卑语称"比德真",蒙古语称"必阇赤"。因此鲜卑语[-n]的语法功能是定指。(3)《元和郡县图志》:"清水,鲜卑谓去斤水。"此河蒙古语称 koke,突厥语称 kok,意思是"青、蓝",加上[-n]尾就变成鲜卑语 kuken,汉语意译为"清"。(4)由此可见,鲜卑语最早应有 *aqa 一个通名,意为"兄,父",加上定指词尾就变成专名"阿干",用作官名。这就证明了汉语的"哥"应该来源于鲜卑语的 *aqa,并非来源于"阿干"然后一声之转成为"阿哥"的,而且说明了"阿干"的来龙去脉。

第二个例子,唐人杜牧《江南春》诗云:"千里莺啼绿映红,水村山郭酒旗风。南朝四百八十寺,多少楼台烟雨中!"此诗"八十寺"一语日本传统的读法是はっんじ。一般的解释,这里"十"字之所以不读如吴音じふ或汉音しふ,是由于诗律平仄的要求,"十"字读成平声(南宋《蔡宽夫诗话》:"八十寺,十字叶平声。");"十",中古收[-p]尾的入声字,阴阳入对转,读平声当收[-m]尾,传入日本就读成しむ,现代日语无[-m]尾,しむ读成しん。根据陆游《老学庵笔记》和胡仔《苕溪渔隐丛话》的记载②,宋元时期在中国也确实有把"十"字读如"谌"字和"忱"字的,即把"十"字的[-p]尾读成[-m]尾的,因此把这一现象解释为阴阳入对转也确实是非常妥当、非常完满的。但是日本学者小川环树却并不满足,非要搞清楚"十"字这个读音的来源。他根据敦煌出土文献《九九表》等汉藏对音材料,如:

---

① 载《桥本万太郎纪念中国语学论集》,日本内山书店,1997年。
② 《老学庵笔记》卷五:"故都里巷间人言利之小者曰'八文十二',谓'十'为'谌'。盖语急,故以平声呼之。白傅诗曰:'绿浪东西南北路,红栏三百九十桥。'宋文安公宫词曰:'三十六所春宫馆,二月香风送管弦。'晁以道亦云:'烦君一日股勤意,示我十年感遇诗。'则诗家亦以'十'为'谌'矣。"《苕溪渔隐丛话》卷二十一:"诗人用事,有乘语意到处,辄从其方言为之者,亦自一体,但不可为常耳。吴人以'作'为'佐'音,淮楚之间以'十'为'忱'音,不通四方,然退之'非阁复非桥,可居兼可过。君欲问方桥,方桥如此作',乐天'绿浪东西南北水,红栏三百九十桥',乃皆用二音,不知当时所呼通尔,或是姑为戏也。"

九 九 八 十 一， 八 九 七 十 二， 七 九 六 十 三，
gyihu gyihu pa sib yir par gyihu tshi sim zi tshir gyihu lug sib sam
六 九 五 十 四， 五 九 四 十 五……
lug gyihu hgu sib zi hgu gyihu zi sim hgu

指出"十"由[-p]尾变成[-m]尾完全是由于后面"二、五"等字的鼻辅音[ŋ-、n-]影响的结果,因此这是一种语流音变现象。民间的这种语流音变,后来被文人引用到诗歌创作之中①。由这两个例子可见,"一声之转"确实不能说清楚同源词,不能说清楚语音的演变,不但如此,有时还会把人引入迷途,从而错失揭示历史真相的机会②。

六、我们的主张

行文至此,有人不禁要问:"那么今后是否不能再用'一声之转'了?"我们的回答是:"可以用,但要慎重。"上文已经说过,"一声之转"代表了中国传统语言学的最高成就,其多数成果,尤其是那些声韵俱近的成果还是相当可靠的;尤其是由于年代久远,资料缺乏,许多同源的字词已经根本无法考证出详细的语音变化的轨迹,人们只能用"一声之转"来解释它们的语音关系。但是我们必须注意到,"一声之转"只是给可能同源的字词贴上一个标签,表示它们的音义"可能"是有联系的,要把这种"可能"变为"肯定",还需要另外加以证明。有人根据上古音系考察王念孙《广雅疏证》中170多条"一声之转"和"声之转",认为其中74%的音转是可靠的,因而王氏的同源词研究所取得的成就是辉煌的。其实按照当代的同源词理论,仅仅把音同义近、音近义通作为同源词的判别标准是不够的,还应该加上具有同一语源这一条件。例如"境"和"疆"上古都是见母阳部字,也都有边界、疆界义,可谓音同义近了。但是"境"来自"竟","竟"的语源义是一个区域的尽头(《说文》:"乐曲尽为竟。"),"疆"就是"畺","畺"的语源义是两个区域的分界(《说文》:"畺,界也。从畕,三,其界画也。"),两字语源义并不相同,因此不是同源词③。正因为这样,所以我们认为"一声之转"可以用,但是最好少用、慎用,

---

① 小川环树《"南朝四百八十寺"の讀み方》,载《中国语学研究》(创文社,昭和五十二年)。
② 应该说,"哥"字是鲜卑语借词,并不属于汉语内部的同源词,也不属于汉藏系语言的同源词。不过,胡双宝文中确实提到了"通转",要说明"一声之转"的缺陷,这是一个好例子。
③ 参蒋绍愚《古汉语词汇纲要》(北京大学出版社,1989年)第六章。

尤其是对于那些从上古音系看来声韵都很远的字词。

当代的中国语言学已经发展到了一个崭新的阶段，人们在研究中追求详细的语音演变轨迹和严格的历史音变规律，而不满足于简单的"一声之转"、"例外"、"方言"等解释。许多学者表现出强烈的科学精神和朴学作风，凡是说到历史上的语音变化，都努力地从古代文献资料中寻找确切的证据，或者从音理上作出解释，或者把实际语言中发生的变化作为旁证。新的时代应该有新的思想、新的理论和新的方法，我们相信这才是中国语言学的希望所在和正确的发展方向。回到本文开头提到的语言学界的大辩论，我们认为，梅祖麟的文章虽然有不妥处，例如不应该把王力、邢公畹等先生的研究划入非主流的范围，但是在追求新的科学研究范式、指示中国语言研究的正确方向这一点上，梅氏的文章还是启迪良多，有着十分重要的积极意义。

再论近代汉语唇音字的 u 介音

一、前言

我在 1994 年中国音韵学第八次年会(天津,南开)上,曾经提交了《近代汉语的唇音合口问题》的论文。在那篇论文里,我指出在《中原音韵》全部十九个韵部中,有十个韵部(江阳、齐微、皆来、真文、寒山、先天、歌戈、家麻、车遮、庚青)分开合口,由于《中原音韵》没有反切注音,也不标明音值,又由于这十个韵部的唇音字没有开合口的对立,于是这十个韵部的唇音字究竟是属于开口还是属于合口就成了一个问题,各家构拟这些唇音字的音值时也各不相同。根据《蒙古字韵》、《四声通解》所引《洪武正韵译训》、《西儒耳目资》等的对音材料,《古今韵会举要》对于唇音字的安排,以及现代汉语扬州、广州、福州等地的方言,我主张齐微、真文、歌戈和桓欢四个韵部的唇音字,如"杯、奔、波、半"等具有合口介音 u,虽然这些唇音字并没有开口字跟它们相对立。

我的论文发表以后,曾经得到金基石先生《近代汉语唇音合口问题与朝鲜对音文献的谚文注音》一文的响应。金先生利用《洪武正韵译训》的正音,《翻译老乞大》、《翻译朴通事》的右音,《汉清文鉴》的对音,以及《重刊老乞大谚解》的右音,再一次证明了《中原音韵》齐微韵的"杯"字、真文韵的"奔"字、歌戈韵的"波"字,以及桓欢韵的"半"字等具有合口介音 u。现在,我准备进一步从《交泰韵》、《韵法直图》、《切韵声原》、《五声反切正均》、《音韵逢源》和京剧字音等出发,来证明上述近代汉语唇音字的 u 介音。

二、明清韵图中的唇音字 u 介音

第一个材料是明代吕坤的《交泰韵》(1603)。《交泰韵》是一本韵图,每一图排列一个韵部,图中每一个例字下注有反切。但是要利用这些反切来直接证明唇音字的 u 介音尚有一定的困难,因为此图的反切有时采用通常的办法,即反切上字管声母或兼管韵头,反切下字管韵头、韵腹和韵尾,如七阳韵部"冈,各佚切"、"光,郭汪切","光"字的 u 介音由"郭"和"汪"一起表示;有时则采取"声介合母"的办法,即反切下字只管韵腹和韵尾,反切上字兼管声母和介音,如四寒韵部"干,葛安切"、"官,括安切","官"字的 u 介音由反切上字"括"来表示。这样,当作者采用"声介合母"的办法时,就只有在同一声母下有开合口对立的韵母存在时,我们才能判断出有 u 介音存在,如"干"和"官",而唇音声母下并不存在开合口对立的韵母,因此根据唇音字的反切,我们一时是无法判断其中是否含有 u 介音的,如"潘,泼安切"。不过,仔细观察一下,就可以发现此图韵母的排列还是很有规律的,即每一图排列一个韵部,一个韵部中相同韵母的字相对排列在一起。如一东韵部中,"公、空、烘、宗、踪、恩、鬆、中、锺、充、通、风、东、舂"等字排列在一起,并且都用"翁"做它们的反切下字,而"弓、胸、穹"等字则另外排列在一起,并且都用"雍"做它们的反切下字,这就是说,一东韵部中应该有 uŋ、iuŋ 两个韵母,这两个韵母的字是分别集中排列的。又如在四寒韵部中,"干、刊、鼾"等排列在一起,"官、宽、剜、欢、鑽、酸、端、湍"等排列在一起,它们虽然都用"安"做反切下字,但是明显属于 an 和 uan 两个韵母。知道了这个道理之后,我们再来看《交泰韵》,就可以发现许多有趣的现象。

(1) 在三文韵部中,唇音字"奔、本"跟合口字"孙、昆、坤、尊、昏、谆、敦、吞、村、春"等排列在一起,而不跟撮口字"君、熏、逡"等排列在一起,可见作者认定"奔、本"含有 u 介音。

(2) 在四寒韵部中,唇音字"般、版、半"和"潘、判"跟合口字"官、宽、剜、欢、鑽、酸、端、湍"等排列在一起,而不跟开口字"干、刊、鼾"等排列在一起,可见作者认定"般、版、半"和"潘、判"含有 u 介音。

(3) 在五删韵部中,唇音字"班、板、扮"跟合口字"关、弯、儇、篡、撰"等排列在一起,而不跟开口字"删、奸、姗、丹、餐、滩"等排列在一起,可见作者认定"班、板、扮"含有 u 介音。

(4) 在十四皆韵部中,唇音字"摆、拜"跟合口字"乖、快、歪、衰"等排列在一起,而不跟开口字"该、开、哉、猜"等、齐齿字"皆、揩、挨、斋、钗、筛"等排列在一起,可见作者认定"摆、拜"含有 u 介音。

(5) 在十五灰韵部中,唇音字"杯、彼、背"和"坏、配"跟合口字"规、亏、醉、催、虽、追、吹、堆、推、灰"等排列在一起,本韵部没有其他韵母,可见作者认定"杯、彼、背"和"坯、配"含有 u 介音(或者主元音 u)。

(6) 在十八歌韵部中,唇音字"波、跛、播"和"坡、颇、破"跟合口字"果、窝、火、左、蹉、锁、多、妥"等排列在一起,而不跟开口字"歌、珂、诃"等排列在一起,可见作者认定"波、跛、播"和"坡、颇、破"含有 u 介音。

(7) 在十九麻韵部中,唇音字"爬、把、霸"和"葩、怕"跟合口字"瓜、跨、花"等排列在一起,而不跟开口字"楂、沙"等、齐齿字"嘉、嫁、虾、下"等排列在一起,可见作者认定"爬、把、霸"和"葩、怕"含有 u 介音。

以上现象中的第(1)(2)(5)(6)条跟我 1994 年论文的结论正相符合,而第(3)(4)(7)条尚待进一步研究。

吕坤在《凡例·明本旨》中说:"此书反切,与旧全殊。大都旧反切从'等'字来,得子声又寻母声,得子、母又念'经、坚',何其劳也!此韵所切,即妇人孺子、田夫仆僮、南蛮北狄,才拈一字为题,彻头彻尾,一韵无不暗合。不须一言指教,不须一瞬寻思。十人齐切,一口齐呼,不后不先,十呼俱同。盖天然本是如此,何假人为?"可见《交泰韵》一书的宗旨乃是以当时平民百姓的实际语音为准,书中所记唇音字的合口介音大致应属可信。同时,图中有相当数量的唇音字并不跟合口字排列在一起,如二真韵部唇音字"宾、禀、傧"和"缤、品"跟开口字"真、巾、欣、津、亲、辛、申"等排列在一起,七阳韵部唇音字"邦、榜、谤"和"镑、膀、胖"跟开口字"冈、康、臧、仓、桑、张、昌、商、当、汤"等排列在一起。这一点可以说明吕氏在排列唇音字时,并没有沿用传统某些韵书、韵图把唇音字一律归入合口的做法。此外,吕氏在《凡例·辨分合》中又说:"支韵之'悲',本属奻母,《诗》云'我心伤悲,迨及公子同归'、'岂不怀归,我心伤悲'可证矣。今《集成》并入支韵,今改归灰之'杯'。"《交泰韵》支韵部的音值为 ï,齐韵部为 i,灰韵部为 uei,吕氏虽然误解了《诗经》音和《韵学集成》,但是从这些话中可以看出"杯、悲"等字当时确实含有 u 介音。

第二个材料是附在明代梅膺祚《字汇》之后的《韵法直图》(1612 以前)。《韵法直图》中跟唇音字合口介音有关的现象有:

(1) 裩韵部有唇音字"奔、盆、门、本、喷、坌、闷"。本韵部其他字都是合口字,如"衮、坤、敦、吞、屯、尊、村、存、孙、昏、魂、温、文、论";跟本韵部相对的开口呼是根韵部,如"根、艮、恳、臻、莘、恩",其音值当是 ən。"奔、盆、门"等不列入根韵部,而列入本韵部,可见本韵部的唇音字含有 u 介音。

(2) 光韵部有唇音字"帮、旁、榜、滂、莽、谤、傍、芒"。本韵部除个别字如"朗、浪"以外，其他字都是合口字，如"光、匡、狂、庄、窗、床、霜、荒、黄、汪、王"，据此本韵部的唇音字含有 u 介音。但是对照冈韵部的唇音字"邦、滂、傍、茫、榜、膀、莽、谤、漭"，可以看出这些唇音字在冈韵部是重出的。冈韵部的音值是 aŋ，唇音字"帮、旁、榜"等在光韵部和冈韵部重出，可能是文白异读的表现。

(3) 觥韵部有唇音字"崩、烹、彭、盲、猛、孟"等。本韵部的入声字是"国、或"等，故本韵部的音值当是 uəŋ，据此本韵部的唇音字含有 u 介音。但是对照庚韵部的唇音字"崩、烹、朋、萌、蚌、猛、孟"，可以看出这些唇音字在庚韵部是重出的。作者注云："'崩、烹、彭、盲'，《横图》属庚韵，此图合口呼。若属庚韵，则开口呼矣。二图各异，或亦风土囿之与？"庚韵部的音值是 əŋ，唇音字"崩、烹、彭"等在觥韵部和庚韵部重出，也可能是文白异读的表现。

(4) 规韵部有唇音字"杯、坯、裴、枚、美、背、配、佩、妹"等。本韵部其他字都是合口字，如"规、魁、葵、巍、堆、推、颓、催、虽、随、追、吹、槌、水、灰、回、威、为、微、雷"，可见本韵部的唇音字含有 u 介音。

(5) 乖韵部有唇音字"拜、派、惫、迈"。本韵部其他字都是合口字，如"乖、快、蕞、褱、歪"；跟本韵部相对的开口呼是该韵部，如"该、开、皑、台、哉、猜、才、腮、哀、来"。"拜、派、惫、迈"不列入该韵部，而列入本韵部，可见本韵部的唇音字含有 u 介音。

(6) 戈韵部有唇音字"波、坡、婆、摩、跛、颇、爸、么、播、破、磨"等。本韵部其他字都是合口字，如"朵、妥、梭、果、卧、懦、坐、火"；跟本韵部相对的开口呼是歌韵部，如"歌、可、何"。"波、坡、婆"等不列入歌韵部，而列入本韵部，可见本韵部的唇音字含有 u 介音。

(7) 官韵部有唇音字"般、潘、盘、瞒、伴、满、半、畔、幔"等。本韵部其他字都是合口字，如"官、宽、端、湍、团、钻、酸、欢、桓、完、弯"，可见本韵部的唇音字含有 u 介音。

(8) 关韵部有唇音字"班、攀、蛮、板、扮、盼、慢"等。本韵部其他字都是合口字，如"关、顽、还、弯、晚"；跟本韵部相对的开口呼是干韵部，如"干、看、丹、滩、坛、难、赞、餐、残、散、寒、安、兰"。"班、攀、蛮"等不列入干韵部，而列入本韵部，可见本韵部的唇音字含有 u 介音。

以上现象中的第(1)(4)(6)(7)条跟我 1994 年论文的结论正相符合，而第

(5)(8)条尚待进一步研究。

《韵法直图》是对传统的等韵观念和韵图体例进行大胆改革的一种韵图,梅膺祚在序言中称赞此图"出自天然,无容思索","学者按图诵之,庶音韵著明,一启口即知,而通摄之法可置之矣",并指出阅读此图时,"读韵须汉音,若任乡语,便致差错"。可见此图记录的乃是当时共同语的实际语音,其唇音字的合口介音大致应属可信。

第三个材料是明代方以智的《通雅·切韵声原》(1628—1644)。《切韵声原》中跟唇音字合口介音有关的现象有:

(1) 第三图合口呼有唇音字"杯、背、培、配、梅、美、妹"等,这些唇音字跟合口字"规、亏、巍、辉、堆、推、醉、催、追、吹"等排列在一起,可见唇音字"杯、背、培"等含有 u 介音。

(2) 第四图合口呼有唇音字"摆、拜、排、派、埋、买、迈"等,这些唇音字跟合口字"乖、快、外、灰"等排列在一起。本图开口呼有"该、开、哀、孩、歹、台、来、哉、猜"等字,"摆、拜、排"等不列入开口呼,而列入合口呼,可见它们含有 u 介音。

(3) 第五图合口呼有唇音字"奔、本、笨、喷、盆、门、懑、闷"等,这些唇音字跟合口字"衮、坤、温、昏、敦、吞、尊、村、孙"等排列在一起。本图开口呼有"根、恳、恩、痕"等字,"奔、本、笨"等不列入开口呼,而列入合口呼,可见它们含有 u 介音。

(4) 第六图合口呼有唇音字"搬、半、潘、盘、畔、满、幔"等,这些唇音字跟合口字"官、宽、完、欢、端、团、暖、栾"等排列在一起。本图开口呼有"干、看、安、寒、丹、滩、难"等字,"搬、半、潘"等不列入开口呼,而列入合口呼,可见它们含有 u 介音。

(5) 第七图合口呼有唇音字"班、扮、攀、盼、蛮、慢"等,这些唇音字跟合口字"关、弯、还、万、拴"等排列在一起。本图开口呼有"干、刊"等,"班、扮、攀"等不列入开口呼,而列入合口呼,可见它们含有 u 介音。

(6) 第九图合口呼有唇音字"波、播、坡、婆、颇、破、摩、魔、么、磨"等,这些唇音字跟合口字"果、我、火、多、拖、懦、骡"等排列在一起。本图开口呼有"歌、轲、何"等字,"波、播、坡"等不列入开口呼,而列入合口呼,可见它们含有 u 介音。

(7) 第十图合口呼有唇音字"巴、把、罢、爬、怕、麻、马、骂"等,这些唇音字跟合口字"瓜、夸、娲、花"等排列在一起,可见它们含有 u 介音。

以上现象中的第(1)(3)(4)(6)条跟我 1994 年论文的结论正相符合,而第(2)(5)(7)条尚待进一步研究。

《切韵声原》并不将所有的唇音字都列入合口呼,如第十一图唇音字"帮、榜、滂、胖、茫、莽"等就列在开口呼,跟开口字"冈、康、昂、杭、当、汤"等排列在一起,而不跟合口呼"光、匡、汪"等排列在一起。这一点也说明方氏在排列唇音字时,并没有沿用传统某些韵书、韵图把唇音字一律归入合口的做法。方氏编写《切韵声原》的目的在于用新法改革旧法,并在韵图前言"新谱"中说:"今谱则天唱地和,分类辩之,特合真文、庚青一韵,而指其各母之异状焉。大略皆有粗细二状,而见溪疑晓则有四状,舌齿之合,约为彻穿,来随泥后,日随禅后,皆自然不可强之序也。"可见方氏此书仍强调自然之音,应与实际语音比较接近,其所记唇音合口现象大致可信。

第四个材料是清代吴烺的《五声反切正均》(1763①)。《五声反切正均》中跟唇音字合口介音有关的现象有:

(1) 第八图有唇音字"碑、陪、梅、美、被、配、妹"。本韵部其他字都是合口字,如"归、亏、威、堆、推、追、吹、辉"等,可见本韵部的唇音字含有 u 介音。

(2) 第十九图有唇音字"搬、潘、瞒、满、半、畔"。本韵部其他字都是合口字,如"关、宽、端、钻、酸、专、穿、欢"等;跟本韵部相对的开口呼是第十八图,如"干、堪、安、单、滩、簪、参、三"。"搬、潘、瞒"等不列入第十八图,而列入第十九图,可见本韵部的唇音字含有 u 介音。

(3) 第二十五图有唇音字"波、坡、摩、婆、磨、簸、颇、么、播、破"。本韵部其他字都是合口字,如"锅、多、拖、磋、果、我、火"等;跟本韵部相对的开口呼是第二十四图,如"歌、苛、呵、个、和"。"波、坡、摩"等不列入第二十四图,而列入第二十五图,可见本韵部的唇音字含有 u 介音。

以上现象跟我 1994 年论文中的结论正相符合。

---

① 吴烺《五声反切正均》一书的著作年代,一般只说刊于乾隆年间。今查此书程名世序言的落款是"乾隆昭阳协洽且月",据《尔雅·释天》"太岁……在癸曰昭阳,……在未曰协洽",可确认此书刊于癸未年,即乾隆二十八年(1763)。

一般认为,此书所记的是南京官话语音,吴氏自己也说:"烺所列之五声目次皆一本天籁也","图中所填之字,就一时之记忆,不过举此以示例耳,非一定而不可移者也"。可见书中所记唇音字的合口介音大致可信。同时,图中有相当数量的唇音字并不跟合口字排列在一起,如第三图有唇音字"邦、旁、茫、榜、莽、谤",跟开口字"冈、康、当、汤、臧、仓、张、商"等排列在一起,第十二图有唇音字"杯、丕、排、埋、摆、买、拜、派、卖、白、迫、麦",跟开口字"该、开、哀、台、哉、猜、腮、乃"等排列在一起,第十四图有唇音字"奔、喷、扪、盆、门、本、笨、闷"等,跟开口字"根、铿、恩、登、吞、曾、撑、森、真"等排列在一起,第十八图有唇音字"班、攀、盘、蛮、板、办、盼、慢"等,跟开口字"干、堪、安、单、滩、簪、参、三"等排列在一起,第二十四图有唇音字"薄、泼、莫",跟开口字"歌、苛、和、个"等排列在一起。这一点可以说明吴氏在排列唇音字时,并没有沿用传统某些韵书、韵图把唇音字一律归入合口的做法。

第五个材料是清代裕恩的《音韵逢源》(1840)。《音韵逢源》中跟唇音字合口介音有关的现象有:

(1)丑部乾一图有唇音字"般、搬、板、版、半、绊、伴、潘、判、叛、畔、盘、蟠、满、慢、漫"等。本韵部其他字都是合口字,如"官、关、宽、端、钻、酸、专、穿、欢",其音值当是 uan(满文对音是 ɔn)。跟本韵部相对的开口呼是丑部坎二图,如"干、堪、丹、滩、簪、参、三"等,其音值当是 an(满文对音是 an)。"般、搬、板"等不列入丑部坎二图,而列入丑部乾一图,可见本韵部的唇音字含有 u 介音。

(2)卯部乾一图有唇音字"奔、本、畚、坌、笨、喷、盆、们、闷、门"等。本韵部其他字都是合口字,如"昆、坤、敦、吞、尊、村、孙、谆、春、昏"等,其音值当是 uən(满文对音是 un)。跟本韵部相对的开口呼是卯部坎二图,如"根、森、真、申、恩",其音值当是 ən(满文对音是 ən)。"奔、本、畚"等不列入卯部坎二图,而列入卯部乾一图,可见本韵部的唇音字含有 u 介音。

(3)巳部乾一图有唇音字"败、稗、惫、派、湃、迈"等。本韵部其他字都是合口字,如"乖、跬、揣、衰、怀、歪"等,其音值当是 uai(满文对音是 ɔi)。跟本韵部相对的开口呼是巳部坎二图,如"该、开、歹、胎、哉、猜"等,其音值当是 ai(满文对音是 ai)。"败、稗、惫"等不列入巳部坎二图,而列入巳部乾一图,可见本韵部的唇音字含有 u 介音。

(4)未部乾一图有唇音字"杯、背、辈、蓓、配、佩、陪、裴、培、倍、每、妹、枚、媒、煤、梅、霉"等。本韵部其他字都是合口字,如"规、亏、堆、推、嘴、崔、虽、追"等,其音值当是 uei(满文对音是 ui)。跟本韵部相对的开口呼是未部坎二图,如"给、德、飞、勒、泪"等,其音值当是 ei(满文对音是 ei)。"杯、背、辈"等不列入未部坎二图,而列入未部乾一图,可见本韵部的唇音字含有 u 介音。

(5)申部乾一图有唇音字"波、菠、拨、钵、簸、跛、播、博、薄、箔、勃、坡、颇、泼、叵、破、婆、摸、抹、磨、莫、漠、么"等。本韵部其他字都是合口字,如"锅、我、多、拖、糯、左、搓、梭"等,其音值当是 uo(满文对音是 ə)。跟本韵部相对的开口呼是申部坎二图,如"歌、珂、忒、仄、策、车、赊、贺"等,其音值当是 o(满文对音是 ə)。"波、菠、拨"等不列入申部坎二图,而列入申部乾一图,可见本韵部唇音字含有 u 介音。

以上现象中的第(1)(2)(4)(5)条,跟我 1994 年论文的结论正相符合,而第(3)条尚待研究。

《音韵逢源》是一部作为"传声射字"、"音韵之游戏"的作品,其所记语音当符合当时实际语音。同时,书中所记唇音字也并非全都置于合口图中,如子部坎二图有唇音字"邦、帮、榜、绑、谤、傍、棒、滂、旁、庞、胖、蟒、莽、芒"等,跟开口字"刚、康、当、汤、臧、仓"等排列在一起,丑部坎二图有唇音字"班、扮、颁、办、攀、盼"等,跟开口字"干、堪、丹、滩、簪、餐、三"等排列在一起,巳部坎二图有唇音字"摆、百、柏、伯、白、拍、排、牌、买、卖、麦、埋"等,跟开口字"该、开、歹、胎、哉、猜、腮、斋"等排列在一起,未部坎二图有唇音字"碑、卑、悲、北、贝、倍、臂、被、婢、备、丕、披、沛、辔、邳、美、寐、媚、眉"等,跟开口字"给、德、飞、勒、泪"排列在一起,申部坎二图有唇音字"迫、伯、百、柏、白、北、魄、拍、陌、麦、默"等,跟开口字"歌、珂、忒、仄、策、车、赊、贺"等排列在一起,亥部坎二图有唇音字"巴、八、把、霸、爸、拔、葩、怕、爬、嘛、妈、马、骂、蟆"等,跟开口字"答、那、咂、萨、查、叉、沙、拉"等排列在一起。由此可知,裕恩在排列唇音字时,也没有沿用传统某些韵书、韵图把唇音字一律归入合口的做法。

最后一个材料是京剧字音。据徐慕云、黄家衡编著的《京剧字音》一书,言前辙的唇音字"般、搬、瘢、潘、番、盘、蟠、瞒、馒、满、半、伴、判、叛、慢、幔"等读作 uan 韵,而唇音字"班、颁、攀、蛮、板、扮、办、盼"等则读作 an 韵。

三、余论

以上我们列出了《交泰韵》、《韵法直图》、《切韵声原》、《五声反切正均》、《音韵逢源》和京剧字音等材料中唇音字含有 u 介音的情况,不难发现,《中原音韵》齐微、真文、歌戈和桓欢四个韵部的唇音字在上述材料中表现得相当一致。如桓欢韵的唇音字"般、搬、半、伴、判、叛、畔、盘、潘、蟠、满、慢、漫"等,在上述材料中几乎全部出现在合口呼中,又如真文韵的唇音字"奔、盆、门、本、喷、坌、闷"等,几乎全部出现在《交泰韵》、《韵法直图》、《切韵声原》和《音韵逢源》的合口呼中。由此可见,《中原音韵》齐微、真文、歌戈和桓欢四个韵部的唇音字在近代相当长的时期中含有 u 介音是完全确凿的事实。

  同时,我们可以发现,桓欢韵的唇音合口字已经不出现在现代汉语普通话中,齐微韵的唇音合口字已经不出现在京剧字音和现代汉语普通话中,真文韵的唇音合口字已经不出现在《五声反切正均》、京剧字音和现代汉语普通话中,这就是说,近代汉语唇音字的合口介音 u 是逐步逐步地消失的,就齐微、真文、歌戈和桓欢四个韵部来说,真文韵最早,齐微韵次之,桓欢韵再次之,而歌戈韵的唇音合口介音则直到现代汉语普通话中依然存在。

  说到这里,我们应该来讨论《中原音韵》寒山韵部的唇音字。寒山韵的唇音字,王力、杨耐思和李新魁先生都放在开口呼中(宁继福先生则放在合口呼中),从《蒙古字韵》、《四声通解》所引《洪武正韵译训》、《古今韵会举要》,以及现代汉语方言看,这些字也都没有合口成分,但是《交泰韵》和《韵法直图》则放在合口呼中,这个现象怎么解释?其实寒山韵的唇音字"班、攀、蛮、板、扮、盼、慢"等原来都是二等字,联系到上文笔者不能很好解释的许多现象,包括《交泰韵》的第(3)(4)(7)条、《韵法直图》的第(5)(8)条、《切韵声原》的第(2)(5)(7)条和《音韵逢源》的第(3)条,如唇音字"摆、拜、败、稗、悫、派、湃、迈、爬、把、霸、葩、怕"等都是二等字。上古汉语二等字有 r 介音,郑张尚芳和潘悟云先生认为,从上古到中古直到现代这个 r 介音经过了这样的演变过程:r＞ɣ＞ɰ＞i＞i,并且指出现代广西伶话"爬"读 bia,"埋"读 mia,"八"读 pia,浙江遂昌方言"拍"读 pʻiaʔ,"百"读 piaʔ,浦江方言"麻"读 mia,武义方言"马"读 mua,乐清方言"八"读 pɯa,"马"读 mɯa。不圆唇后元音 ɯ 听起来很像圆唇元音 u,我怀疑上述二等唇音字正是由于这个ɯ 介音的缘故而被置于合口呼之中,而由于这个 ɯ 介音又很容易消失,所以后来的韵图就没有把这些二等唇音字放到合口呼中。

  最后,我们还可以讨论一下《中原音韵》庚青韵部的唇音字。我在 1994 年论文中,认为《中原音韵》"崩、烹、横"等二十九个字在庚青韵和东锺韵的重出是文白异读现象,现在我们可以看到,在《韵法直图》中,唇音字"崩、烹、彭、盲、猛、孟"等在觥韵部和庚韵部重出,同样是文白异读的现象。《中原音韵》"崩、烹、横"等字在东锺韵的重出,曾经很受明清时候音韵学家和词曲家们的批评。如明代桑绍良《青郊杂著·青郊韵说》云:"周德清当戎狄乱华之日,壬生江右,憝广闽之语,戾中土之音,著为《中原音韵》,期以南北大同。一时词林巨擘,莫不靡然从风,取以为的。然学不充志,思未研几,倚于偏见,畔道益远。……盖其合江阳也,矫敝而不知过者也;不合元寒删先等者,席旧而不知非者也。又况分'横、朋'等两用之于东,取'凡、範'等径属之于寒,尤义之不通者。"明代王骥德《曲律·论韵》云:"盖周之为韵,其功不在于合而在于分,而分之中犹有未尽然者。如江阳之于邦王、齐微之于归回、鱼居之于模吴、真亲之于文门、先天之于鹃元,试细呼之,殊自径庭,皆所宜更析。而其合之不经者,平声如'肱、薨、兄、崩、烹、盲、弘、鹏',旧属庚青蒸三韵,而今两收东锺韵中。"其实,"崩、烹、横"等字读入东锺韵乃是元明时代的北京口语音,明代袁子让《字学元元》卷七"世俗误读之谬"云:"'彭、朋',庚青韵,……今误作'蓬'。'甍、猛、孟'三音,……今误作'蒙、蠓、梦'。"①沈宠绥《度曲须知·宗韵商疑》云:"至于'浮'之叶'扶',与'崩、横'诸字之收入东锺韵者,皆北音也。"与此同时,当时的北京读书音"崩、烹、横"等字则依然读入庚青韵,如《音韵逢源》这些字不归入寅部乾一图中,而归入寅部坎二图中,即不读合口呼 uŋ 音,而读开口呼 əŋ 音,又如清代夏鸾翔《南北方音》"萌、氓"字下注云:"北音概读梅宏切,在南音'门、蒙'之间。""猛、蜢"字下注云:"南音读如'懵',北音母永切,在南音'懑、懵'之间。"②这种读书音是符合传统的正音的,也就是王骥德等人主张的《洪武正韵》的语音。由此可见,《中原音韵》"崩、烹、横"等字在庚青韵和东锺韵重出,确实分别是读书音和口语音,这种读书音和口语音也就是文白异读的现象。

参考文献

金基石　1999　近代汉语唇音合口问题与朝鲜对音文献的谚文注音,延边大学学报,第 2 期
潘悟云　2000　汉语历史音韵学,上海教育出版社
徐慕云、黄家衡　1980　京剧字音(第 3 版),上海文艺出版社
杨剑桥　1994　近代汉语的唇音合口问题,语言研究,增刊
郑张尚芳　1987　上古韵母系统和四等、介音、声调的发源问题,温州师范学院学报,第 4 期

---

① 有意思的是,现代北京口语中"猛、孟"仍有读东锺韵,即 uŋ 的。
② 此例转引自郭力《近代后期北京话的两种音变》(《语言研究》1994 年增刊)。

附录六

从成语"箪食壶浆"的读音说起

互联网上很多人在讨论"箪食壶浆"这一成语,例如有网友说:"成语'箪食壶浆'的'食'在《现代汉语词典》中读 sì,我觉得好疑惑。比如在《孟子·鱼我所欲也》'一箪食,一豆羹'和白居易《观刈麦》'妇姑荷箪食,童稚携壶浆'中,'食'是名词性质,应该读作 shí,可是课文注音却是 sì。大家都知道,'食'读 sì 时,是动词'给……吃'、'喂……吃'之意,而当作名词食物义讲时,应该读 shí。'箪食壶浆'中的'食'难道不是名词吗?如果是动词,那'浆'字作动词有没有不同的读音呢?请各位高人不吝赐教!"也有网友说:"《现代汉语词典》上确实是读 sì,'食'应该是'给(军队)吃'的意思。"这里讨论的焦点是:"箪食壶浆"的"食"为什么读 sì?

确实,许多辞典都说这个字读 sì,例如《现代汉语词典》(修订本)"箪食壶浆"的注音是 dānsìhújiāng,《辞海》(1999 版)"箪食壶浆"条特别注明"食"音 sì,《新华字典》(修订重排本)"箪"字下说:"箪食(sì)壶浆。"《中国成语大辞典》"箪食壶浆"条和"箪食瓢饮"条中的"食"都音 sì。但是《辞海》"食"字下的释义却是:

(一) shí ①吃。《国策·齐策四》:"食无鱼。"②食物。如:饭食;丰衣足食……③俸禄。《论语·卫灵公》:"君子谋道不谋食。"④吞没。见"食言"。⑤接受。……⑥通"蚀"。……

(二) sì 通'饲'。给人吃,喂食。……

(三) yì 用于人名。如汉代的郦食其、审食其。

《辞源》"食"字下的释义是:

1. shí ①食物。《书·益稷》:"暨稷播,奏庶艰食鲜食。"……②吃。《论语·学而》："君子食无求饱，居无求安，……就有道而正焉，可谓好学也已。"
③禄。……④受纳。……⑤日月亏蚀。……⑥惑。……

2. sì⑦以食与人。亦作"飤"、"饲"。《诗·小雅·绵蛮》："饮之食之，教之诲之。"……

3. yì⑧用于人名。汉有郦食其、审食其、赵食其。……

《现代汉语词典》"食"字下的释义也大致如此。既然如此，从字面上看"箪食壶浆"的"食"只有"食物"一义配得上，那么"食"字应该读 shí 呀，为什么读 sì 呢？

于是有老师出来解释说："《孟子·梁惠王上》：'箪食壶浆，以迎王师。'这里实际上是及物动词的使动用法，说全了应该是百姓用箪装着饭来给您的队伍吃。所以'食'字要读破。正如《战国策》'虎求百兽而食之'读 shí，而《论语》'杀鸡为黍而食之'读 sì 一样。"但是有的网友很聪明，马上质疑说："那么《孟子·告子上》中'一箪食，一豆羹'中的'食'总应该是名词吧，为什么也读 sì 呢？"

于是又有人解释说："箪食是指用篮子盛食物，壶浆是指用壶盛羹汤。'食'和'浆'都是名词，这个成语的正确读音应该是 dānshíhújiāng。大概因为朱熹说要读 sì，所以人们就采取这种读音了。"

那么这里真正的原因究竟是什么呢？

原来，古汉语中"食"字的主要意义有：①吃；②使动用法，使……吃；③饭；④粮食；⑤用作人名，如郦食其。根据清代段玉裁、当代王力先生"古无去声"的理论，这里前四个意义，最早都读入声（即宋跋本《王韵》和《广韵》的"乘力切"），发展到现代普通话读 shí；后来意义②、③改读去声（即《集韵》的"祥吏切"），发展到现代普通话读 sì，意义⑤发展为现代普通话的 yì。①王力《古代汉语》课文《晋

---

① 宋跋本《王韵》"食"字只收有一个读音，其职韵"乘力反"下云："进饭。"《广韵》"食"字只收有两个读音，其职韵"乘力切"下云："饮食。《大戴礼》曰：食谷者智惠而巧。《古史考》曰：古者茹毛饮血，燧人钻火，而人始裹肉而燔之，曰炮。及神农时人方食谷，加米于烧石之上而食之。及黄帝始有釜甑，火食之道成矣。又戏名，博属。又用也，伪也。亦姓。《风俗通》云：汉有博士食子公，河内人。"其志韵"羊吏切"下云："人名。汉有郦食其。又音蚀。""又音蚀"指的就是"乘力切"。由此可见，宋跋本《王韵》"食"字的音和义均不全。而《广韵》"乘力切"这个音项所收的义项应该是：①吃（即饮食）；②博戏名；③用；④伪；⑤姓。值得重视的是，从词义上来说，《广韵》"食"字失收了使动义、饭义、粮食义，从音项来说，则《广韵》"食"字失收了"祥吏切"（邪母志韵）一读。宋跋本《王韵》志韵"辞吏反"收有"飤"字，释为"食也"，《广韵》志韵沿用此释，不过反切改成了"祥吏切"，并在"飤"字下加了一个异体"饲"。这里"辞吏反"和"祥吏切"的"飤"其实就是使动用法的"食"，不过即使如此，《王韵》和《广韵》的"食"字还是在"祥吏切"下失收了饭义，在"乘力切"下失收了粮食义。

灵公不君》把"而为之箪食与肉,置诸橐"翻译为:"并且给他预备一筐饭和肉⋯⋯筐,盛饭用的竹筐。食(sì),饭。"由此可见,"箪食壶浆"的准确意思是用竹篮盛饭,用壶盛饮料,那么"食"当然应该读 sì。

这样,我们再来看朱熹的解释就清楚了。(1)《孟子·梁惠王上》:"不违农时,谷不可胜食也;数罟不入洿池,鱼鳖不可胜食也。""食"义为吃,朱熹不注音,表示读其本音"乘力切"(shí)。(2)《孟子·滕文公下》:"其志将以求食也,则子食之乎?"朱熹注:"'子食'之'食',亦音嗣。"前一个"食",义为食物,不注音;后一个"食"用作使动,注去声(即祥吏切 sì)。(3)《孟子·告子上》:"一箪食,一豆羹,得之则生,弗得则死。"朱熹注:"食,音嗣。""食"义为饭,注去声(即祥吏切 sì)。(4)《孟子·梁惠王上》:"狗彘食人食而不知检,涂有饿莩而不知发。"朱熹不注音。前一个"食"义为吃,读其本音;后一个"食"义为粮食,也读本音,所以不注音。

其实,作"饭"讲的"食"读 sì 并不始于朱熹,更早一些唐代陆德明《经典释文》就已经如此了。《论语·雍也》:"一箪食,一瓢饮,在陋巷。"《释文》:"食,音嗣。"《论语·乡党》:"食不厌精,脍不厌细。"《释文》:"食不,音嗣。饭也。"《庄子·列御寇》:"夫浆人特为食羹之货,无多余之赢,其为利也薄。"(那卖浆人只是做些米饭羹汤的买卖,没有很多赢利,所得利润很薄)《释文》:"为食,音嗣。"在《礼记·檀弓下》中有一段故事:

> 悼公之丧,季昭子问于孟敬子曰:"为君何食?"敬子曰:"食粥,天下之达礼也。吾三臣者之不能居公室也,四方莫不闻矣。勉而为瘠,则吾能,毋乃使人疑夫不以情居瘠者乎哉? 我则食食。"

这是说鲁悼公死了,季昭子问孟敬子说:"为国君服丧的时候,吃什么?"孟敬子回答:"吃粥是天下的通礼。但是我们三个做臣子的不肯以臣礼服侍国君,这是大家都知道的;如果勉强节食而使身体瘦瘠,岂非让人们怀疑我们不是出于真情吗? 我还是吃饭吧!"这最后一句"我则食食",陆德明《释文》注:"食食,上如字,下音嗣。"就是说前一个"食"字读其本音"乘力切"shí,后一个"食"字读"祥吏切"sì,而在故事中,"食"和"粥"对举,可见古代"食"字确有"饭"的意思,而且故事中"食食"连用,而古人能明确加以分辨,也可见"祥吏切"sì 一读的来源最早可以追溯到春秋时代。

这样看来,"箪食壶浆"的"食"读为 sì 已经有很久的历史了,而且古籍中的用例不少,只是现代辞书大多不载"食"字的饭义,所以一般人就生出许多误解来了。当然,从约定俗成的角度来说,既然现在大多数人都已经不知道这个读音,那么把"箪食壶浆"读成 dānshíhújiāng,并且也没有在理解和交际上造成大的偏差,我们实在也不必斤斤计较。不过从汉语史研究的角度看,"箪食壶浆"这一个案却提出了一个很重要的问题,那就是古代还有多少字音和字义被我们遗忘了,误解了?这种音义反映了上古汉语中的什么现象?

我们认为,古籍中像"箪食壶浆"这样的例子实在不少,它们可能反映古代汉语的一种屈折形态。例如"观",《广韵》古丸切(见母桓韵平声,发展为现代普通话 guān):"视也。又音灌。"古玩切(见母换韵去声,发展为现代普通话 guàn):"楼观。《释名》曰:观者,于上观望也。《说文》曰:谛视也。《尔雅》曰:观谓之阙。亦姓,《左传》:楚有观起。又音官。"这里"古丸切"(guān)一读义为"观看","古玩切"(guàn)一读义为:①楼观;②谛视;③姓。所谓"谛视",《说文解字》"观"字下段玉裁注:"凡以我谛视物曰观,使人得以谛视我亦曰观。犹之以我见人、使人见我皆曰视。"也就是说,"古玩切"(guàn)不但有楼观义、姓氏义,而且有使动用法,义为"使……观看"。考之古籍,《论语·阳货》:"诗可以兴,可以观。"何晏《集解》:"郑曰:观风俗之盛衰。"陆德明《释文》:"观,如字,注同。"这是平声观看义。而《左传·昭公五年》:"楚子遂观兵于坻箕之山。"杜预注:"观,示也。"《释文》:"观,旧音官。读《尔雅》者皆音官唤反,注同。"这是去声"使……观看"义,表示使动。但是"观"的使动用法现代学人已有所不知,如司马迁《报任安书》:"身虽陷败,彼观其意,且欲得其当而报于汉。"某《古代汉语》教材注:"彼,指匈奴。"也有人说"观其意"是插入语,即原文当标点为"彼,观其意,且欲……",发出"观其意"动作的是文章作者。以上两解均系不知"观"的使动用法而致误。

又如"使",《广韵》疎士切(生母止韵上声,发展为现代普通话 shǐ):"役也,令也。又疎事切。"疎吏切(生母志韵去声,发展为现代普通话 shì):"又色里切。"这里《广韵》虽然记录了上、去两读,上声一读是使令义,但是去声一读的释义却付之阙如,大概作者已经不知道了。考之古籍,《礼记·曲礼下》:"君使士射。"《释文》:"使,音史。"这是上声使令义。又《论语·子路》:"诵诗三百,授之以政,不达;使于四方,不能专对。虽多,亦奚以为?"陆德明《释文》:"使于,所吏反。"又《礼记·杂记下》:"使者将命曰:'寡君不敏,不能从而事社稷宗庙,使使臣某敢告于执事。'"陆德明《释文》:"使者,所吏反。下使臣、使者同。"从上下文看,"使于四方"、"使者"和"使臣"之"使"不可能是使令义,应是"被……使令",所以去声"疎吏切"(shì)一读当是被动用法。由被动用法引申,上古读作去声的"使"字又用来表示名词"使者"义。如《左传·隐公九年》："公怒绝宋使。"陆德明《释文》："宋使,色吏反。"《论语·宪问》有一个故事:"蘧伯玉使人于孔子。孔子与之坐而问焉,曰:'夫子何为?'对曰:'夫子欲寡其过而未能也。'使者出。子曰:'使乎!使乎!'"(蘧伯玉派人到孔子那儿去,孔子向来人打听蘧老先生最近在做什么。使者说蘧老先生想减少过错但还没能实现。使者走后,孔子连连称赞说:"好使者啊!好使者啊!")对于这一段故事,陆德明《释文》注:"使者,所吏反,下及注同。""使人"的"使"未注音,当读如本音,"使者"和"使乎"的"使"都读去声,这虽然是唐代的注音,但是看来在孔老夫子的口中,"使"字就已经具有上、去两读,不然他单说一个"使"字就很难让人明白。

又如"采",《广韵》仓宰切(清母海韵上声,发展为现代普通话 cǎi):"事也,又取也,亦姓。"《集韵》除了清母海韵上声一读(反切改为"此宰切")以外,另有仓代切(清母代韵去声,发展为现代普通话 cài)一读,义为"臣食邑"。这就是说,"采"的仓宰切(cǎi)一读义为:①事业;②摘取;③姓。仓代切(cài)一读则义为"食邑"。考之古籍,《诗经·周南·关雎》:"参差荇菜,左右采之。窈窕淑女,琴瑟友之。""采、友"为韵。又《诗经·周南·芣苢》:"采采芣苢,薄言采之。采采芣苢,薄言有之。""苢、采、苢、有"为韵。又《诗经·秦风·蒹葭》:"蒹葭采采,白露未已。所谓伊人,在水之涘。遡洄从之,道阻且右。遡游从之,宛在水中沚。""采、已、涘、右、沚"为韵。以上"采"字全与上声字押韵,可见"采"的本音为上声。同时,《周礼·天官·大宰》:"以八则治都鄙。"郑玄注:"都鄙,公卿大夫之采邑。"《释文》:"采,音菜。"这是食邑义,读去声。那么去声的"采"表现了一种什么语法意义呢?《公羊传·襄公十五年》:"以邑氏也。"何休注:"诸侯入为天子大夫,不得氏国称本爵,故以所受采邑氏称子。所谓采者,不得有其土地人民,采取其租税尔。"因此我们认为,所谓"采邑"就是被采取赋税的地方,所以去声的"采"乃是被动用法。

又如"离",《广韵》吕支切(来母支韵平声,发展为现代普通话 lí):"近曰离,远曰别。《说文》曰:离黄,仓庚,鸣则蚕生。今用鹂为鹂黄,借离为离别也。又姓,孟轲门人有离娄。"又力智切(来母寘韵去声,发展为现代普通话 lì):"去也。又力知切。"又郎计切(来母霁韵去声,发展为现代普通话 lì):"《汉书》云:附离,著也。"这里吕支切(lí)一读义为:①离开;②鸟名;③姓。力智切(lì)一读义为离去。郎计切(lì)一读义为附著,"附离"现在写作"附丽"。在"离开"、"离去"义上,《广韵》虽然记录了平去两读,但是两者的语义区别并不明显。考之古籍,《庄子·马蹄》:"道德不废,安取仁义? 性情不离,安用礼乐?"(如果大道不废弃,哪里还用得着仁义？如果人的本性不离失，哪里还用得着礼乐？)陆德明《释文》："性情不离，如字，别离也。"这是离开义，读作平声。又《礼记·檀弓上》："吾过矣！吾过矣！吾离群而索居，亦已久矣！"陆德明《释文》："离群，群，朋友也。上音罥。"又《礼记·曲礼上》："君子问更端，则起而对。"郑玄注："离席对，敬异事也。"《释文》："离，力智反。"又《礼记·学记》："安其学而亲其师，乐其友而信其道，是以虽离师辅而不反。"《释文》："离，力智反。"从这些例子来看，读作去声的"离"应该是表示动作完全完成，动作过程已经结束，"离群而索居"是完全离开了群体，"离席对"也是完全离开了坐席，"离师辅"也是指完全离开师友而独居一处。这是古人意念当中的一种特殊的完成体，有人称之为既事体，它与平声"离"字的离开义不同，平声的离开还处在动作过程中，或者是分开的距离相当近。《庄子·外物》："任公子得若鱼，离而腊之，自制河以东，苍梧已北，莫不厌若鱼者。"（任国公子钓到这条鱼，剖开而做成鱼干，从浙江以东到苍梧以北，没有不饱食这条鱼的。）这里，陆德明《释文》未替"离"字注音，表明是读本音，原因就是这个"离"并不是完全分离。这种完成体也可以用否定副词修饰，《礼记·曲礼上》："鹦鹉能言，不离飞鸟；猩猩能言，不离禽兽。"《释文》："不离，力智反。""不离飞鸟"、"不离禽兽"是说在分类的意义上不完全与鸟类、兽类不同。

又如"过"，《广韵》古禾切（见母戈韵平声，发展为现代普通话 guō）："经也。又过所也。《释名》曰：过所至关津以示之也。或曰：传，过也，移所在识以为信也。亦姓，《风俗通》云：过国，夏诸侯，后因为氏，汉有兖州刺史过栩。"古卧切（见母过韵去声，发展为现代普通话 guò）："误也，越也，责也，度也。"这里除了姓氏义、过所义以外，①《广韵》所记平声古禾切和去声古卧切两读之间在语义上的区别并不明显。"过"，《集韵》古禾切（guō）："《说文》：度也。亦姓。"古卧切（guò）："越也。"《洪武正韵》戈韵云："经过之过则从平声，超过之过、过失之过并从去声。"可见，《集韵》和《洪武正韵》认为"过"字平声义为"经过"，去声义为"超过"。不过，我们的看法"过"字跟上面"离"字的用法是相似的，即"过"确实意为"经过"，但平声是指在动作过程中，去声则是指动作完全完成，所以去声应该是完成体。考之古

---

① 《广韵》的意思是"过"有"过所"义。所谓"过所"，就是"传"、"信"，就是今人所谓符信。王先谦《释名疏证补》卷六"传，转也，转移所在执以为信也。亦曰过所，过所至关津以示之也"条引毕沅疏证："《汉书·文帝纪》：'十二年三月除关无用传。'张晏曰：'传，信也，若今过所也。'郑注《周礼·司关》云：'传，如今移过所文书。'然则，汉时谓传为'过所'。此条'过所至关津以示之也'九字今本误脱在后'示，示也'之下。《御览》引作'过所至关津以示，或曰传，转也，移转所在识为信也'，亦未是。盖《御览》以'过所'为目，故改其文以迁就之耳。今称'过所'之文附于'传'，增'亦曰过所'四字，庶文义允惬矣。"

籍,《左传·庄公十年》:"齐侯之出也,过谭,谭不礼焉。"(齐侯逃亡在外的时候,经过谭国,谭国未给礼遇。)《释文》:"过谭,古禾反。"谭国未给礼遇,应是齐侯经过谭国而未出谭国国境之时,所以"过"字读平声。又《左传·襄公二十二年》:"臧武仲如晋,雨,过御叔。御叔在其邑,将饮酒,曰:'焉用圣人?我将饮酒,而已雨行,何以圣为!'"(臧武仲料事如神,人称"聪明人",他出使前往晋国,遇雨而过访御叔。御叔正准备喝酒,说:"哪里用得着聪明人?下雨了,我将喝酒,他却冒雨出行,哪里聪明啊!")《释文》:"雨过,古禾反。"这里臧武仲过访御叔跟御叔准备喝酒是同时的事情,过访还没有完成,所以"过"字读平声。又《礼记·乐记》:"桑间濮上之音,亡国之音也。"郑玄注:"昔殷纣使师延作靡靡之乐,已而自沈于濮水。后师涓过焉,夜闻而写之,为晋平公鼓之,是之谓也。"这里"师涓过焉"是说师涓经过濮上,但并未越过、离开濮上,所以可以"夜闻而写之",所以郑注的"过"当读平声,陆德明《释文》未注音,意谓读其本音平声。又《礼记·曲礼上》:"主人先登,客从之,拾级聚足,连步以上。"郑玄注:"连步,谓足相随,不相过也。"《释文》:"相过,古卧反。"所谓"连步",即"足相随",是说前脚跨出一步,后脚跟上但不越过前脚。而"足相过"则是说前脚跨出一步,然后后脚迈过前脚跨出一步,所以"过"字应读去声。又《礼记·学记》:"时过然后学,则勤苦而难成。"《释文》:"时过,姑卧反。"这个"过"确实是完全过去了,如果正在经过,则勤苦还是可成的。

又如"风",《广韵》方戎切(非母东韵平声,发展为现代普通话 fēng):"教也,佚也,告也,声也。河图曰:风者天地之使。《元命包》曰:阴阳怒而为风。"方凤切(非母送韵去声,发展为现代普通话 fèng):"上同,见《诗》。""上同"指同"讽",而"讽"义为"讽刺"(委婉、含蓄地劝谏)。《集韵》方冯切(fēng):"《说文》:八风也,风动虫生,故虫八日而化。一曰:讽也。又姓。"方凤切(fèng):"《说文》:诵也。一曰:谏刺。"看来,除了风云之风和姓氏两个义项以外,宋代人已经不知道"风"字平去两读的确切含义了。① 考之古籍,《诗经·周南·关雎》序:"关雎,后妃之德也,风之始也,所以风天下而正夫妇也。"陆德明《释文》:"风之始也,此风谓十五国风,风是诸侯政教也。下云'所以风天下',《论语》云'君子之德风',并是此义。所以风,如字,徐福凤反,今不用。"又:"上以风化下,下以风刺上。"《释文》:"下以风,福凤反。"由此可见,从上面风化、风教下面,这个"风"是如字,即读平声(fēng),从下面讽喻、讽谏上面,这个"风"是福凤反,即读去声(fèng),从语法上

---

① 宋跋本《王韵》"风"字只有平声一读,且无释义;去声"讽"字也只简单地释为"谏"。则王仁昫的认识水平与宋人差不多。

说,去声表示的是敬语。《礼记·曲礼上》:"尊客之前不叱狗。"郑玄注:"主人于尊客之前不敢厌倦,嫌若风去之。"《释文》:"风去,方凤反。"主人在客人面前不应叱骂狗,免得被人误以为不受欢迎。客人理应得到尊敬,主人理应谦卑,所以"风去"之"风"应读去声。

又如"养",《广韵》馀两切(以母养韵上声,发展为现代普通话 yǎng):"育也,乐也,饰也。字从羊食。又姓,《孝子传》有养奋。"馀亮切(以母漾韵去声,发展为现代普通话 yàng):"供养。"这里,上声(yǎng)一读的"育也"是养育义,跟去声(yàng)一读的供养义正好相对,养育是由上养下,供养是由下养上,可见去声一读表示的也是敬语。考之古籍,《论语·阳货》:"唯女子与小人为难养也,近之则不孙,远之则怨。""难养"之"养"为养育义,所以陆德明无注音,表示读"养"字本音。《论语·为政》:"子游问孝。子曰:'今之孝者,是谓能养。至于犬马,皆能有养。不敬,何以别乎?'"(子游问孝道,孔子回答说:"现在所谓孝,是说能够供养人。其实犬马也能供养人。如果人类在供养时不存有敬意,那么凭什么跟犬马区别开呢?")何晏集解引包咸注:"犬以守御,马以代劳,皆养人者。"(狗会看门,马会为人劳作,这些都是供养人的方式。)《释文》:"能养,羊尚反,下及注'养人'同。"原文的"能养"、"有养"之"养",以及包咸注的"养人"之"养"都是由下养上之意,所以陆德明注明读去声"羊尚反"。又《庄子》"养生主第三",《释文》:"养生以此为主也。""养生"指人们保养自己的身体、生命,不属于下养上,所以陆德明未注音,即"养"读本音上声。《庄子·人间世》:"汝不知夫养虎者乎?""养虎"之"养"是上养下,所以陆德明也不注音。而《庄子·养生主》:"缘督以为经,可以保身,可以全生,可以养亲,可以尽年。"郭象注:"养亲以适。"《释文》:"以养,羊尚反。注同。""养亲"是奉养双亲,属于下养上,所以陆德明注读去声"羊尚反"。

以上我们指出,上古汉语中具有利用屈折形态来表示的使动、被动、完成体和敬语等语法范畴,而这种语法范畴有许多已经不为今人所知。郑张尚芳先生《上古音系》第二章第六节指出:

> 上古拟音的成果除了用于建立汉语史、解释各种历史语音现象和方言现象外,还可以在其他语言学领域得到应用。
>
> 首先是在语法学、词汇学,好些先生已在上古拟音新进展的基础上研究语音屈折及前加音、后加音的语法功能,将语音和语法研究结合起来,在更深层次上揭示上古汉语的面貌,这一点特别重要。

郑张先生并且自己身体力行,发现汉语上声字上古有[ʔ]尾,一些上声字在上古有"指小"语法意义,例如形容词"大小、多少、长短、深浅、高矮、高下、丰歉、丰俭、浓淡、咸淡、繁简、松紧、圆扁、众寡、遐迩"等,后字都读上声而表量小,又动词和形容词"增减、益损、胜负、成毁、完散、续断、褒贬;勤惰、甘苦、泰否、生死、真假、正反、先后"等,后字都读上声而表减损和负面意义。另一些上声字在上古则有表亲昵的语法意义,例如亲属词"祖、考、妣、父、母、子、女、姊、弟、舅、嫂、妇"等,身体词"顶、首、脑、眼、睑、耳、口、齿、颡、颔、嘴、吻、项、颈、乳、手、肘、掌、拇、指、爪、肚、卵、牡、牝、尾、髓、股、腿、膑、踝、踵、趾、体"等,这些上声字可能来自小称、爱称后缀,也就是说,还是属于"指小"语法意义。潘悟云先生《汉语历史音韵学》第八章也指出:

> 异读不全是方言现象。……古代韵书用反切注音,反映出来的是音类而不是音值。《广韵》的异读数以千计,如果把这些异读都归结为方言差别,那就难以想像古代各方言的音类竟有如此大的差别。
>
> 有些异读反映古代的形态现象。……现代汉语是形态极度贫乏的语言,从八九世纪藏文古文献的材料看来,当时的藏语则有丰富的形态变化。很难设想,汉藏关系如此密切的亲属语言在形态方面竟然会如此之不同。……可见,汉语中这么多的异读,有些可能是方言现象,但是更多的只是上古汉语形态的反映。

由此可见,关于成语"箪食壶浆"读音的讨论涉及到了汉语史研究中一个很重要的问题,这是汉语史研究中带有方向性的问题,反映了新的时代、新的学术对于现代学者的新的要求。

现在我们回过头来,问"箪食壶浆"的"食"读 sì 究竟表现的是什么语法范畴?我们说这是特指,特指食物当中的饭。上古汉语中此例甚多,比如"取",《广韵》七庾切(清母麌韵上声,发展为现代普通话 qǔ):"收也,受也。""娶",《广韵》七句切(清母遇韵去声,发展为现代普通话 qù):"《说文》曰:娶妇也。"古书"娶妇"之"娶"最早写作"取","取"读上声(qǔ)是获取、取得,娶妇则是获取、取得当中的特例,所以"取"读去声(qù)是特指。《诗经·魏风·伐檀》:"不稼不穑,胡取禾三百廛兮?""取"是获取、取得义,陆德明《经典释文》未注音,表示读其本音上声。《诗经·豳风·伐柯》:"取妻如之何?匪媒不得。""取"是取妇义,《释文》:"取妻,七喻反,本亦作娶。"指明读去声。① 又《论语·季氏》:"今夫颛臾,固而近于费。今不取,后世必为子孙忧。""取"是获取、取得义,《释文》未注音,表示读其本音上声。《论语·述而》:"君取于吴,为同姓,谓之吴孟子。""取"是取妇义,《释文》:"君娶,七住反。本今作取。"②指明读去声。

参考文献

潘悟云 2000　汉语历史音韵学,上海教育出版社
郑张尚芳 2003　上古音系,上海教育出版社

---

① 《诗经·小雅·白华·序》:"幽王取申女以为后,又得褒姒而黜申后。"《释文》:"王取,七与反。"有学者认为,这是把"取"理解为取得,不是取妇,所以注音读上声。其实"与"字,《广韵》有平、上、去三读,这里"七与反"也可能是去声。查陆德明为《诗经》原文及其汉注中取妇义的"取"字注音,除本诗外,共 6 见,《释文》全都注为去声,况且若读本音,当注云"如字",所以我们认为"七与反"也应该是去声。
② 陆德明所用版本为"君娶于吴",但他也指出一本作"取"。

图书在版编目(CIP)数据

汉语现代音韵学/杨剑桥著. —2 版(修订本). —上海：复旦大学出版社,2012.8
ISBN 978-7-309-08795-6

Ⅰ. 汉… Ⅱ. 杨… Ⅲ. 现代汉语-音韵学 Ⅳ. H116

中国版本图书馆 CIP 数据核字(2012)第 055285 号

汉语现代音韵学(第 2 版)
杨剑桥 著
责任编辑/宋文涛

复旦大学出版社有限公司出版发行
上海市国权路 579 号 邮编：200433
网址：fupnet@ fudanpress.com http://www.fudanpress.com
门市零售：86-21-65642857 团体订购：86-21-65118853
外埠邮购：86-21-65109143
江苏省句容市排印厂

开本 787×960 1/16 印张 17.25 字数 285 千
2012 年 8 月第 2 版第 1 次印刷

ISBN 978-7-309-08795-6/H·1852
定价：32.00 元

如有印装质量问题,请向复旦大学出版社发行部调换。
版权所有 侵权必究